Christopher Kuhfeldt

Die Entwicklung der Bewegungslehre und Sportmotorik in Deutschland

Christopher Kuhfeldt

Die Entwicklung der Bewegungslehre und Sportmotorik in Deutschland

Tectum Verlag

Christopher Kuhfeldt

Die Entwicklung der Bewegungslehre
und Sportmotorik in Deutschland
Zugl.: Leipzig, Univ. Diss. 2009

ISBN: 978-3-8288-2312-9

Umschlagabbildung: photocase.com © Thomas Martin Pieruschek

Besuchen Sie uns im Internet
www.tectum-verlag.de

Bibliografische Informationen der Deutschen Nationalbibliothek
Die Deutsche Nationalbibliothek verzeichnet diese Publikation in der Deutschen Nationalbibliografie; detaillierte bibliografische Angaben sind im Internet über http://dnb.ddb.de abrufbar.

DANK

An dieser Stelle möchte ich Herrn Professor Dr. Günter Schnabel für die langjährige Betreuung danken. In vielen persönlichen Gesprächen hat er mir das komplexe Wesen des Fachgebietes der Sportmotorik/Bewegungslehre näher gebracht. Dabei wurde meine Annahme, und zugleich Motivation, unterstützt, dass die Inhalte der Wissenschaftsdisziplin für die Bewegungspraxis jedes einzelnen Menschen von entscheidender Bedeutung sind. Zudem hat er wunderbar verstanden die Entstehung dieser Arbeit durch die notwendigen Anregungen und Kritiken zu unterstützen.

Des Weiteren möchte ich mich bei Herrn Professor Dr. Jürgen Krug bedanken, der mir in inhaltlichen und auch in organisatorischen Fragen eine große Hilfe war und für die Besonderheiten eines „externen" Doktoranden immer viel Verständnis hatte.

Mein Dank gilt außerdem Herrn Dr. Christian Hartmann, welcher durch seine Art der Vermittlung der Inhalte der Bewegungslehre/Sportmotorik an der sportwissenschaftlichen Fakultät der Universität Leipzig zum Entstehen dieser Arbeit inspiriert hat.

Ein großer Dank gilt allen Zeitzeugen, die sich der, im Rahmen dieser Arbeit vorgenommenen, Befragung gestellt haben. Ohne diese Bereitschaft hätte die Entwicklung der Wissenschaftsdisziplin nicht in dieser Form nachvollzogen werden können.

Ein besonderes Dankeschön gilt meiner Großmutter, und meiner lieben Freundin Frau Sandy Straub, welche mich zu jeder Zeit den familiären Rückhalt haben erleben lassen und durch ihr stetiges Nachfragen zum aktuellen Arbeitsstand immer wieder neu motivierten.

Abschließend möchte ich mich noch gern bei Herrn Maik Pradel bedanken, welcher mir, in vielen technischen und organisatorischen Dingen, eine große Hilfe war.

INHALT

1 Anliegen und Zielstellung der Arbeit

Die Lehre von der Bewegung ist die Lehre vom Leben. In jeder Interaktion des Menschen mit seiner Umwelt wird dies offenbar. Bewegung ist Leben, ist Entwicklung.

Zu Beginn der Menschheitsgeschichte bedeutete Bewegung zumeist Überleben. Bewegungsoptimierungen steigerten die Überlebenschancen des Einzelnen und somit der ganzen Gattung. Die Urmotivation des Menschen, auf die Qualität seiner eigenen Bewegungen zu reflektieren, und damit der erste Schritt zu einer Lehre von Bewegungen, war also die reale Folge seiner Interaktionen mit der Umwelt. Ganz konkret sei hier die Auseinandersetzung mit dem Widerspruch zwischen dem Erstrebten und dem Erreichten bei lebenserhaltenden Jagd-, Flucht- und Arbeitsbewegungen genannt.

Was sich über die Zeitalter wenig geradlinig verändert hat und in großem Maße von den sozio-ökonomischen und kulturellen Verhältnissen anhängig war, in welchen sich die Individuen bewegten, ist der Sinngehalt, der den spezifischen Bewegungen zugeschrieben wurde. Was geblieben ist, ist das Streben nach Bewegungsoptimierung in Abhängigkeit von einem spezifischen Bewegungsziel.

Die Geschichte der bewussten Bewegungsoptimierung schreibt sich als Geschichte der urzeitlichen Bewegungsbeobachtung und Nachahmung von Alltagsbewegungen, bis hin zu aktuellen komplexen wissenschaftlichen Betrachtungen. In der aktuellen Bewegungswissenschaft wird der sich bewegende Mensch als biopsychosoziale Einheit erfasst. Moderne wissenschaftliche Untersuchen haben den Anspruch, alle motorischen Bestimmungsgrößen und Einflussfaktoren der menschlichen Bewegung zu analysieren.

Der Untersuchungsgegenstand dieser Arbeit soll die vorerst letzte Etappe der bewussten Bewegungsoptimierung umfassen, nämlich die aktuelle, zeitgeschichtliche Wissenschaft von den menschlichen Bewegungen im Sport, welche sich gegenüber anderen wissenschaftlichen Untersuchungen zu menschlichen Bewegungen klar profiliert hat[1]. Darüber hin-

1 Die Bewegungslehre des Sports setzt sich von anderen historisch gewachsenen Forschungsansätzen zu Bewegungsproblemen des Menschen ab. Neben der Bewegungslehre des Sports, sind hier vor allem die wissenschaftlichen Untersuchungen zur Arbeitsmotorik zu nennen, welche auf deutschem Gebiet u. a. bereits von Engels (1959), Lehmann (1966) und vor allem Hacker (1986, 1998) betrieben wurden und zum Teil auch für die Theorieentwicklung der Bewegungslehre/Sportmotorik von Bedeutung waren (vgl. Krug/Hartmann/

aus hat sie sich im Laufe der Entwicklung als Fachgebiet der Sportwissenschaft unter der Bezeichnung „Bewegungslehre/Sportmotorik" inhaltlich und institutionell etabliert (vgl. Loosch/Böger 2000, S. 45ff).

Ziel dieser sportwissenschaftlichen Forschungsarbeit soll es sein, die bisher noch nicht in ihrer Gänze untersuchte und aufgearbeitete Wissenschaftsgeschichte des komplexen Fachgebietes der Bewegungslehre/Sportmotorik in der Bundesrepublik Deutschland bzw. in beiden deutschen Staaten seit 1945 zu untersuchen[2]. Gegenwärtig sind diesem Themenfeld der Sportwissenschaft eine Vielzahl von Ansätzen und Betrachtungsweisen immanent. Eine wichtige Grundlage dazu, diese Ansätze und Betrachtungsweisen entsprechend weiterentwickeln zu können und vielleicht ein hilfreicher Schritt auf dem Weg der wissenschaftstheoretischen Reflexion und gezielten Zukunftsentwicklung, kann die detaillierte Betrachtung der Historie der Bewegungslehre/Sportmotorik sein. Der Anspruch dieser Arbeit ist, dabei zu versuchen, vor allem die zeitgeschichtliche Entwicklung der Bewegungslehre und Sportmotorik aufzuarbeiten.

Inhaltlich soll hierbei kurz auf die einzelnen Forschungslinien der Basiswissenschaften, beginnend mit den philosophischen Betrachtungsweisen der Antike bis zu den anatomisch-funktionellen und psychologisch orientieren Ansätzen des 19. und frühen 20. Jahrhunderts, eingegangen werden. Der Forschungsschwerpunkt liegt aber eindeutig in der Zeit nach der Beendigung des Zweiten Weltkrieges bis zur Gegenwart. Die Parallelentwicklung beider deutscher Staaten, geprägt von den jeweiligen sozio-ökonomischen, kulturellen und politischen Verhältnissen so-

---

Schnabel 2002, S. 134). Der Fokus einer Bewegungslehre des Sports liegt dazu klar abgegrenzt auf der Untersuchung motorischer Probleme im breit gefächerten Feld der sportlichen Betätigung. Die konkreten Ursprünge dieser Entwicklung sind im 18./19. Jahrhundert zu suchen, ihr maßgeblicher Aufschwung hat in der Freizeitgesellschaft des 20. Jahrhunderts stattgefunden.

2 Die Entwicklung im deutschen Nachbarstaat Österreich, welcher in seiner Geschichte über längere Etappen eng mit den deutschen Gebieten verknüpft war und aktuell, schon durch die gemeinsame Sprache, noch ist, wurde bewusst nicht mit in den Vordergrund dieser Untersuchung gestellt. Zu begründen ist dies mit dem Umstand, dass sich diese Arbeit vorrangig auf den Hauptuntersuchungszeitraum von 1945- 1993 bezieht und sich die deutsche Entwicklung in diesem Zeitraum relativ unabhängig von Österreich gestaltete. Zudem soll auch der Vergleich beider deutscher Staaten, der BRD und der DDR, im Vordergrund stehen. Nichtsdestotrotz wird auf Aspekte, der für die Entwicklung des Fachgebiets in Deutschland nicht unwesentlichen Entwicklung in Österreich, an entsprechenden Stellen eingegangen, Verknüpfungen und Einflüsse aufgezeigt.

wie der Zusammenschluss zweier Wissenschaftssysteme seit 1990 werden dabei thematische Schwerpunkte sein. Anspruch der Arbeit soll aber nicht nur die chronologische Aufarbeitung der Geschichte der Wissenschaft sein, sondern ebenso die Begründung für den spezifischen Entwicklungsverlauf zu finden bzw. seine Bedingungen herauszuarbeiten.

Das Ziel ist es hier, Erklärungsansätze für den Entwicklungsverlauf des Fachgebietes in beiden deutschen Staaten sowie für die Weiterentwicklung nach der gesellschaftlichen Wende 1990 zu finden. Konkret soll versucht werden, Einflussfaktoren auf die institutionelle aber auch auf die ideengeschichtliche Entwicklung des Fachgebietes herauszufinden und diese zusammenfassend darzustellen. Von diesem Arbeitsschritt wird eine zusätzliche Verdichtung der Darstellung der historischen Ereignisse bzw. eine Unterstützung in der Begründung einzelner Entwicklungsverläufe, erwartet.

Dabei wird es im Rahmen dieser Arbeit nicht möglich sein, jeden fachgebietsspezifischen Ideen- und Theorieansatz zu untersuchen, vielmehr sollen sowohl die spezifischen inhaltlichen, als auch die institutionellen, Entwicklungsverläufe im Untersuchungszeitraum, die großen, nachhaltigen Prozesse und Entwicklungen, behandelt werden.

Um ein umfassendes Gesamtbild darstellen zu können, soll die Entwicklungsuntersuchung der Bewegungslehre/Sportmotorik durch eine vergleichende Betrachtung einzelner Entwicklungsetappen in beiden deutschen Staaten komplettiert werden. Gerade hier wird vielleicht am besten deutlich, dass die Geschichte einer Wissenschaft, neben der eigentlichen Wissenschaftsgeschichte, auch immer ein Stück Gesellschaftsgeschichte, ein Stück Strukturgeschichte ist.

1.1 Begriffserklärungen

1.1.1 Bewegungslehre und Sportmotorik

„Bewegungslehre" und „Sportmotorik" stellen die zentralen Begriffe des Gegenstandes dieser Dissertation dar. Das Ideenkonstrukt und auch die Institutionalisierung dieses sportwissenschaftlichen Fachgebietes sind die historischen Gegenständlichkeiten, die es zu untersuchen gilt. Dabei wird offenbar, dass es sich bei den Begrifflichkeiten „Bewegungslehre" und „Sportmotorik", gerade was ihre spezielle inhaltliche Ausrichtung angeht, um zwei Begriffe handelt, die in der aktuellen sportwissenschaftlichen „scientific community" sehr differenziert und nicht immer deckungsgleich verwendet werden. Eine einheitliche Bezeichnung existiert genauso wenig wie ein einheitliches Lehr- und Forschungsgebäude, vielmehr ist von mehreren parallel existierenen Ansätzen zu sprechen (vgl. Petersen 1984, S. 10f.) Die aktuelle Diskussion, zur Bezeichnung und inhaltlichen Abgrenzung der Wissenschaftsdisziplin, kann und soll in dieser Arbeit nicht wiedergegeben werden, vielmehr wird die angeführte Definition genutzt und als diejenige wahrgenommen, welche die Inhalte und institutionellen Strukturen des Fachgebiets umfassend bezeichnet.

Grundsätzlich kann davon gesprochen werden, dass es sich bei der Verwendung des Begriffes „Sportmotorik" inhaltlich um eine Weiterentwicklung der „Bewegungslehre" bzgl. der institutionellen Bezeichnung des sportwissenschaftlichen Lehr- und Fachgebietes an den deutschen Universitäten handelt. Tendenziell ist sogar von einer Ablösung der Bezeichnung „Bewegungslehre" durch die Bezeichnung „Sportmotorik" zu sprechen, was unter anderem auch durch die aktuelle Bezeichnung „Sportmotorik" der entsprechenden Sektion der deutschen Vereinigung für Sportwissenschaft deutlich wird. Trotzdem sei nochmal auf die uneinheitliche Verwendung der Fachgebietsbezeichnung in Deutschland hingewiesen (vgl. Lehrkräfte und Lehrveranstaltungen der sportwissenschaftlichen Institute der Bundesrepublik Deutschland, Studienpläne der Deutschen Hochschule für Körperkultur (DHfK) von 1951 - 1990).

Grundsätzlich soll dieser Arbeit die Betrachtung von Krug, Hartmann und Schnabel (2002, S. 131) zu Grunde liegen, die sich zur Doppelbezeichnung wie folgt äußern:

„Die Doppelbezeichnung Bewegungslehre/Sportmotorik wurde [im Artikel] auf Grund des nicht einheitlichen Sprachgebrauchs gewählt. Zwar herrscht zumeist Übereinstimmung, dass Bewegung den äußeren Ablauf, die sichtbaren Ortsveränderungen, bei sportlichen Handlungen meint, Motorik dagegen die „inneren" Voraussetzungen und Prozesse, die den äußeren Ablauf bedingen. Eine Wissenschaft von der sportlichen Bewegung muss jedoch die Motorik einschließen, soll sie nicht bei einer Phänomenologie stehen bleiben, und eine Motorik-Wissenschaft kann das makroskopische, äußere Erscheinungsbild der inneren Prozesse und die Wechselbeziehungen zwischen innen und außen nicht ausklammern. Insofern sind die Begriffe Bewegungslehre und Sportmotorik weitgehend als Synonyme zu verstehen und bringen allenfalls eine Akzentsetzung bei der Bearbeitung des komplexen Gegenstandes zum Ausdruck."

Es geht also nicht um eine Abgrenzung oder Ausgrenzung, sondern mehr um eine prozesshafte Bewahrung, Erneuerung und Weiterentwicklung der Bewegungslehre durch die Sportmotorik, die hier, sowohl in ihrer institutionellen Ausprägung, als auch als wissenschaftliches Ideenkonstrukt, den Forschungsgegenstand bilden soll.

1.1.2 Bewegungswissenschaft

Unter dem Begriff „Bewegungswissenschaft" sollen in der vorliegenden Arbeit alle vorwissenschaftlichen und wissenschaftlichen Betrachtungen zu Bewegungsphänomenen zusammengefasst werden[3]. Damit sind all jene Bewegungsuntersuchungen gemeint, die in den unter Punkt 1.2 angesprochenen Zeitaltern stattgefunden haben und die als wissenschaftliche Vorläufer der heutigen Bewegungslehre/Sportmotorik betrachtet werden. Bis zum Anfang des 20. Jahrhunderts waren diese vorwissenschaftlichen und wissenschaftlichen Betrachtungen zumeist Teil der etablierten Wissenschaften wie der Medizin, Philosophie, Pädagogik, Psychologie oder Physik (vgl. Kapitel 6), mit dem Entstehen der Sportwissenschaft sind sie dann vermehrt als konkrete sportwissenschaftliche Bewegungsuntersuchungen zu bezeichnen. Mit dem Beginn des eigentlichen Untersuchungszeitraumes, ab 1945, setzt dann sukzessive die exakte Bezeichnung der Bewegungslehre/Sportmotorik ein.

1.2 Historische Einordnung

Das Ziel einer Wissenschaftsgeschichte kann sein, die Entstehung und Entwicklung einer bestimmten Wissenschaft oder speziellen Wissenschaftsdisziplin zu untersuchen. Dabei ist die konkrete Wissenschaftsgeschichte Bindeglied zwischen den Geschichtswissenschaften und der jeweiligen Fachdisziplin. Nicht nur die historische Aufarbeitung in Form von Annalen oder Chroniken steht hierbei im Vordergrund, sondern vielmehr auch die Aufarbeitung wissenschaftstheoretischer und wissenschaftssoziologischer Fragestellungen, was dazu führt, dass die Wissenschaftsgeschichte durchaus als kritische Reflexionsinstanz einer Wissenschaft angesehen werden kann. Dabei bedient sich die Wissenschaftsgeschichte, als primär historisches Fachgebiet, der Methoden der Geschichtswissenschaft, im vorliegenden Fall beispielsweise der Literatur- und Dokumentenanalyse sowie der Zeitzeugenbefragung.

Den zeitlichen Rahmen dieser wissenschaftsgeschichtlichen Untersuchung der Fachdisziplin Bewegungslehre/Sportmotorik bildet die in der

---

3 Der komplexe Charakter und die breit gefächerte Herangehensweise, die sich mit dem Begriff „Bewegungswissenschaft" verbinden kann, ist aktuell z. B. im „Handbuch Bewegungswissenschaft- Bewegungslehre" (vgl. Mechling/Munzert 2003, S. 7f) nachzuverfolgen.

Geschichtswissenschaft übliche europazentrische Periodisierung. Das heißt, die Entwicklung der Bewegungslehre/Sportmotorik verläuft über die in der Geschichtswissenschaft üblichen Betrachtungszeiträume der Ur- und Frühgeschichte, der Alten Geschichte, der Mittelalterlichen Geschichte, der Frühneuzeitlichen Geschichte sowie der Neueren Geschichte.

Der Hauptuntersuchungszeitraum dieser Arbeit (von 1945 bis zur Gegenwart) fällt eindeutig in den jüngsten Teil der Neueren Geschichte, der so genannten Zeitgeschichte. Unter Zeitgeschichte versteht man, laut einer in der Geschichtswissenschaft klassisch gewordenen Definition des deutschen Historikers Hans Rothfels (1953, S. 4), die „Geschichte der Mitlebenden und ihre wissenschaftliche Behandlung". Der frühestmögliche Beginn einer zeitgeschichtlichen Untersuchung wurde lange mit dem Jahr 1918, nämlich der Beendigung des 1. Weltkrieges, festgeschrieben, in aktuellen Untersuchungen wird aber immer häufiger das Jahr 1945 und die damit verbundene Beendigung des 2. Weltkrieges als Einstieg gewählt. An letzterer Einteilung orientiert sich auch die vorliegende Arbeit.

2 Zum gegenwärtigen Erkenntnisstand

Die vorliegende Untersuchung beschäftigt sich mit der historischen Aufarbeitung des Fachgebietes der Bewegungslehre/Sportmotorik in einem bestimmten Zeitraum unter bestimmten Gesichtspunkten. Dazu ist es unerlässlich, den aktuellen Forschungsstand zu diesem wiederzugeben.

Vorauszunehmen ist, dass die Bewegungslehre/Sportmotorik als Lehr-Forschungsfeld und Forschungsgebiet der Sportwissenschaft natürlich auch immer Teil historischer Betrachtungen zu dieser Wissenschaft ist. Das sich diese Fachdisziplin nicht völlig losgelöst von der Sportwissenschaft entwickeln konnte, sondern zum Teil auch den Einflussfaktoren und Entwicklungsprozessen der Sportwissenschaft unterlag, sei eine Annahme, auf die im weiteren Forschungsverlauf noch eingegangen werden soll (vgl. Kapitel 7; 8). Die Entwicklung der Sportwissenschaft in Deutschland ist in mehreren wissenschaftlichen Arbeiten beschrieben und zum Teil historisch ausgewertet worden. Da diese Problemfelder aber nicht im Fokus dieser Untersuchung stehen, wird an dieser Stelle auf die ausführliche Auseinandersetzung mit der entsprechenden Quellenlage verzichtet, und in der Skizze des historischen Entwicklungsverlaufs in folgenden Kapiteln an entsprechenden Stellen darauf verwiesen (vgl. Punkt 7.2.2, 7.3.1)

Grundsätzlich muss bemerkt werden, dass, wenn man von verschiedenen Überblicksdarstellungen absieht (Grosser, 1978, Loosch/Böger 2000, Mechling 2003, Meinel 1960, Meinel/Schnabel 1976, Petersen 1984), ein Mangel an tiefer gehenden und strukturierten Beiträgen zur Geschichte der Bewegungslehre und Bewegungsforschung besteht, besonders auch, was die institutionelle Entwicklung des Fachgebiets angeht. Dies gilt insbesondere für die Untersuchungszeiträume bis zum 19. Jahrhundert und seit 1945.

Für die Zeitspanne der Ur- und Frühzeit bis zum Ende der frühen Neuzeit existiert zwar eine Anzahl primärer und vor allem sekundärer schriftlicher Quellen, welche sich mit dem Problem der menschlichen Bewegungen befassen, nicht jedoch mit der „Bewegungsuntersuchung" als Vorgänger der wissenschaftlichen Bewegungslehre an sich. Auf einen Teil dieser Quellen wird unter Punkt 6 im „Exkurs in die wissenschaftliche Bearbeitung des Bewegungsproblems durch die Zeitalter" eingegangen.

Über die ersten wissenschaftlichen Bewegungsuntersuchungen, welche vor allem im 19. und beginnenden 20. Jahrhundert vorgenommen wurden, existiert ein verhältnismäßig umfangreiches Schrifttum, sowohl als

Primär- als auch als Sekundärliteratur. Es wurde versucht, die wichtigsten Entwicklungen und Veröffentlichungen in den Kapiteln 6.5, 6.6 und 6.7 darzustellen. Dabei ist anzumerken, dass der Großteil dieser Veröffentlichungen weder umfangreiche historische Abhandlungen zur wissenschaftlichen Bearbeitung der menschlichen Bewegungen im Sport enthält, noch inhaltlich direkt dem sich später etablierenden Fachgebiet der Bewegungslehre/Sportmotorik zuzuordnen ist. Vielmehr handelt es sich zumeist um basiswissenschaftliche Schriften, welche teilweise historisch reflektierende Züge besitzen, vornehmlich doch singuläre Bewegungsprobleme des Menschen behandeln.

Auszunehmen davon sind die schon genannten Überblicksdarstellungen, welche sich, je nach dem Zeitpunkt ihres Erscheinens, retrospektiv mit der Geschichte der Bewegungsforschung oder eben auch einer Lehre von den menschlichen Bewegungen im Sport beschäftigen. Hier wird in der Regel versucht den Bogen zu aktuellen Ansätzen und Betrachtungsweisen einer modernen Bewegungslehre zu spannen.

Chronologisch macht Meinel den Anfang, welcher in seiner für die Entwicklung der Bewegungslehre entscheidenden Publikation „Bewegungslehre - Versuch einer Theorie der sportlichen Bewegung unter pädagogischem Aspekt." einem Kapitel „Zur Entwicklung des Bewegungsproblems" (1960, S. 15ff.) ein Kapitel „Zur Geschichte der Bewegungsforschung" (1960, S. 66ff.) folgen lässt. Besonders das Kapitel zur Bewegungsforschung ist bereits für den Hauptuntersuchungszeitraum dieser Arbeit von Relevanz, da Meinel dort bereits auf Ansätze und Entwicklungen, welche in der Zeitspanne nach 1945 bis zum Erscheinen seiner eigenen Publikation 1960 entstanden sind, reflektiert (1960, S. 71ff.)

In der Weiterentwicklung der „1960er Bewegungslehre", welche 1976 erschienen ist, entfallen diese Kapitel. Dennoch kommt es zu einer aktuellen Reflektion auf die Geschichte der Bewegungsforschung, wenn auch nicht konkret der Bewegungslehre. Diese ist eingebettet in ein von Meinel verfasstes, einleitendes Kapitel unter dem Titel: „Die Bedeutung der Motorik für die menschliche Entwicklung und Bildung." (Meinel 1976, S. 17ff). Auch wenn hier mehr die Entstehung und Entwicklung des Bewegungsproblems des Menschen im Vordergrund steht, werden aktuelle Erkenntnisse bewegungswissenschaftlicher Arbeiten in den Kontext einer sich entwickelnden Bewegungslehre gesetzt. In beiden Beiträgen von Meinel, 1960 und 1976, steht die Entwicklung der Ideengeschichte sowie die gesellschaftliche Relevanz des Fachgebietes im Vordergrund. Ausführungen zur institutionellen Geschichte finden sich nicht.

Grosser (1978) stellt die Bearbeitung der Historie der Bewegungsforschung bzw. der Bewegungslehre erstmals in den Fokus einer wissenschaftlichen Betrachtung. Im Titel seines Artikels „Ansätze zu einer Bewegungslehre des Sports. Eine historisch-konzeptionelle Betrachtung zur sportbezogenen Bewegungsforschung und Bewegungslehre von 1800 bis zu Meinels „Bewegungslehre" von 1960." wird der Betrachtungszeitraum bereits eingegrenzt. Grosser zeigt eine historische Entwicklungslinie von den Bewegungsforschungen der Basiswissenschaften des 18., 19. und 20. Jahrhunderts bis zum Entstehen des Theoriekonstruktes von Kurt Meinel auf (Grosser 1978, S. 378ff.), wobei er auch inhaltliche Ansätze der Nachkriegszeit mit bearbeitet. Außerdem gibt er einen kurzen Ausblick zu aktuellen Entwicklungstendenzen (Grosser 1978, S. 386). Auch bei Grosser stehen die Ideengeschichte der Bewegungsforschungen sowie das Entstehen von Theoriekonstrukten im Vordergrund, nicht die institutionelle Geschichte des Fachgebietes.

Petersen legt 1984 eine Dissertationsschrift mit dem Titel „Wege zu einer qualitativen Bewegungsforschung. Historische, methodologische und anthropologische Aspekte einer Bewegungslehre des Sports" vor (vgl. Petersen 1984). Der Autor versucht sich hier an einer Analyse oder Gegenstandsbestimmung der inhaltlichen Strukturierung einer aktuellen Bewegungslehre des Sports in Deutschland (Petersen, 1984, S. 10ff.). Dazu führt er aktuelle inhaltliche Tendenzen und Einflussgrößen des Fachgebietes auf. Inhaltliche Entwicklungsstränge der Nachkriegszeit werden analysiert und zueinander ins Verhältnis gesetzt. In einem weiteren Kapitel (Petersen 1984, S. 46ff.) werden historische Aspekte der Bewegungsforschung aufgearbeitet, wobei es sich vor allem um die Ansätze der ersten Hälfte des 20. Jahrhunderts handelt. Besonders hervorzuheben ist vor allem die Bestandsaufnahme zum Ist-Zustand der inhaltlichen Entwicklung des Fachgebietes zu Beginn der 1980er Jahre, bzw. der Versuch, diese Entwicklung nachzuzeichnen. Die institutionelle Entwicklung bleibt unbeachtet.

Die mit Abstand umfangreichste Abhandlung zur Entstehung des Fachgebietes der Bewegungslehre liefern Loosch/Böger (2000). Unter dem Titel „Zur Geschichte des Fachgebietes Bewegungslehre" findet sich nach einer Analyse der historischen Verwendung des Begriffes „Bewegungslehre", und damit verbundener Zugänge, ein in der Antike einsetzender Exkurs zu basiswissenschaftlichen Bewegungsforschungen bis zur Mitte des zwanzigsten Jahrhunderts. Hierbei wählen Loosch/Böger verschiedene Forscherpersönlichkeiten aus, an deren Forschungsergebnissen, ihrer Theorie- und Methodenentwicklung, die Geschichte der Bewegungsforschung dargestellt wird (2000, S. 48ff.). Für den Hauptuntersuchungszeitraum nach 1945 wird das Verhältnis von Sportwissenschaft und entstehender Bewegungslehre kurz untersucht und dann ausführlicher auf Ansätze und Entwicklungen der Psychomotorik, Anthropologie und Sensumotorik, und ihren Einfluss auf eine inhaltliche Profilbildung der Bewegungslehre, eingegangen.

In einem weiteren Kapitel wird insbesondere die Entwicklung des Fachgebietes in der ehemaligen DDR untersucht und dabei vor allem auf die inhaltliche Ausrichtung und Entwicklung unter besonderer Berücksichtigung des Theoriekonstruktes von Kurt Meinel eingegangen (Loosch/Böger 2000, S. 97ff.) Abschließend erfolgt ein Exkurs in die Fachgebiete der Psychomotorik und Kinesiologie des angloamerikanischen Sprachraumes, welche inhaltliche Schnittstellen zur deutschen „Bewegungslehre/Sportmotorik" aufweisen. Zusammenfassend ist festzuhalten, dass sich auch Loosch/Böger primär auf die inhaltliche Entwicklungslinie konzentrieren und hier entscheidende Schwerpunkte detailliert ausführen. Dabei werden durchaus Entwicklungen thematisiert, welche im Hauptuntersuchungszeitraum dieser Arbeit liegen. Die institutionelle Geschichte des Fachgebietes bleibt, von einigen Verweisen abgesehen, aber wieder außen vor.

Mechling (2003) führt in das „Handbuch Bewegungswissenschaft - Bewegungslehre" mit einem Kapitel „Zu Gegenstand und Geschichte der Bewegungswissenschaft" ein. Er kennzeichnet überblicksartig die wissenschaftlich-philosophischen Hintergründe einer modernen Bewegungswissenschaft oder auch Bewegungslehre. Dabei arbeitet er die Ideengeschichte der Wissenschaftsdisziplin durch die Zeitalter auf, indem er Kernpunkte der Wissenschaftsentwicklung, welche zumeist in den Basiswissenschaften stattgefunden haben, aufzeigt (Mechling 2003, S. 19ff.)

Zu erwähnen sind ebenso zwei Artikel von Krug, Hartmann&Schnabel, in welchen das Autorenkollektiv vor allem auf die Hauptaspekte der Bewegungslehre von Meinel eingeht und, ohne vorrangig historisch zu arbeiten, deren Wurzeln und Entwicklungslinien charakterisiert. Zudem wird in diesem Kontext auch auf die inhaltliche Gesamtentwicklung des Fachgebietes eingegangen (vgl. Krug/Hartmann/Schnabel 2001, S. 32ff., Krug/Hartmann/Schnabel 2002, S 131ff.).

Die Entwicklung der Meinel'schen Bewegungslehre ist ebenso Teil einer historischen Aufarbeitung des Bestehens des Fachgebietes an der DHFK in Leipzig durch Schnabel (2007, S. 267ff.). In diesem, auf die lokale Entwicklung des Fachgebietes am zentralen sportwissenschaftlichen Lehr- und Forschungsinstitut der DDR, fokussierten Artikel werden aber, im Gegensatz zu bereits genannten Artikeln, nicht nur inhaltliche Entwicklungslinien aufgezeigt, sondern auch fundierte Aussagen zur institutionellen Etablierung des Fachgebietes getroffen.

Zusammenfassend ist zu sagen, dass sich die Aufarbeitung der Geschichte der Bewegungslehre/Sportmotorik vor allem auf die inhaltliche Entwicklung des Fachgebietes beschränkt. Zur institutionellen Entwicklung sowie zur Verbindung beider Aspekte finden sich keine Arbeiten. Auch Vergleiche der Entwicklung in beiden deutschen Staaten wurden noch nicht angestellt.

Die aufgeführten Überblicksdarstellungen, welche sich auf die inhaltliche Entstehung des Fachgebietes fokussieren, behandeln vor allem die bewegungswissenschaftlichen Ansätze des 19. und 20. Jahrhunderts und verfolgen diese Ansätze bis zu einem bestimmten Punkt in der zeitgeschichtlichen Entwicklung des Fachgebiets. Dabei werden zumeist ausgewählte Aspekte der inhaltlichen Entwicklung besonders detailliert untersucht. Dabei ist vom Erscheinungsdatum der jeweiligen Arbeit abhängig, wie weit diese Inhaltsgeschichte aufgearbeitet wird. Ganz aktuelle Probleme zur inhaltlichen Entwicklung des Fachgebietes werden, in der Regel, aber nicht in historischen Abhandlungen bearbeitet, sondern eher in der wissenschaftstheoretischen oder fachlichen Diskussion im Fachgebiet. Dies ist auch in der Bewegungslehre/Sportmotorik der Fall. Umfassende Darstellungen der inhaltlichen Entwicklung der letzten 20 Jahre, unter historischem Aspekt, existieren somit nicht.

3 Wissenschaftliche Fragestellungen

Die in diesem Kapitel aufgeführten übergeordneten wissenschaftlichen Fragestellungen, die sich für die Wissenschaftsgeschichte des Fachgebiets der Bewegungslehre/Sportmotorik ergeben, beziehen sich vor allem auf den chronologischen Ablauf der Entwicklung von 1945 bis zur Gegenwart.

Sie sind in zwei zeitliche Abschnitte zu unterteilen. Einmal die Etappe der dt. Teilung zwischen 1945 und 1990, und dann die Zeit nach 1990, die von der Zusammenführung beider Wissenschaftssysteme bzw. der Abwicklung der sportwissenschaftlichen Strukturen der DDR, sowie der gesamtdeutschen Einführung des Wissenschaftssystems der alten Bundesländer, geprägt war.

Für die erste Etappe gelten die folgenden wissenschaftlichen Fragestellungen als Kernfragen der historischen Untersuchung in beiden deutschen Teilstaaten. Hintergrund und historische Basis bilden die unter Kapitel 6 aufgearbeitete Geschichte der Sport- und Bewegungswissenschaft bis 1945.

Fragen:

1. Was waren die Auslöser und Ideengeber, die in den Nachkriegsjahren zu einer sukzessiven Entwicklung des Fachgebietes der Bewegungslehre führten?
2. Wie waren Lehre und Forschung zu den verschiedenen Zeitpunkten der Entwicklung im jeweiligen Untersuchungsgebiet strukturiert, wie gestaltete sich der Entwicklungsverlauf?
3. Entwickelte sich ein übergreifendes Terminologien- und/oder Lehrplankonzept für das jeweilige Untersuchungsgebiet, wenn ja – in welcher Form?
4. Wie entwickelten sich die Beziehungen zu anderen sportwissenschaftlichen Disziplinen und zu den Basiswissenschaften?
5. Entwickelten sich Formen des wissenschaftlichen Austausches zwischen den Wissenschaftlern oder Universitäten im Untersuchungsgebiet?
6. Wie ist die Entwickelung in beiden deutschen Staaten zu vergleichen und zu werten?
7. Sind während der deutschen Teilung Formen des wissenschaftlichen Austausches oder der Konkurrenz

zwischen den Wissenschaftlern oder Universitäten im anderen deutschen Staat zu kennzeichnen?

8. Wie entwickelte sich das Fachgebiet Bewegungslehre/Sportmotorik im Untersuchungsgebiet im internationalen Maßstab? Wurde die Entwicklung durch internationale Einflüsse mitbestimmt?

9. Sind gesellschaftliche, politische und/oder wissenschaftspolitische Ereignisse und Entwicklungsverläufe zu nennen, die direkten Einfluss auf die Entwicklung des Fachgebietes hatten ? Wenn ja - wie ?

10. Welche wissenschaftstheoretischen Grundpositionen und Entwicklungsverläufe hatten Einfluss auf die Entwicklung des Fachgebietes?

Für den Untersuchungszeitraum seit 1990 sind folgende Fragestellungen, welche für das gesamt deutsche Gebiet gelten, in der historischen Darstellung besonders zu untersuchen:

1. Wie gestaltete sich die Zusammenführung der beiden deutschen Wissenschaftssysteme auf dem Gebiet der Bewegungslehre/ Sportmotorik im Zuge der gesellschaftlichen Wende 1990?
2. Welche Folgen hatte die Zusammenführung der beiden deutschen Wissenschaftssysteme auf dem Gebiet der Bewegungslehre/Sportmotorik im Zuge der gesellschaftlichen Wende 1990 auf die strukturelle und inhaltliche Weiterentwicklung des Fachgebietes?
3. Welche aktuellen Tendenzen bestimmen die Entwicklung des Fachgebietes der Bewegungslehre/Sportmotorik?

Für alle diese Fragestellungen gilt, dass eine strikte Trennung der Untersuchungsaspekte nicht immer möglich ist und auch nicht zwingend erreicht werden soll. Im komplexen historischen Entwicklungsprozess des Fachgebietes berühren die verschiedenen Aspekte der Entwicklung einander zumindest partiell. Ein übergeordnetes Ziel der Arbeit ist eine zusammenhängende und schlüssige Darstellung der historischen Abläufe, welche in Kapitel 7 vorgenommen wird. Diese Vorgehensweise schließt eine singuläre Analyse von einzelnen Teilaspekten und somit eventuell entstehenden Widersprüchen aber durchaus mit ein. Zusätzlich zu ihrer Darstellung im komplexen, historischen Ganzen, was auch zu einer übersichtlichen Darstellung des Materials beitragen soll, werden historische Schwerpunktsetzungen, die grundlegenden Ergebnisse der Arbeit, in Kapitel 5 noch einmal detailliert besprochen.

4 Untersuchungsungsmethodik

Gegenstand dieser Untersuchung ist die Geschichte des sportwissenschaftlichen Fachgebietes der Bewegungslehre/Sportmotorik. Dabei wird der Untersuchungszeitraum auf die Zeit nach 1945 bis zur Gegenwart eingegrenzt. Das Untersuchungsgebiet ist das heutige Gebiet der Bundesrepublik Deutschland. Dabei ist zu berücksichtigen, dass dieses Gebiet im Untersuchungszeitraum verschiedenen politischen und gesellschaftlichen Umstrukturierungsprozessen unterworfen wurde, welche es für einen Großteil des Untersuchungszeitraumes nicht als Einheit existieren ließen (vgl. Punkt 7.1 „Gesellschaftliche Rahmenbedingungen"). Es handelt sich bei dieser Untersuchung also um die zeitgeschichtliche Betrachtung einer Wissenschaftsgeschichte, in einem klar abgegrenzten, räumlichen Gebiet.

Grundsätzlich geht es um eine historische Forschung, was bedingt, dass Methoden der Geschichtswissenschaft angewendet werden. Zusätzlich wurden Erhebungs-, Auswertungs- und Interpretationsverfahren der empirischen Sozialforschung genutzt, welche als Ergänzung und Erweiterung der traditionellen historischen Methode zu sehen sind. Durch dieses, in eine moderne Geschichtswissenschaft bereits im 20. Jahrhundert fest integrierte Verfahren, soll der Schritt von einer „bloßen" Chronologie oder Ereignisbeschreibung zu einem Erklären und Verstehen von historischen Abläufen gelingen. Einflussfaktoren, Hintergründe und Erklärungsansätze zur Geschichte der Bewegungslehre/Sportmotorik, sollen so detailliert untersucht, sowie Lücken in den bereits vorliegenden, historischen Quellen geschlossen werden.

Von dieser Vorgehensweise, deren konkrete Forschungsmethoden in den weiteren Abschnitten genau gekennzeichnet und begründet werden, wird außerdem angenommen, dass sie einen grundlegenden Anspruch der Arbeit, nämlich eine möglichst hohe Perspektivenvielfalt unterstützt.

4.1 Die traditionelle historische Methode

Die Wissenschaftsgeschichte hat sich zum Ziel gesetzt, die historische Entstehung und Entwicklung einer bestimmten Wissenschaft oder eines Wissenschaftszweiges darzustellen. Demzufolge bedient sie sich traditioneller Methoden der Geschichtsforschung, so auch in dieser Untersuchung. Weiterführende Definitionen und Betrachtungen zu Geschichte und Geschichtsschreibung existieren in großem Umfang. Im aktuellen Zusammenhang soll eine Definition des deutschen Historikers Wilhelm

Bauer angeführt werden, der Geschichte, als Wissenschaft, wie folgt erfasst:

„Geschichte ist die Wissenschaft, die die Erscheinungen des Lebens zu beschreiben und nachfühlend zu erklären versucht, soweit es sich um Veränderungen handelt, die das Verhältnis des Menschen zu den verschiedenen gesellschaftlichen Gesamtheiten mit sich bringt, indem sie diese vom Standpunkt ihrer Wirkung auf die Folgezeit oder mit Rücksicht auf die typischen Eigenschaften auswählt und ihr Hauptaugenmerk auf solche Veränderungen richtet, die in Raum und Zeit unwiederholbar sind." (Bauer, zitiert in Boshof, Düwell, Kloft, 1997, S. 4)

Grundsätzlich folgt die traditionelle historische Methode nach Droysen (vgl.1977, Boshof et. al., 1997, S. 6ff.), dem Arbeitsdreischritt: Heuristik, Kritik und Interpretation.

Die Heuristik meint das Finden, die Auswahl und das Verstehen von für die historische Analyse der Untersuchungsobjekte zutreffenden Quellen.

Die (Quellen-) Kritik, von Rüsen als das „Nadelöhr zur historischen Objektivität" bezeichnet (zitiert in Boshof et. al., 1997, S. 7), beinhaltet den Analyseschritt der kritischen Quellenprüfung und -wertung.

Schlussendlich der Arbeitsschritt der Interpretation, in welchem versucht wird, ein verstehbares, geschichtliches Ganzes zu erzeugen, in dem das ausgewählte, kritisierte und verstandene Material im Sinne der historischen Fragestellung zusammengefügt wird.

Das Verhältnis von historischem Objekt und erkennendem Subjekt sollte in diesen drei Arbeitsschritten immer von größtmöglicher Objektivität geprägt sein.

4.1.1 Die konkrete Anwendung der traditionellen historischen Methode in der vorliegenden Untersuchung

Der erste Arbeitsschritt zur Untersuchung der Geschichte der Bewegungslehre/Sportmotorik war die Erschließung bestehender Quellen zum Untersuchungsgegenstand. Hierbei handelte es sich ausschließlich um schriftliche Quellen, welche in Überreste und Traditionen, Primär- und Sekundärquellen einzuteilen sind.

In der vorliegenden Untersuchung wurden folgende schriftliche Quellen gesichtet und für die weitere historische Analyse herangezogen:

- Wissenschaftliche Arbeiten (Monographien, Artikel in Fachzeitschriften, Kongressbeiträge, Festschriften etc.) zu fachspezifischen Inhalten der Bewegungslehre/Sportmotorik

- Historische Beiträge zur Geschichte der Sportwissenschaft in Deutschland
- Historische Beiträge zur Geschichte der Bewegungslehre/ Sportmotorik
- Historische Untersuchungen spezieller sportwissenschaftlicher Institutionen und ihrer Strukturen
- Biographische Darstellungen von Sport- und Bewegungswissenschaftlern mit direktem Einfluss auf die Entwicklung des Fachgebietes
- Studienpläne, Vorlesungsverzeichnisse, Aufstellungen zu Lehrkräften und Lehrveranstaltungen der Bewegungslehre/ Sportmotorik und der Sportwissenschaft
- Statistiken zur Quantität von Forschungsmitteln, Lehrpersonal und apparativer Ausstattung an den sportwissenschaftlichen Fakultäten und Instituten
- Akten und Urkunden zu allgemeinen und speziellen hochschulpolitischen Ereignissen und Entscheidungen privates Archivmaterial wie unveröffentlichte Fachbeiträge, Notizen etc.

In der quellenkritischen Bearbeitung des Materials wurden folgende Schritte vorgenommen, die gemäß der Einteilung in Tradition oder Überrest bzw. Primär- oder Sekundärquelle unterschiedliche Gewichtung besitzen (vgl. Boshof et. al. 1997):

- Die Überprüfung der Intention des Autors vor dem Hintergrund der historischen Gegenwart, in der sie verfasst wurden. Dies gilt vor allem für historische Darstellungen der Geschichte der Bewegungslehre/Sportmotorik bzw. der Sportwissenschaft, unter Rücksichtnahme der jeweiligen gesellschaftlichen und politischen Verhältnisse zum Zeitpunkt des Verfassens der historischen Quelle, sowie der biographischen Einbindung des Autors in diese Verhältnisse. Gegebenenfalls sind hier beispielsweise ideologische Verbrämungen, des im Zuge des kalten Krieges entstandenen Systemwettstreits, welcher auch auf sportlicher Ebene stattgefunden hat, zu beachten
- Die Überprüfung der Auswahl und des Weglassens in der Bearbeitung historischer Ereignisse und Sachverhalte, die durch den Autor vorgenommen wurde. Dies gilt ebenfalls vorrangig für sekundäre, traditionelle historische Darstellungen, zur Geschichte der Bewegungslehre/Sportmotorik oder der Sportwissenschaft allgemein.
- Die Überprüfung einer möglichen verspäteten Bearbeitung der Quelle durch einen Herausgeber in Form einer sekundären Bearbeitung von Primärquellen, einer Veränderung von Textstellen, Statistiken o. ä.

- Selbiges wurde durch die Überprüfung von Zitaten in Fachartikeln und historischen Abhandlungen vorgenommen.
- Die Überprüfung der literarischen Gattung der Darstellung und dem damit verbundenen genretypischen Umgang mit historischen Fakten. Ganz allgemein wurden hier die Unterschiede in der Darstellungsweise von Fachartikeln, historischen Abhandlungen oder aber Festschriften und Biographien berücksichtigt.
- Die Überprüfung der Bewusstseinslage und des individuellen Verhältnisses des Autors zu dem Berichtsgegenstand. Konkret wurde hier in Betracht gezogen, welcher sportwissenschaftlichen Fachdisziplin der Urheber der Quelle angehört, welche Kenntnis und welches Verhältnis er zum Fachgebiet der Bewegungslehre/Sportmotorik hatte.
- Die Überprüfung und Kenntnis der bestehenden Verwaltungs- und Institutionsstrukturen, in welchen für die Forschung heran zuziehende Akten und Urkunden erstellt wurden. In der vorliegenden Untersuchung ist zur Kritik von Studienplänen, Dokumenten zu hochschulpolitischen Entscheidungen und anderen offiziellen Aufstellungen die Entscheidungs- und Verwaltungsstruktur der Sportwissenschaft in dem jeweiligen System zu berücksichtigen.

Der nun abschließende Schritt der Quellenkritik, welcher nach eingehender Prüfung unter den genannten Gesichtspunkten vorgenommen wurde, war die Auswahl von Quellen, von denen angenommen wurde, dass sie über den historischen Untersuchungsgegenstand, nämlich die Geschichte des Fachgebiets der Bewegungslehre/Sportmotorik, Auskunft geben können.

Im dritten und letzten Schritt der traditionellen historischen Methode, der Interpretation, war das Ziel ein verstehbares, geschichtliches Ganzes zu erzeugen, oder, praktisch gesprochen - die Geschichte der Bewegungslehre/Sportmotorik aus den ausgewählten, kritisierten und verstandenen Quellen zusammenzufügen. Zudem sollte es zur Synthese mit den, durch die unter Punkt 4.2 beschriebenen Methoden, gewonnenen Erkenntnissen kommen.

Grundsätzlich orientiert sich die Auswertung der in diesem Kapitel aufgeführten Quellen an den wissenschaftlichen Fragestellungen dieser Arbeit (vgl. Kapitel 3). Dabei ist aber anzumerken, dass mit der traditionellen historischen Methode vermehrt vordergründige historische Sachverhalte recherchiert werden konnten; d. h. innerhalb des Gerüstes der übergeordneten wissenschaftlichen Fragestellungen vor allem Aussagen zu: Daten, Orten, Personalien, Publikationen, (hochschul-) politischen

Beschlüssen, Organisationsformen und Struktur von Wissenschaft und Fachgebiet etc.

4.2 Die Zeitzeugenbefragung - Methode der Geschichtsforschung unter Verwendung standardisierter Verfahren der qualitativen empirischen Sozialforschung

Der Anspruch, der möglichst hohen Perspektivenvielfalt, der an die vorliegende Untersuchung gestellt wird, wurde bereits gekennzeichnet. Gemäß der Komplexität des Untersuchungsgegenstandes und der Zielstellung der Arbeit, über eine bloße Chronologie hinauszugehen, Erklärungsansätze zu liefern und Einflussfaktoren auf die Entwicklung des Fachgebietes der Bewegungslehre/Sportmotorik zu untersuchen, wurde auch die Wahl der wissenschaftlichen Untersuchungsmethoden vorgenommen.

Um diese Zielstellungen erreichen zu können, wurde die Methode der Zeitzeugenbefragung angewendet.

Bei der Zeitzeugenbefragung handelt es sich um ein retrospektives Verfahren der Geschichtswissenschaft, welches dem Oberbegriff „Oral History" zuzuordnen ist. Ziel der Oral History ist es, mündliche Überlieferungen durch Erhebungsverfahren zu nutzen, um Aussagen zu bestimmten historischen Fragestellungen zu ergänzen, die durch die traditionellen historischen Quellen nicht ausreichend zu erfassen sind. Im Zentrum steht dabei in erster Linie die subjektive Wahrnehmung historischer Zusammenhänge aus einer aktuellen Perspektive, weniger die Darstellung historisch-objektiven Wissens. Die Interpretation dieses subjektiven Erlebens soll dazu beitragen, historische Abläufe zu erklären und begreifbar zu machen. Weitere allgemeinen Ziele und Anwendungsfelder der Oral History, die für die vorliegende Forschung von Belang sind, können wie folgt zusammengefasst werden (vgl. Garz&Kraimer, 1991; Jureit, 1999; Mayring, 2000; Mruck&Mey, 1998; Niethammer 1980):

- Die Erfassung von Ereignissen aus dem individuellen Bereich mit Fokus auf einen konkreten historischen Sachverhalt.
- Die Kontrolle der traditionellen historischen Quellen.
- Die Erfassung der Bedeutung bzw. die Gewichtung von bestimmten Vorkommnissen und Ereignissen im historischen Kontext für die befragte Person.
- Die Erfassung des Wirkens des Individuums in einem systematischen, historischen Zusammenhang.

- Die Ergänzung so genannter „harter“ historischer Daten durch subjektive Sichtweisen.
- Das Illustrieren oder in Frage stellen bestehender Theorien durch Fallbeispiele.

Grundsätzlich unterliegt diese neuere Methode der Geschichtswissenschaft auch dem historischen Arbeitsdreischritt der Heuristik, Kritik und Interpretation.

Die einzelnen Schritte gestalten sich in diesem Erhebungsverfahren etwas anders als in der Bearbeitung der traditionellen historischen Quellen. So wurde sich in dieser Untersuchung, gemäß der Fragestellungen, der Methoden der qualitativen Sozialforschung bedient. Diese standardisierten Verfahren konnten die wissenschaftliche abgesicherte Erhebung und Auswertung der Daten der Zeitzeugenbefragung gewährleisten und unterliegen dabei auch speziellen, den Wert der Aussagekraft bestimmenden, Kriterien (vgl. Mayring, 2000, Mruck/Mey 1999). Ganz konkret wurden mit Zeitzeugen, von denen angenommen wurde, dass sie eine profunde Aussagekraft für diese Forschung haben, problemzentrierte, leitfadengestützte Interviews, Telefoninterviews bzw. schriftliche Befragungen durchgeführt. Der Umgang mit und die Anwendung dieser Verfahren sollen im weiteren Text dokumentiert und an der vorliegenden Forschung veranschaulicht werden.

Auf die die Sozialforschung der letzten Jahrzehnte bestimmenden Methodendiskussion um Gültigkeiten, Anwendungsgebiete und Reichweiten von qualitativer und quantitativer Forschung soll und kann an dieser Stelle nicht eingegangen werden. Sie wurden mit dem Ergebnis der sukzessiven Etablierung qualitativer Forschungsmethoden in zahlreichen Publikationen wiedergegeben (vgl. Garz/Kraimer, 1991; Flick, 2004; Jureit, 1999; Mayring, 2000; Mruck/Mey, 1998; Niethammer 1980). Abschließend ist anzumerken, dass für den komplexen Untersuchungsgegenstand der Geschichte eines wissenschaftlichen Fachgebiets das Primat der Interdisziplinarität, der Ausrichtung an der Art der Forschungsgegenstandes und der Forschungspraxis gilt.

4.2.1 Die Durchführung der Zeitzeugenbefragung in dieser Untersuchung

Der Durchführung der Interviews und Befragungen stand die kritische Auswahl der Zeitzeugen bevor. Durch die eingehende Literaturrecherche sowie Expertengespräche im Vorfeld der Untersuchung, konnte eine erste Auswahl getroffen werden. Diese Auswahl sollte aber nicht endgültig sein. Im weiteren Forschungsprozess ist es durch Zwischenergebnisse, Hinweise der befragten Zeitzeugen und neue thematische Aspekte, die sich durch gewonnenes Material ergeben haben, immer wieder zu einer Erweiterung des Kreises der Personen, die für eine Befragung in Betracht kommen, gekommen.

Dieses Vorgehen ist im weitesten Sinne als deduktiv-induktives Wechselspiel zu bezeichnen. Die äußere Grenze sollte hierbei der Anspruch der Arbeit sein, die möglichst hohe Perspektivenvielfalt in der Betrachtung des Untersuchungsgegenstandes zu erreichen. Die innere Grenze, oder Mindestgrenze, war die geforderte Aussagekraft des einzelnen Zeitzeugen zur Entwicklung des Fachgebietes der Bewegungslehre/Sportmotorik. Als maßgebliche Zeitzeugen wurden Bewegungswissenschaftler angenommen, welche die Entwicklung des Fachgebiets mitbestimmten und direkt miterlebten sowie Wissenschaftler aus anderen Wissenschaftsdisziplinen, die in direktem Kontakt zu dieser Entwicklung standen und stehen.

Nach ihrer Auswahl wurden alle Wissenschaftler angeschrieben und um ihre Mitarbeit gebeten. Dazu wurden sie gemäß der wissenschaftlichen Fragestellungen in mehrere Gruppen eingeteilt. An dieser Einteilung richtete sich dann die Gestaltung der Leitfadenfragen für die jeweiligen Interviews und Befragungen aus.

Die Einteilung in dieser Untersuchung wurde folgendermaßen vorgenommen:

Gruppe A: Bewegungswissenschaftler aus der „ehemaligen" DDR

Gruppe B: Bewegungswissenschaftler aus der „alten" BRD

Gruppe C: Bewegungswissenschaftler aus dem Ausland

Dabei wurden ihnen zwei bzw. drei Möglichkeiten der Befragung angeboten. Die Wissenschaftler, die in der DDR tätig waren, sowie jene aus den alten Bundesländern konnten zwischen einem

- persönlichen Interview,
- Telefoninterview
- oder einer schriftlichen Befragung wählen.

Den Wissenschaftlern aus dem Ausland wurde die Möglichkeit des persönlichen Interviews nicht angeboten, da es im Rahmen dieser Untersuchung nicht möglich gewesen wäre, diesen finanziellen und organisatorischen Aufwand zu betreiben.

4.2.1.1 Gruppenstruktur der befragten Wissenschaftler

Insgesamt wurden in der Gruppe der Bewegungswissenschaftler der ehemaligen DDR vierzehn Wissenschaftler um ihre Aussagen als Zeitzeugen gebeten. Von diesen vierzehn Wissenschaftlern haben sich elf Wissenschaftler bereit erklärt an der Untersuchung teilzunehmen. Von diesen elf Wissenschaftlern sind acht direkt dem Fachgebiet der Bewegungslehre/Sportmotorik zuzuordnen. Die übrigen drei Wissenschaftler entstammen den Wissenschaftsdisziplinen der Sportpsychologie, Sportpädagogik und Sportbiomechanik. Fünf der befragten Wissenschaftler haben sich für ein persönliches Interview entschieden, fünf für die schriftliche Befragung. Mit einem Wissenschaftler wurde nach der schriftlichen Befragung noch einmal ein persönliches Interview zu speziellen Problemfeldern durchgeführt. Mit drei der fünf Wissenschaftler, welche sich zu einem persönlichen Interview bereit erklärt haben, wurden im weiteren Forschungsprozess noch mehrere ergänzende persönliche Befragungen durchgeführt. Drei der Wissenschaftler, welche sich für die schriftliche Befragung entschieden haben, wurden im weiteren Verlauf der Forschung nochmals zu bestimmten singulären Problemen per E-Mail- oder Briefkontakt konsultiert.

In der Gruppe der Bewegungswissenschaftler aus den alten Bundesländern wurden neun Wissenschaftler angeschrieben und um ihre Mitarbeit gebeten. Fünf dieser neun Wissenschaftler haben sich dazu bereit erklärt an der Befragung teilzunehmen. Von diesen fünf Wissenschaftlern sind drei Wissenschaftler direkt dem Fachgebiet der Bewegungslehre/Sportmotorik zuzuordnen, auch wenn für das Untersuchungsgebiet der alten Bundesländern angemerkt werden muss, dass eine so eindeutige Zuordnung wie für die ehemalige DDR nicht möglich ist, wie in der historischen Darstellung auch nochmal ausführlich begründet werden wird. Von den verbleibenden zwei Wissenschaftlern ist einer dem Fachgebiet der Sportpädagogik und einer dem Fachgebiet der Sportgeschichte/Sportphilosophie zuzuordnen. Vier der befragten Wissenschaftler haben sich für eine schriftliche Befragung entschieden, ein Wissenschaftler für das Telefoninterview.

In der Gruppe der Bewegungswissenschaftler aus dem Ausland wurden elf Wissenschaftler angeschrieben und um ihre Mitarbeit gebeten. Sieben dieser elf Wissenschaftler, aus fünf Nationen, haben sich dazu bereit erklärt an der Befragung teilzunehmen. Alle diese Wissenschaftler haben sich für die schriftliche Befragung entschieden. Von diesen sieben Wissenschaftlern sind vier Wissenschaftler direkt dem Fachgebiet der Bewegungslehre/Sportmotorik zuzuordnen. Bei diesen Personen handelte es sich um Bewegungswissenschaftler aus der ehemaligen UDSSR bzw.

dem jetzigen Russland, Polen, Japan und der Schweiz. Auch wenn die konkreten Bezeichnungen und Wissenschaftsstrukturen des jeweiligen Herkunftslandes nicht deckungsgleich mit denen der deutschen Staaten sind, so waren die Arbeitsfelder der Wissenschaftler dem Themenfeld der Bewegungslehre/Sportmotorik in Deutschland problemlos zuzuordnen. Die drei übrigen befragten Wissenschaftler stammen aus den USA und sind dem Fachgebiet der Sportpsychologie zuzuordnen. Alle drei Wissenschaftler aus den USA haben nur bestimmte Aspekte der vorgelegten Fragen beantworten können bzw. fühlten sich für andere Teile der Befragung nicht ausreichend aussagefähig.

Ein Wissenschaftler, welcher sich für die schriftliche Befragung entschieden hatte, wurde im weiteren Verlauf der Forschung nochmals zu bestimmten singulären Problemen per E-Mail- oder Briefkontakt konsultiert.

Tabellarische Übersicht zur Partizipation der Bewegungswissenschaftler an der Befragung zur Geschichte der Bewegungslehre/Sportmotorik in Deutschland:

Tab. 1 Gesamtübersicht zu allen befragten Wissenschaftlern

Angeschriebene Wissenschaftler	**34**	(100 %)
Teilnehmer	**23**	(67,4 %)
Verhältnis BW/Spomo zu sportwiss. Teildisziplinen	**15/8**	(65,2 %/34,8 %)
Persönliches Interview	**6**	(26,1 %)
Telefoninterview	**1**	(4,3 %)
Schriftliche Befragung	**16**	(69,6 %)

Tab. 2 Gruppe A – Bewegungswissenschaftler aus der ehemaligen DDR

Angeschriebene Wissenschaftler	**14**	(100 %)
Teilnehmer	**11**	(78,6 %)
Verhältnis BW/Spomo zu sportwiss. Teildisziplinen	**8/3**	(72,7 %/27,3 %)
Persönliches Interview	**6**	(54,5 %)
Telefoninterview	**0**	(0 %)
Schriftliche Befragung	**5**	(45,5 %)

Tab. 3 Gruppe B – Bewegungswissenschaftler aus den alten Bundesländern

Angeschriebene Wissenschaftler	**9**	(100 %)
Teilnehmer	**5**	(55,5 %)
Verhältnis BW/Spomo zu sportwiss. Teildisziplinen	**3/2**	(60 %/40 %)
Persönliches Interview	**0**	(0 %)
Telefoninterview	**1**	(20 %)
Schriftliche Befragung	**4**	(80 %)

Tab. 4 Gruppe C - Bewegungswissenschaftler aus dem Ausland

Angeschriebene Wissenschaftler	**11**	(100 %)
Teilnehmer	**7**	(63,4 %)
Verhältnis BW/Spomo zu sportwiss. Teildisziplinen	**4/3**	(57,1 %/42,9 %)
Telefoninterview	**0**	(0 %)
Schriftliche Befragung	**7**	(100 %)

4.2.1.2 Die Leitfadenfragen

Für die, der jeweiligen Gruppe angehörenden, Wissenschaftler wurde ein spezifisches Leitfadenfragengerüst entworfen und vorgelegt (vgl. Anlage 1). Dieses Gerüst orientierte sich an den wissenschaftlichen Fragestellungen und Themenschwerpunkten sowie an der vorausgegangen Einschätzung der Aussagekraft der Gruppe zu speziellen Punkten in der Entwicklungsgeschichte des Fachgebietes. Zudem sollte es die Vergleichbarkeit der Aussagen sowohl innerhalb der Gruppe als auch gruppenübergreifend gewährleisten, was für die Auswertung der Befragungen einen wichtige Voraussetzung ist.

Das Leitfadenfragengerüst wurde sowohl in den persönlichen Interviews, in den Telefoninterviews, als auch in den schriftlichen Befragungen umgesetzt. Es handelte sich stets um offene Fragen zu bestimmten Sachverhalten gemäß der Strukturierung problemzentrierter Interviews und Befragungen nach Witzel (2000).

Inhaltlich lassen sich die Leitfadenfragen für alle drei Gruppen in drei thematische Blöcke einordnen.

1. Fragen zur Entstehung und Entwicklung des Fachgebiets im unmittelbaren Umfeld des jeweiligen Wissenschaftlers.
2. Fragen zur Entwicklung und Position des Fachgebiets vor dem Hintergrund deutsch-deutscher Beziehungen, gesellschaftlicher sowie politischer und hochschulpolitischer Ereignisse.
3. Fragen zu rein subjektiven Einschätzungen und Bewertungen des jeweiligen Wissenschaftlers bzgl. aktueller Entwicklungstendenzen im Fachgebiet sowie der Position und den Aufgaben des Fachgebietes in der scientific community.

Zudem wurden jedem einzelnen Wissenschaftler im Befragungs- und Interviewprozess zusätzliche Fragen gestellt, welche auf die persönliche Biographie der Person bzw. ihren wissenschaftlichen Werdegang, Forschungsschwerpunkte etc. abgestimmt waren.

4.2.1.3 Auswertung der durch die Zeitzeugenbefragung gewonnenen Daten

Die durch die Zeitzeugenbefragung gewonnenen Daten wurden in mehreren Schritten bearbeitet und ausgewertet. Dabei wurde sich an der in der qualitativen Sozialforschung etablierten Verfahrensweise nach Witzel (2000) orientiert.

Zuerst erfolgte die Transkription aller persönlichen Interviews bzw. Telefoninterviews. Im Anschluss wurde eine detaillierte Einzelfallanalyse vorgenommen, in welcher die Biographie bzw. der wissenschaftliche Werdegang der Einzelperson mit Einzelaussagen und Textsequenzen dieser Person verknüpft wurde. Daraufhin konnten prägnante Aussagen der befragten Wissenschaftler zu spezifischen Themenfeldern interpretiert und historisch eingeordnet werden. Diese Vorgehensweise unterlag permanent der Kapitel 4.2 gekennzeichneten Quellenkritik und wurde jeweils durch eine Fallbewertung ergänzt.[4]

Bei interpretativen Unsicherheiten wurde das Material zur Kontrolle einer oder mehreren anderen Personen vorgelegt, welche mit der Verfahrensweise der Untersuchung vertraut waren, bzw. in Forschungsgruppen besprochen.

---

[4] Eine Fallbewertung enthält in diesem Fall Kommentare des Interpreten zur Art und Beschaffenheit des vorliegenden Materials, Besonderheiten des Einzelfalls, interpretativen Unsicherheiten oder auch methodischen Fehlern.

Durch diese Auswertungsschritte konnte jedem befragten Wissenschaftler eine bestimmte Kernaussage zu den spezifischen wissenschaftlichen Fragestellungen zugeordnet werden.

Diese individuellen Kernaussagen wurden nun dem Vergleich innerhalb der jeweiligen Gruppe unterzogen. Dieser gruppeninterne Fallvergleich war auf die Analyse von übereinstimmenden oder auch gegensätzlichen Aussagen zu bestimmten Fragestellungen innerhalb der jeweiligen Gruppe ausgerichtet. In der vorliegenden Untersuchung wurde angesichts der Datenfülle versucht, die Kernaussagen der Einzelwissenschaftler auf den kleinsten gemeinsamen Nenner zusammenzufassen, der als einheitliche Antwort, auf eine bestimmte historische Fragestellung, gelten kann. Dies war für fast alle Fragestellungen innerhalb der jeweiligen Gruppen möglich, wenn auch in unterschiedlichem Umfang und in unterschiedlicher inhaltlicher Fülle (bei drei Fragestellungen an die Wissenschaftler aus den alten Bundesländern konnte keine, auch nicht partielle einheitliche Aussage erkannt werden).

So konnten also neben der Interpretation und historischen Verwertung des Einzelfalls auch konkrete Kernaussagen bzw. Tendenzen der jeweiligen Gruppe zu bestimmten wissenschaftlichen Fragestellungen erfasst werden.

Diese gruppenintern zusammengefassten Aussagen wurden darauf folgend dem Quervergleich der Gruppen unterzogen. Dies geschah mit dem Ziel, gruppencharakteristische Gemeinsamkeiten und Unterschiede in bestimmten Betrachtungsweisen herauszuarbeiten.

Die so gewonnen Erkenntnisse wurden mit den durch die traditionelle historische Methode (vgl. Kapitel 4.1.1) gewonnenen Erkenntnissen synthetisiert. Das Material aus allen bearbeiteten Quellen ergänzte sich somit, es wurde möglich, die Gesamtheit der historischen Entwicklung des Fachgebietes darzustellen. Besondere Ereignisse konnten detailliert untersucht und eingeschätzt werden, Einflussfaktoren auf die Entwicklung der Bewegungslehre und Sportmotorik konnten gezielt herausgearbeitet werden.

4.3 Begründung zur Wahl der Forschungsmethoden

Grundsätzlich orientierte sich die Wahl der Forschungsmethoden an der Art der wissenschaftlichen Fragestellungen sowie an der Quellenlage und der praktischen Durchführbarkeit. Dass sich die historische Aufarbeitung der Geschichte des Fachgebietes der Bewegungslehre/Sportmotorik eindeutig in das geschichtswissenschaftliche Feld der Wissenschaftsgeschichte einordnen lässt, spricht für die traditionelle historische Methode als grundlegende Herangehensweise.

Durch die im Voraus der eigentlichen Forschung durchgeführte Literatur- und Quellenrecherche, sowie das Thema eingrenzende Expertengespräche, konnte davon ausgegangen werden, dass die Quellenlage bei den traditionellen historischen Quellen (siehe Kapitel 4.1.1) für eine grobe chronologische Beschreibung der Entwicklungsgeschichte der Bewegungslehre/Sportmotorik ausreichend ist.

In eben dieser Voranalyse wurde aber auch deutlich, dass Umfang und inhaltliche Tiefe der Quellen wiederum nicht ausreichen würden, um die Hintergründe, Triebfedern, Hemmnisse und Weichen des Entwicklungsweges des Fachgebietes umfassend zu beleuchten.

Die Frage nach dem „Warum (so und nicht anders)?" hätte an gewissen Schnittstellen der Entwicklungsgeschichte nicht ausreichend beantwortet werden können, ein Verstehen und Erklären wäre nur mit Hilfe der vorliegenden schriftlichen Quellen nicht in vollem Umfang möglich gewesen. Über einige Prozesse, die für die Entwicklung der Bewegungslehre/Sportmotorik von Belang sind, existieren auch keine schriftlichen Zeugnisse, nicht jeder Sachverhalt ist dokumentiert. Zudem wurde die subjektive Problemsicht am Entwicklungsprozess des Fachgebietes beteiligter Personen als wichtiger Baustein dieser zeitgeschichtlichen Betrachtung angesehen.

Deshalb wurde die Möglichkeit der Zeitzeugenbefragung durch problemzentrierte Interviews bzw. leitfadengestützte Befragungen als Methode der Geschichtswissenschaft bzw. der empirischen Sozialforschung ausgewählt. Da es sich bei der vorliegenden Untersuchung um eine zeitgeschichtliche Untersuchung handelt, konnte davon ausgegangen werden, dass Zeitzeugen der Entwicklung des Fachgebiets existieren und aussagefähig sind.

Die konkrete Auswahl der Wissenschaftler erfolgte auf der Basis einer eingehenden Recherche zu ihrer Funktion im Entwicklungsprozess des Fachgebietes, welche eingehende Expertengespräche zur Signifikanz der ausgewählten Personen eingeschlossen.

Die Einteilung in die drei verschiedene Befragungsgruppen (Bewegungswissenschaftler aus der ehemaligen DDR, Bewegungswissenschaftler aus der „alten" BRD, Bewegungswissenschaftler aus dem Ausland) wurde aufgrund des Anspruchs der Forschung, eine möglichst hohe Perspektivenvielfalt auf den Untersuchungsgegenstand gewährleisten zu können, vorgenommen.

Die Entscheidung für die Durchführung von problemzentrierten Interviews (nach Witzel, 2000) bzw. einer leitfadengestützten Befragung als Methode, wurde aufgrund des sehr konkreten Charakters des Untersuchungsgegenstands (Geschichte der Bewegungslehre/Sportmotorik), der direkten Beziehung der Zeitzeugen (an der Entwicklung des Fachgebietes direkt beteiligte Wissenschaftler) zum Untersuchungsgegenstand, sowie den sehr konkreten Fragestellungen zu historischen Ereignissen und Abläufen in der Entwicklungsgeschichte des Fachgebietes, vorgenommen.

Dass sich bei der Zeitzeugenbefragung unter historischem Aspekt, welcher grundsätzlich der Oral History zuzuordnen ist, Methoden der qualitativen empirischen Sozialforschung bedient wurde, ist damit zu begründen, dass die empirische Sozialforschung im Umgang mit Zeitzeugen die höchsten methodischen Standards aufweist (vgl. Kapitel 4.2), d. h. klare, nachvollziehbare Schritte zu der Erhebung, Auswertung und Interpretation vorgibt und dafür auch methodenspezifische Gütekriterien anlegt.

Das auf eine quantitative Analyse verzichtet wurde bzw. statistische Auswertungen nur singulär, zur Bestätigung und Ergänzung der historischen Beschreibung vorgenommen wurden, liegt in der Art der wissenschaftlichen Fragestellung begründet.

4.4 Methodenkritik

Dem Ideal „zu zeigen wie es eigentlich gewesen" und dabei „mein Selbst gleichsam auszulöschen und nur die Dinge reden, die mächtigen Kräfte erscheinen zu lassen" (Ranke zitiert in Böshoff et. al. 1997, S. 8) kann auch in dieser historischen Untersuchung nur bis zu einem gewissen Grad nachgekommen werden.

Die Rekonstruktion einer vergangenen Wirklichkeit ist immer subjektiv, da sie auch immer, wenn auch nicht unbedingt immer gewollt, die Subjektivität des Verfassers widerspiegelt.

Für die vorliegende Forschung sind verschiedene kritische Punkte anzumerken. Die Auswahl und Interpretation von traditionellen historischen Quellen unterliegt, auch nach allen quellenkritischen Prüfungen, einem gewissen Maß an Subjektivität und ist eine Art schöpferischer Prozess. Ausmaß und Art dieser Subjektivität werden vor allem durch den Kenntnisstand und die Einstellung bzw. Vorannahmen des Autors zum Untersuchungsgegenstand bestimmt und bleiben, auch nach der offensichtlichen Ausrichtung am Ethos der Objektivität, das Werk einer bestimmten Person. Durch die Offenlegung der verwendeten Quellen, sowie der Dokumentation des vorgenommenen Forschungsprozesses, werden die Kriterien der Wissenschaftlichkeit dennoch erfüllt, der Forschungsprozess kann im Detail nachvollzogen werden.

Die Reichweite dieser Untersuchung wird durch verschiedene Faktoren begrenzt. Einmal durch die Art des Untersuchungsmaterials, dann sowohl durch die gewählten Forschungsmethoden, als auch durch die wissenschaftlichen Fragestellungen, die ihr zu Grunde liegen.

Bezüglich des Untersuchungsmaterials muss angemerkt werden, dass es sich vorrangig um publizierte Beiträge handelt. Es kann aber davon ausgegangen werden, dass es, zumindest was die Sportwissenschaft der DDR angeht, eine Anzahl von Arbeiten gab, die zur Geheimhaltung vorgesehen waren und auch heute nicht mehr einzusehen sind (Fornoff 1995, S. 116). Auch wenn es sich dabei vorrangig um Beiträge handelt, die der Leistungs- und Hochleistungssportforschung zuzuordnen sind, ist dieser Umstand, auch für diese Untersuchung, von - wenn auch untergeordneter - Relevanz.

Zudem muss davon ausgegangen werden, dass wissenschaftliche Beiträge beider deutscher Staaten, welche zu Zeiten des Kalten Krieges entstanden sind, nicht frei von ideologischen Verbrämungen bzw. vor dem Hintergrund des wissenschaftlichen Systemwettstreits zu bewerten sind. Dieser Umstand wurde natürlich in der ausführlichen Quellenkritik berücksichtigt, bleibt aber dennoch Kennzeichen von Teilen des Untersuchungsmaterials. Ein grundsätzlicher Einwand gegen die vorliegende Untersuchung kann dies dennoch nicht sein. Gerade durch die Methode der Zeitzeugenbefragung konnten „weiße Flecken" in der Geschichte des Fachgebiets untersucht werden, die Entstehung bestimmter Quellen detailliert hinterfragt und der ideologische Hintergrund genauer eingeschätzt werden.
Als hauptsächlicher Kritikpunkt zur Oral History bzw. der Zeitzeugenbefragung gilt vor allem der stark subjektive Hintergrund der gewonnenen Daten. Diese Subjektivität beginnt bei der Auswahl der Zeitzeugen durch den Autor. Gemäß der Forderung der möglichst hohen Perspektivenvielfalt wurde bzgl. der wissenschaftlichen Herkunft und des wissenschaftlichen Wirkungsfeldes versucht, die Gruppe so kontrastreich wie möglich zu gestalten, um alle relevanten Aspekte und Perspektiven der Entwicklung des Fachgebietes aufnehmen zu können. Trotzdem ist die Auswahl der Zeitzeugen immer das Resultat einer subjektiven Einschätzung.

Bezüglich der durch die Zeitzeugenbefragung gewonnenen Daten ist zu sagen, dass die Subjektivität der befragten Personen im Erhebungsprozess punktuell gewünscht und durch gezielte Fragestellungen sogar gefördert wurde.

Das diese Subjektivität in Extremfällen durch persönliche Animositäten zu anderen am Entwicklungsprozess des Fachgebietes beteiligten Wissenschaftlern, divergierende wissenschaftliche Auffassungen, noch bestehende ideologische Verbrämungen aus der Zeit der deutschen Teilung, der möglichen Diskrepanz zwischen der ursprünglichen Wahrnehmung und der zwischenzeitlichen Veränderung dieser Wahrnehmung, Verarbeitungs- oder Verdrängungsvorgänge oder einfach durch das Gedächtnisproblem beeinflusst ist, wurde berücksichtigt. Davon abgesehen unterliegt die angewendete wissenschaftliche Methode klaren Vorgaben, Anwendungs- und Gütekriterien, die unter Kapitel 4.2 angeführt wurden. Aussagen zu historischen Begebenheiten konnten so richtig eingeschätzt und im Vergleich mit den durch die traditionelle historische Methode gewonnenen Erkenntnissen verifiziert werden.

Im Datenerhebungsprozess der Zeitzeugenbefragung ist die Quantität des gewonnenen Materials kritisch zu werten. Die Menge an gewonnenen Daten bzw. Aussagen kann mit dem Mengenverhältnis 3 (Wissenschaftler der ehemaligen DDR) - 1,5 (Wissenschaftler aus der „alten" BRD) - 1 (Wissenschaftler aus dem Ausland) angegeben werden. Da die Aussagen in ihrer Qualität als nahezu gleichwertig angesehen werden können, ist also von einem Ungleichgewicht der Datenmengen der jeweiligen Befragungsgruppen auszugehen. Dieser Umstand führt dazu, dass gewisse Aspekte in der Geschichte des Fachgebiets nicht mit der gleichen Tiefe analysiert werden konnten wie andere. Als Gründe hierfür können angegeben werden:

1. Die vergleichsweise hohe Bereitschaft an der Befragung teilzunehmen durch die (Bewegungs-) Wissenschaftler der ehemaligen DDR von 78,6 % (im Vergleich dazu BRD - 55 %, Ausland 63,4 %) (vgl. Tabellen 1 - 4).
2. Die geringere Aussagekraft der Bewegungswissenschaftler aus dem Ausland zu bestimmten Problemfeldern, ob ihrer räumlichen Distanz zu diesen Entwicklungsaspekten
3. Die Wahl der Befragungsmethode (persönliches Interview, Telefoninterview, offene schriftliche Befragung). Die Erfahrung dieser Forschung hat gezeigt, dass der Daten- und Erkenntnisgewinn im persönlichen Interview deutlich höher lag als im Telefoninterview bzw. der schriftlichen Befragung. Aufgrund organisatorischer und finanzieller Beschränkungen konnte mit den Wissenschaftlern aus dem Ausland nur die schriftliche Befragung

vorgenommen werden. Den deutschen Wissenschaftlern war die Wahl der Befragungsmethode freigestellt. Die Bereitschaft der (Bewegungs-) Wissenschaftler aus der ehemaligen DDR an einem persönlichen Interview teilzunehmen lag dabei deutlich höher als bei den Wissenschaftlern der „alten" BRD. Dieser Umstand hat zur Folge, dass die Aussagen der Wissenschaftler für diese Forschung der ehemaligen DDR in Qualität und Quantität als höherwertig eingeschätzt werden müssen, als die der Wissenschaftler der BRD. Umfang, inhaltliche Tiefe und Detailreichtum der historischen Schilderung sind davon direkt beeinflusst.

Abschließend ist noch ein Kritikpunkt aufzunehmen, der die Synthese aller gewonnenen und ausgewerteten Daten, den schöpferischen Prozess der Interpretation und Geschichtsschreibung betrifft. Da der Autor einen Großteil der Entwicklungsetappen der Bewegungslehre/Sportmotorik nicht unmittelbar miterlebt hat, sondern über eine Vergangenheit berichtet, die er selbst, sowohl was die gesellschaftlichen Rahmenbedingungen, als auch die eigentliche Entwicklung der Wissenschaftsdisziplin angeht, nur aus historischen Quellen und Zeitzeugenberichten kennt, mag seine Fähigkeit kritisiert werden, das Geschehene korrekt nachvollziehen und bestimmte Prozesse und Ereignisse richtig werten zu können. Das aber wäre ein Makel, der den meisten historischen Untersuchungen angelastet werden müsste. Es wird auf die Quellen und die Quellenarbeit vertraut, die zeitliche und ideologische und persönliche Distanz des Autors zum Untersuchungsgegenstand als Möglichkeit gesehen, dem „Rankeschen Objektivitätsideal" der Geschichtsschreibung so nah wie möglich zu kommen.

5 Grundlegende Ergebnisse der Arbeit

Im Zuge des Forschungsprozesses konnte das Ziel der Arbeit, nämlich die zusammenhängende Darstellung der Geschichte des Fachgebietes der Bewegungslehre/Sportmotorik in Deutschland, von 1945 bis zu einer stabilen Neuausrichtung ihrer institutionellen und inhaltlichen Struktur nach der deutschen Wiedervereinigung, erreicht werden (vgl. Punkt 7). Dabei wurden die unter Punkt 3 aufgeführten Kernfragen in der chronologischen Aufarbeitung besonders berücksichtigt. Es konnten zu allen Kernfragen Aussagen getroffen werden.

In diesem Zusammenhang sind die in Kapitel 4.4 gemachten Ausführungen zu Reichweite und Gültigkeit der Forschungsergebnisse zu berücksichtigen. Aufgrund der unterschiedlichen Quellenlage (in Qualität und Quantität) der traditionellen historischen Quellen, sowie der Ergebnisse der Zeitzeugenbefragung, konnten bestimmte Fragen in der Geschichte des Fachgebietes weniger detailliert bearbeitet werden als andere (vgl. Kapitel 4.4.).

Außerdem konnten bestimmte Einflussfaktoren herausgearbeitet werden, von denen angenommen wird, dass sie die institutionelle bzw. inhaltliche Entwicklungsgeschichte des Fachgebietes entscheidend mitbestimmten. Auf diese Einflüsse wird in der chronologischen Darstellung der Entwicklung der Bewegungslehre/Sportmotorik punktuell eingegangen, im Kapitel 8 erfolgt eine zusammenfassende Darstellung.

Begonnen werden soll mit der Darstellung der zeitlichen und inhaltlichen Gliederungsebenen, welche sich im Forschungsprozess ergeben haben. Weiterhin sollen Schwerpunkte der inhaltlichen Entwicklung benannt werden, ohne aber der in Kapitel 7 stattfindenden chronologischen Darstellung vorzugreifen.

5.1 Einordnung des historischen Entwicklungsprozesses der Bewegungslehre/Sportmotorik

5.1.1 Zeitlicher Rahmen

In der ersten Auseinandersetzung mit dem Forschungsthema wurde offenbar, dass der Einstieg in die Geschichte des (universitären) Fachgebietes „Bewegungslehre/Sportmotorik" erst mit der Wiederaufnahme der universitären Forschung nach dem zweiten Weltkrieg, also nach 1945, gefunden werden kann.

Zudem wurde während des weiteren Forschungsprozesses deutlich, dass auch eine konkrete historische Darstellung bis in die unmittelbare Gegenwart (Stand 2007) verfrüht scheint, da eine objektive historische Reflektion aufgrund vieler, schnell wechselnder inhaltlicher Trends, die Bestandteil von permanenten wissenschaftstheoretischen Diskussionen sind, noch nicht möglich ist. Aus diesem Grund wurde das Ende der historischen Darstellung mit der institutionellen Neuordnung der universitären Lehre und Forschung der Wissenschaftsdisziplin nach der deutschen Wiedervereinigung festgesetzt. Aktuellere Entwicklungen, so fern sie auszumachen sind, werden ausblicksartig genannt.

Damit wurde der Hauptuntersuchungszeitraum konkret benannt, die Untersuchung als die zeitgeschichtliche Aufarbeitung der Wissenschaftsgeschichte des sportwissenschaftlichen Fachgebietes der Bewegungslehre/Sportmotorik definiert.

Einhergehend damit steht die Erkenntnis, dass wissenschaftliche und vorwissenschaftliche Auseinandersetzungen früherer Epochen zum Problemfeld der menschlichen Bewegungen (im Sport) noch zu weit gefächert bzw. direkt anderen Basiswissenschaften zugeordnet waren (vgl. Kapitel 6), als dass von einer direkten Entwicklungslinie zur Etablierung des Fachgebietes gesprochen werden kann. Nichtsdestotrotz werden diese Ansätze, Arbeiten, Philosophien und Untersuchungen als grundlegend für das Gesamtverständnis der Entwicklung einer Bewegungslehre/Sportmotorik angesehen. Deshalb wurde unter der Bezeichnung „Die wissenschaftliche Bearbeitung des Bewegungsproblems durch die Zeitalter“ ein entsprechendes Kapitel ausgearbeitet und als thematische Einleitung mit in die Arbeit aufgenommen (vgl. Punkt 6).

5.1.2 Inhaltlicher Rahmen

Das in dieser Arbeit thematisierte Untersuchungsgebiet war im Untersuchungszeitraum seit 1945 mehreren staatlichen, politischen und sozioökonomischen Umstrukturierungsprozessen unterworfen, welche nachhaltig auf jeden Aspekt des gesellschaftlichen Lebens gewirkt haben. Aus diesem Grund werden diese Faktoren als „Gesellschaftliche Rahmenbedingungen“, als äußerster Rahmen der Entwicklung der Bewegungslehre/Sportmotorik angenommen und unter 7.1 näher gekennzeichnet.

Wie in dem „Exkurs“ durch „die wissenschaftliche Bearbeitung des Bewegungsproblems durch die Zeitalter“ deutlich wird, erfährt die wissenschaftliche Untersuchung menschlicher Bewegungen im Sport, mit der kontinuierlichen Etablierung einer „Sportwissenschaft“, bereits zu Beginn des 20. Jahrhunderts ihre erste institutionelle Etablierung. Wie die Arbeit zeigt, bestimmt der akademische Status der Sportwissenschaft die Entwicklung der Bewegungslehre/Sportmotorik während des Hauptuntersuchungszeitraumes nachhaltig. Gerade die institutionelle Entwicklung der Sportwissenschaft kann als engerer, entwicklungsbestimmender Rahmen für die Entwicklung der Wissenschaftsdisziplin angesehen werden und wurde daher in den Kapiteln für beide deutsche Staaten 7.2.1 und 7.3 kurz dargestellt.

5.1.3 Inhaltliche Gliederung gemäß dem Entwicklungsverlauf

Für den Hauptuntersuchungszeitraum gilt, dass die Geschichte des Fachgebietes für die Zeit der deutschen Teilung (1945 - 1990) separat für die DDR und die BRD behandelt wird. Dieses Vorgehen gründet sich auf die unterschiedlichen gesellschaftlichen und wissenschaftsstrukturellen Verhältnisse in beiden deutschen Staaten sowie auf die zu großen Teilen voneinander unabhängigen Entwicklungslinien, die im Forschungsprozess festgestellt werden konnten (vgl. Kapitel 7). Für die Zeit nach der deutschen Wiedervereinigung 1990 wird wieder zu einer gesamtdeutschen Darstellung übergegangen (vgl. Anlage2).

Nichtsdestotrotz konnte für beide deutschen Staaten eine identische chronologische Entwicklungsphaseneinteilung vorgenommen werden:

Die Entwicklung des Fachgebietes Bewegungslehre/Sportmotorik ist in beiden deutschen Staaten in eine Aufbau- (1945 - 1968/69) und eine Ausbauphase (1969/1970 - 1990) zu unterteilen. Getrennt werden diese Phasen durch eine „Zäsurperiode“ während der Umstrukturierungsprozesse in Folge der 3. Hochschulreform (1968 - 1972) im Wissenschaftssystem der DDR, bzw. der sprunghaften akademischen Anerkennungs- und Integrationsprozesses der Sportwissenschaft in das Wissenschaftssystem der BRD, welche ebenfalls mit dem Zeitraum 1968 - 1972 zu umreißen ist. Die Entwicklungsphase nach 1990 ist vor allem als Etappe des formellen Zusammenschlusses beider deutschen Fachgebiete bzw. der Übertragung der westdeutschen Strukturen auf das Gebiet der ehemaligen DDR zu charakterisieren.

5.2 Die Kennzeichnung von Entwicklungsschwerpunkten

5.2.1 Entwicklungsschwerpunkte in der DDR zwischen 1945 und 1990

Die Bewegungslehre/Sportmotorik wurde innerhalb des Untersuchungszeitraumes als eigenständiges Lehr- und Forschungsgebiet an den Hochschulen der DDR etabliert[5]. Bereits in der Aufbauphase ist von einer sehr dynamischen Entwicklung zu sprechen, die der Wissenschaftsdisziplin und seinen Vertretern internationale Aufmerksamkeit einbrachte.

Es entwickelte sich schnell eine aktive Wissenschaftsstruktur im Fachgebiet, gekennzeichnet durch eine Vielzahl wissenschaftlicher Publikationen sowie regelmäßigen, strukturierten wissenschaftlicher Austausch, welcher in der Ausbauphase noch erweitert werden konnte.

Grundsätzlich wurde die Entwicklung der Wissenschaftsdisziplin sowohl institutionell als auch inhaltlich durch zentrale staatliche Gremien gefördert aber auch gesteuert.

Die Förderung gründet sich vor allem auf den grundsätzlich hohen Stellenwert des Sports in allen Gesellschaftsbereichen der DDR und der damit verbundenen, zentralen politischen Unterstützung.

Bezüglich der institutionellen Entwicklung sind vor allem die Hochschulreformen der DDR als „Steuerelemente" zu nennen, die inhaltliche Entwicklungslinie wurde maßgeblich sowohl von der grundlegenden „Wissenschaftsideologie" der DDR, dem dialektischen Materialismus, der zentralen Steuerung, als auch von der engen Bindung an die Sportpraxis geprägt.

Weiterhin ist festzustellen, dass die Bewegungslehre/Sportmotorik als sportwissenschaftliches Fachgebiet in seiner Entwicklung auch immer indirekt von der politischen Instrumentalisierung des Leistungssports in der DDR, bzw. im weitesten Sinne sogar vom Status der außenpolitischen Beziehungen des Landes, mitbestimmt wurde.

Die inhaltliche Entwicklung der Bewegungslehre/Sportmotorik beginnt bei dem pädagogisch orientierten Grundkonzept K. Meinels der 1950er und 1960er Jahre, welches für die inhaltliche Entwicklung der Wissenschaftsdisziplin als maßgebliche Orientierung galt. Dieses interdiszilinär angelegte Konzept wird in der weiteren Entwicklung, besonders an den

---

5 Kriterien zur Eigenständigkeit einer Wissenschaftsdisziplin nach Kunath (1991)

Standorten Leipzig (Schnabel u. .), Jena (Pöhlmann u. a.) und Greifswald (Hirtz) präzisiert, naturwissenschaftlich abgesichert und zu einer Handlungstheorie im Sport, in welcher der Mensch als biopsychosoziale Einheit erfasst wird, erweitert. Für den gesamten Entwicklungszeitraum kann von einer relativ einheitlichen Verwendung von Terminologien und Theoriekonstrukten gesprochen werden, die stärksten internationalen Einflüsse auf diese inhaltlichen Weiterentwicklungen bilden vor allem die neurophysiologischen Erkenntnisse aus der Sowjetunion. In den 1980er Jahren erfolgt auch eine partielle Öffnung gegenüber den psychomotorischen Ansätzen aus den USA.

Die Wissenschaftsdisziplin der Bewegungslehre/Sportmotorik wurde sowohl in ihrer inhaltlichen als auch in ihrer institutionellen Entwicklung in der DDR von zahlreichen externen gesellschaftlichen, politischen und hochschulpolitischen Faktoren beeinflusst.

5.2.2 Entwicklungsschwerpunkte in der BRD zwischen 1945 und 1990

Die Bewegungslehre/Sportmotorik wurde innerhalb des Untersuchungszeitraumes als eigenständiges Lehr- und Forschungsgebiet an den Hochschulen der BRD etabliert[6]. Diese akademische Etablierung erfolgte aber vornehmlich erst während der Zäsurperiode bzw. in der Ausbauphase des Fachgebiets. Während der Aufbauphase wirkte sich die fehlende akademische Anerkennung der Sportwissenschaft hemmend auf die mögliche Entstehung, Entwicklung und Profilbildung einzelner Fachgebiete aus, so auch auf die Bewegungslehre/Sportmotorik.

In der Ausbauphase entwickelte sich eine aktive Wissenschaftsstruktur, aus welcher auch international beachtete und anerkannte Wissenschaftsleistungen entstanden. Im Vergleich zur DDR ist sowohl die institutionelle als auch die inhaltliche Entwicklung als sehr freiheitlich und pluralistisch zu bezeichnen. Dem zu Grunde liegt die in der BRD als Grundlage des universitären Lehrens und Forschens geltende „Humboldtsche Forschungsfreiheit".

Eine einheitliche Grundausrichtung des Fachgebietes existierte während des Entwicklungsverlaufes nicht. In dieser Entwicklung wurde die Wissenschaftsdisziplin von zahlreichen externen gesellschaftlichen, politischen und hochschulpolitischen Faktoren beeinflusst.

---

6 Kriterien zur Eigenständigkeit einer Wissenschaftsdisziplin nach Kunath (1991)

Inhaltlich entwickelt sich das Fachgebiet in der Aufbauphase langsam und vor allem auf die Rezeption ausländischer Literatur (vornehmlich Meinel (DDR) und Fetz (Österreich)) gestützt. In der Ausbauphase entsteht ein weit verzweigtes, individualistisch geprägtes, plurales Lehr- und Forschungsgebiet, welches einer übergreifenden Gesamtausrichtung entbehrt und sich dafür in eine größere Anzahl an Herangehensweisen und Gegenstandsbestimmungen aufgliedert. Die stärksten internationalen Einflüsse auf diese inhaltlichen Weiterentwicklungen bilden psychomotorische und neurophysiologische Erkenntnisse aus dem amerikanischen bzw. aus dem sowjetischen Raum.

5.2.3 Entwicklungsschwerpunkte in Deutschland seit 1990

Durch die Wiedervereinigung beider deutscher Staaten kam es auch zu einer Vereinigung der Wissenschaftssysteme. Dabei wurden die Strukturen des Wissenschaftssystems der BRD auf die DDR übertragen. Gerade der institutionelle Aufbau der Sportwissenschaft und somit auch der Bewegungslehre/Sportmotorik wurde umfassend abgewickelt, was die materiellen und personellen Möglichkeiten in Lehre und Forschung an diesen Standorten stark eingeschränkt hat.

In der gesamtdeutschen inhaltlichen Neuausrichtung der Wissenschaftsdisziplin, ist hingegen von einen stärkeren Einflussnahme und Behauptung der DDR-Entwicklungslinien und seiner Wissenschaftler zu sprechen. Beispielhaft sei die Mitgestaltung einer eigenen Sektion der Wissenschaftsdisziplin in der Deutschen Vereinigung für Sportwissenschaft genannt. In diesem Zusammenhang muss auch die gute Zusammenarbeit der Wissenschaftler, der vormals getrennten deutschen Staaten, sowie die Tendenz der verstärkten internationalen Zusammenarbeit im Fachgebiet erwähnt werden.

Nichtsdestotrotz wird in den Folgejahren, gesamtdeutsch, dem westdeutschen Ansatz der pluralistischen, individualistischen Prägung der Wissenschaftsdisziplin gefolgt, dem kein übergreifendes Wissenschaftskonzept zu Grunde liegt. Daraus ergaben sich verschiedene Kritikpunkte, welche seitdem in der Wissenschaftsdisziplin kontrovers diskutiert werden. Vor allem geht es um eine allgemeine Verständigung zu Gegenstandsbereich, Begrenzungen, Aufgaben und Zielsetzungen der Bewegungslehre/Sportmotorik, sowie um den anhaltenden Trend, dass der direkte Bezug des Fachgebiets zur Sportpraxis verloren geht.

Abschließend ist festzustellen, dass die Möglichkeiten eines geordneten Neuanfangs, in Form einer fundierten Bestandsaufnahme aktueller struktureller und inhaltlicher Problemstellungen und eines darauf basierenden geordneten Neuaufbaus, nicht wahrgenommen wurden.

6 Die wissenschaftliche Bearbeitung des Bewegungsproblems durch die Zeitalter

In folgenden Kapiteln soll kurz auf die Entwicklung des Bewegungsproblems und seiner wissenschaftlichen Bearbeitung eingegangen werden. Dieses soll als thematische Einleitung zum eigentlichen Forschungsschwerpunkt dienen.

Dabei ist anzumerken, dass für die Epochen der Ur- und Frühgeschichte bis in die Neuzeit nur bedingt von „wissenschaftlichen Bewegungsuntersuchungen" zu sprechen ist. Außerdem muss bemerkt werden, dass die Grenze zwischen „Bewegung", „Bewegungsauffassung" und „Bewegungswissenschaft" in der historischen Auseinandersetzung mit Bewegungsproblemen dieser Zeitalter oft nicht genau differenziert wird[7].

Die primäre Untersuchung der Geschichte der bewussten Bewegungsoptimierung setzt mit der (vor-) wissenschaftlichen Bearbeitung von sportlichen Bewegungen im späten 18. und vor allem 19. Jahrhundert ein. Hierbei erscheinen keine reinen Abhandlungen zur Geschichte der Bewegungsentwicklung oder einer Bewegungslehre; historische Betrachtungen dieses Themenfeldes sind aber oft in den ursprünglichen Arbeiten, die sich anfangs unter medizinisch-hygienischem, physikalisch-mechanischem, pädagogischen oder später unter psychologischen Aspekt aufbauen, zu finden.

Dabei ist anzumerken, dass die historische Betrachtungsweise, als eine der traditionellen und tonangebenden Wissenschaften zu dieser Zeit, viel mehr Bestandteil einer jeden wissenschaftlichen Betrachtung war, als dies heute der Fall ist.

Außerdem sei darauf hingewiesen, dass bis weit in die Neuzeit auch einfach „keine integrierende Wissenschaftsinstanz zur Erforschung der menschlichen Bewegung" existierte (Petersen 1984, S. 47). Es ist also von einer beträchtlichen Breite von bewegungswissenschaftlichen Ansätzen zu sprechen, welche im Vorlauf der Begründung eines eigenen Fachgebietes entstanden sind, weiterentwickelt, oder wieder verworfen wurden.

7 Die Reflektionen auf Bewegungsentwicklung dieser Zeitalter findet, von singulären Betrachtungen antiker Philosophen abgesehen, nahezu ausschließlich in der modernen Sekundärliteratur des 20. und 21. Jahrhunderts statt.

6.1 Zur Bewegungsentwicklung in der Ur- und Frühgeschichte

Es liegen wenige wissenschaftliche Untersuchungen vor, die Bewegungsprozesse in der Ur- und Frühgeschichte der Menschheit in den Forschungsfokus stellen. Meistens werden dabei die ersten Arbeitsprozesse im Alltag und die damit verbundene Entwicklung der Handmotorik thematisiert (vgl. Meinel/Schnabel 1976, S. 20ff.). Meinel/Schnabel stellen hier den Schritt zum Werkzeuggebrauch, und die damit verbundene Entwicklung der Arbeitsmotorik auch in ihrem historisch-gesellschaftlichen Kontext dar, und fügen sie in die Entwicklung des Menschen und der menschlichen Bewegung ein. Als philosophischer Bezug dazu dienen die Betrachtungen von Engels, welcher die menschliche Motorik und ihre Bedeutung für die Entwicklung der menschlichen Arbeitsprozesse seit der Urzeit hervorhebt (vgl. Engels 1959).

Weiterhin wird auf die Arbeiten von Ananjew (1963) verwiesen, der die Entwicklung motorischer Fähigkeiten und Arbeitsprozesse in Beziehung stellt. Zusätzlich weisen Meinel und Schnabel darauf hin, dass die menschliche Bewegung, gemeinsam mit der Entwicklung der Sprache, als hochentwickelte Verständigungsform, die entscheidenden Werkzeuge des Menschen in seiner Interaktion mit der Umwelt waren und sind und somit seit der Urzeit maßgeblichen Einfluss auf seine Entwicklung hatten.

Als maßgeblicher Motivationsfaktor zur Optimierung von Bewegungshandlungen wird der Widerspruch zwischen dem Erstrebten und Erreichten bei den Arbeitsbewegungen genannt (Meinel/Schnabel 1976, S. 23). Die Formen der Bewegung als Ortsveränderung des Individuums, also die Entwicklung der Fortbewegung, sowie Jagd- und Fluchtbewegungen, werden ebenfalls als direkte Interaktionen mit der Umwelt erwähnt. Die starke Konzentration auf die Ursprünge der Arbeitsmotorik in der Urzeit ist sicherlich auch dem der Wissenschaft in der DDR zu Grunde liegenden historischen Materialismus zuzuschreiben, der die menschlichen Arbeits- und Produktionsprozesse in einem hohen Maße thematisiert.

In einem weiteren Kapitel spannen Meinel und Schnabel (1976, S. 24ff.) den Bogen, von der Entwicklung der Sprache und ihrem Einfluss auf die Entwicklung von Bewegungsqualitäten, zur Entwicklung des menschlichen Reafferenzsystems. In diesem Fall wird auf den theoretischen Vorleistungen von Wohl (1964) und Secenov (1955) aufgebaut. An dieser Stelle soll zusätzlich noch auf die Arbeit von Anochin (1958, S. 544) hingewiesen werden, die auch das Rückinformationsprinzip als wichtigen

Bestandteil der menschlichen (Bewegungs-) Entwicklung seit der Urzeit beschreibt.

Neben der Entwicklung der Arbeitsprozesse werden kultische oder religiöse Tanz- und Zeremoniebewegungen als Triebfeder der Bewegungsentwicklung in der Urgesellschaft genannt. Dazu existieren Untersuchungen von Bednarzowa (1964) und Lehmann (1966). Beide Arbeiten thematisieren, ähnlich wie die aktuellere Arbeit von Fikus/Schuerrmann, das Beziehungsgeflecht der Entwicklungsverläufe von Bewegung, Kunst, Kultur, Religion und körperlichem Ausdruck in der Urgesellschaft (vgl. Bednarzowa 1964, Fikus/Schuerrmann 2004, Lehmann, 1966). Ebenso zu nennen sind die Veröffentlichungen von Eichel (1974, 1984), welcher die Geschichte einer „sozialistischen Körperkultur", von der Urgesellschaft bis zur Neuzeit, thematisiert und ihr darin eine dialektisch-materialistische bzw. historisch-materialistische Betrachtungsgrundlage verschafft.

Einen anderen, von der Entwicklung der Arbeitsprozesse losgelösten Ansatz, verfolgt Weiler (1988), der vor allem erste Spiel- und Sportformen der Urzeit thematisiert. An Antrieb zur Ausbildung nennt er vor allem biologische Gründe, so zum Beispiel den Abbau von Energieüberschüssen und den sich im evolutionären Kontext herausgebildeten Spieltrieb (vgl. Weiler, S. 14ff.)

Abschließend sei noch auf zwei Arbeiten hingewiesen, in der die Phylogenese der menschlichen Motorik in Beziehung und Vergleich zur menschlichen Ontogenese gesetzt wird. Die Arbeit von Blaser/Erler (1994) ist naturwissenschaftlich orientiert und behandelt die Entwicklung der menschlichen Motorik unter evolutionärem Aspekt. Dabei wird auch die Etappe der Ur- und Frühgeschichte mit dem Schwerpunkt der qualitativen Ausprägung körperlicher Entwicklung des Menschen, verbunden mit den sich daraus ergebenden Möglichkeiten der Humanmotorik, behandelt. Bernstein (1975) leitet seine Ausführungen zur Ontogenese des Menschen ebenfalls mit einem Vergleich zu dessen Phylogenese ein, wobei er besonders auf Widersprüche in beiden Entwicklungsprozessen eingeht, bzw. sich dann auf die phylogenetische Entwicklung des menschlichen Zentralnervensystems und der damit verbundenen Möglichkeit der Entwicklung von Koordinationssystemen bezieht (1975, S. 99ff.).

6.2 Das Bewegungsproblem in der Antike
Von der Philosophie zur Medizin

Wenn die Sprache auf sportliche Bewegungen im Untersuchungszeitraum der alten Geschichte kommt, drängen sich die Olympischen Spiele des Altertums (776 v. Chr. - 393 n. Chr.) nahezu automatisch ins Zentrum der Aufmerksamkeit. Es liegen zahlreiche Untersuchungen zu dieser Thematik vor, welche unterschiedlich akzentuiert sind.

Zumeist werden die olympischen Spiele des Altertums umfassend in ihrer politischen, gesellschaftlichen und kulturellen Bedeutung untersucht (vgl. Ebert 1980, Melber 1936, Miller 2004, Rudolph 1975, Schöbel 1965, 2000, Swaddling 1980). Hierbei steht der sporttreibende Mensch aber nicht unbedingt im Vordergrund, vielmehr werden die Olympischen Spiele als gesellschaftliches Ereignis der Vergangenheit behandelt. Darunter fallen beispielsweise auch völlig bewegungsfremde Themen wie die Architektur olympischer Sportstätten der Antike (vgl. Herms 1997). Konkreter wird es da schon bei Gebauer (1993), der in dem von ihm herausgegebenen Band auch psychische Antriebe des Sportreibens im Rahmen der olympischen Spiele untersucht, oder Ader (2003), welcher den sich in der Bewegungswissenschaft lange haltenden Geist-Seele Dualismus anspricht und außerdem von Leibesübungen zur Erziehung und im Rahmen der Wehrertüchtigung berichtet. Einen weiteren Schritt in die Richtung der Thematik der Bewegungswissenschaft der Neuzeit macht Weeber (1991, S. 162ff.) der die Ästhetik im olympischen Sport behandelt.

Die eigentliche sportliche Bewegung im Zeitraum der alten Geschichte wird bei Rieder (2005) in Form der detaillierten Charakterisierung singulärer sportlicher Leistungen in der Antike in den Fokus gestellt. Weiler (1988) hingegen stellt sich den Anspruch, die Geschichte der antiken olympischen Wettkampfdisziplinen zu untersuchen und geht hierbei auch auf spezielle sportartspezifische Bewegungsabläufe und ihre Ursprünge ein.

Die philosophischen Ansätze zu Bewegung und Bewegungsbetrachtung in der Antike werden von Mechling (2003) und Loosch/Böger (2000) thematisiert. Beide Autoren setzen diesen kleinen Exkurs zur Bewegungsbetrachtung in der Antike an den Anfang einer chronologischen Geschichte der Bewegungswissenschaft. So werden die verschiedenen griechischen Philosophen und philosophischen Schulen der Antike und ihre Beschäftigung mit der Ursachensuche von Bewegung und Bewegungsantrieben beschrieben. Dabei werden in der Zeitfolge als erstes die Betrachtungen der Naturphilosophen (ca. 400 - 600 v. Chr.) als Ausgangspunkt genommen und der thematische Faden über Platon und Aristoteles gesponnen. Die Suche dieser Philosophen nach Bewegungsantrieben, dem Verhältnis von Körper und Seele und dem Zusammenhang von Bewegung und Wahrnehmung werden bei Mechling (2003) am ausführlichsten behandelt. Loosch/Böger und Mechling vollziehen in der chronologischen Abfolge dann den nächsten Schritt zu den ersten anatomisch medizinischen Untersuchungen des menschlichen Körpers und seinen Bewegungsfunktionen. Dabei weisen beide Autoren, nach den Anfängen bei Hippokrates, Herophilos und Erasistratos (5. - 3. Jhd. v. Chr.) Galenos von Pergamon (129 - 199 n. Chr.) entscheidende Bedeutung zu (vgl. Mechling 2003, Loosch/Böger 2000). Loosch/Böger bezeichnen Galenos als den „bedeutendsten Arzt, Anatom und Physiologen der römischen Antike" (2000, S. 48) und Mechling führt dessen Experimente zum Zusammenhang von Nervenimpulsen und Muskeltätigkeit sowie erste Schemata zu einem Blutkreislauf als richtungweisend für die Entwicklung der (Bewegungs-) Wissenschaft an (vgl. Mechling 2003).

6.3 Bewegungsuntersuchungen im Mittelalter

Wie für andere Gesellschaftsbereiche auch, stellt sich das Mittelalter, durch den Mangel an Schriftzeugnissen und anderen fundierten Quellen, auch für die Bewegungsforschung als dunkles Zeitalter dar. Konkretere Aussagen beziehen sich zumeist auf die grundsätzlich besser erforschten Zeitabschnitte des Hoch- (ca. 1050 - 1350 n. Chr.) und Spätmittelalters (ca. 1350 - 1550 n. Chr.).

Die Bewegungsforschung der mittelalterlichen Zeit beschränkt sich zu großen Teilen der Epoche auf die traditionellen Urwissenschaften der Philosophie und Medizin. Vor allem in der bis dato anatomisch geprägten Medizin konnten durch die erstmals, zumindest an einigen Universitäten, systematisch durchgeführten Humansektionen erhebliche Fortschritte im Wissen um die Physiologie des menschlichen Körpers und dessen Funktionen gemacht werden. Trotzdem blieb ein anatomisch-mechanischer Ansatz fast allen wissenschaftlichen Bewegungsbetrachtungen immanent (Loosch/Böger 2000, S. 49). Die entsprechenden Untersuchungen im Mittelalter, aber auch in der frühen Neuzeit (vgl. Kapitel 6.4), können daher im Zuge der Entwicklung konkreter Bewegungswissenschaften als die Wurzeln des im 20. Jhd. entstehenden Fachgebietes der Biomechanik angenommen werden.

Außerdem wird in verschiedenen Beiträgen auf Querverbindungen dieser anatomisch-mechanischen Ansätze zur zeitgenössischen Kunst, wie zum Beispiel den Werken Leonardo da Vincis, hingewiesen (vgl.

Loosch/Böger 2000, S. 49; Mechling 2003, S. 25f.). Ader (2003) hingegen verweist auf den großen Einfluss der Kirche auf das tägliche Leben im Mittelalter und alle Formen der Körperertüchtigung, von denen er vor allem die Ritter- und Kampfesspiele erwähnt, geht aber nicht auf die detaillierte Untersuchung von Bewegung ein.

Zudem existieren verschiedene Untersuchungen zur pädagogisch-erzieherischen Verwendung von Leibesübungen sowie Sport und Spiel im Mittelalter (vgl. Hahn, 1972, Wildt 1957,) wobei die Bewegungen hier meist in ihrem kultursoziologischem, oder übergreifend pädagogischem, Kontext behandelt werden.

6.4 Bewegungsuntersuchungen in der frühen Neuzeit

Grundsätzlich ist mit dem Einsetzen der Epoche der frühen Neuzeit ab ca. 1500 n. Chr. von einer aufkommenden naturwissenschaftlichen Aufgeklärtheit und Emanzipation zu sprechen. Im Entstehungsprozess eines neuen Welt-, Menschen- und Wissenschaftsbildes entwickelten sich auch die Perspektiven der Bewegungsbetrachtung mannigfaltig (vgl. Mechling 2003, S. 25ff). So werden Bewegung und Zeit bei den großen Wissenschaftlern der Epoche wie Galilei, Newton oder auch Kopernikus ins Verhältnis gesetzt.

Die menschlichen Bewegungen unterlagen aber auch weiterhin einem stark anatomisch-mechanisch geprägten Untersuchungsansatz, bei welchem der menschliche Körper als maschinenartige Außenhülle angesehen wurde. Als „beeindruckendstes Zeugnis einer frühen Beschäftigung mit Bewegung“ nennen Loosch/Böger hier die Schrift „De motu animalum“ von Johann Alfons Borelli, in der sich schon ausführliche biomechanische Abhandlungen zu Tierbewegungen finden (vgl. Borelli 1927, Loosch/Böger 2000, S. 50f).

Als Triebkraft und Kontrollinstanz der menschlichen Bewegungen wurde die Seele des Menschen angenommen. Die entscheidende Frage der Forschung, sowohl unter medizinischem Aspekt bei Borelli, Harvey oder Haller, als auch in der physikalischen und metaphysischen Sichtweise bei Decartes, Newton, Hobbes und Locke, war die Klärung der Reizübermittlung vom Ausgangspunkt, als der die Seele angenommen wurde bis zu den ausführenden Organen und Muskeln des Körpers (vgl. Mechling 2003, S. 27ff.). Ein etwaiger Dualismus zwischen Körper und Seele wurde in der Wissenschaft der frühen Neuzeit ausführlich thematisiert.

Nunmehr sei noch auf eine aufkommende Strömung in der Bewegungsauffassung des Zeitalters verwiesen, welche nicht unmittelbar zu konkreten Bewegungsuntersuchungen führte, dennoch, auch in kommenden Jahrhunderten, Bestandteil wissenschaftlicher Überlegungen zu menschlichen Bewegungen war.

In der zweiten Hälfte des 18. Jahrhunderts, also mit dem Ausklingen der Epoche, kamen im mitteldeutschen Gebiet neue reformpädagogische Strömungen auf, die sich unter dem Begriff Philanthropismus zusammenfassen lassen und in ihrer Gesamtheit gut untersucht und aufgearbeitet worden sind (vgl. Bernett 1959, Elzer 1965, Sitte 2004, Stach 1984, Ulrich 1981, u. a.). Ein maßgeblicher Punkt der philanthropischen Lehre war die Förderung der Gesunderhaltung durch Leibesertüchtigungen. Dazu wurde an den philanthropischen Lehr- und Bildungseinrichtungen ein gezielter Turnunterricht eingeführt, der die wissenschaftlich-pädagogische Auseinandersetzung mit menschlichen Bewegungsformen ihrer Vermittlung voraussetzte. Gefördert wurden vor allem traditionelle Bewegungsübungen an der Natur, wie zum Beispiel Schwimmen, Reiten, Wandern, Fechten und Tanzen (vgl. Sitte 2004). Neben den bekannten Philanthropen wie Johann Bernard Basedow und Christian Gotthilf Salzmann ist hier vor allem Johann Christoph Friedrich Gutsmuths zu erwähnen, als dessen besonderer Verdienst innerhalb des Philanthropismus die gezielte Entwicklung von Leibesübungen und Turnunterricht angesehen wird (vgl. Gutsmuths 1802, 1957, Schröder 1999). Für sein Werk „Gymnastik für die Jugend" von 1793, nutzt Gutsmuths Bewegungsbeobachtungen und Bewegungsbeschreibungen als Grundlage zur Vermittlung einer naturnahen, praxisverbundenen Bewegungsauffassung unter funktionellem Aspekt (vgl. Meinel 1960, Schröder 1999). Dieser Ansatz, der zeitlich am Ende der frühen Neuzeit liegt, ist als der bis dato wohl klarste Wegweiser zu einer Bewegungslehre der zweiten Hälfte des 20. Jahrhunderts anzusehen.

Die Säkularisierungsprozesse der frühen Neuzeit in Europa und dass sich damit neu definierende Verhältnis von Konfession und Sport thematisiert Ader in seiner Publikation von 2004. Dabei werden die Formen der sportlichen Körperertüchtigung aber mehr unter kulturell-gesellschaftlichem Aspekt untersucht denn unter dem Aspekt ihrer eigenen qualitativen und quantitativen Ausprägung (vgl. Ader 2003).

6.5 Bewegungsuntersuchungen der Neuzeit bis 1945

Die Literatur- und Quellenlage zur Geschichte der Entwicklung der Bewegungslehre in der Neuzeit ist im Vergleich zu vorangegangenen Epochen, sowohl die Primär- als auch die Sekundärliteratur betreffend, als vielfältig zu bezeichnen. Begründet werden kann dieser Umstand mit der ansteigenden Entwicklung verschiedener Ansätze zu wissenschaftlichen Untersuchungen von Bewegungen, durch die zu diesem Zeitpunkt schon etablierten Wissenschaftszweige der Medizin, Physik, Pädagogik, und Psychologie, auf welche später noch differenzierter eingegangen werden soll, einerseits, und von der offensichtlich in der zeitgeschichtlichen Fachliteratur verbreiteten Auffassung, dass die ersten direkten historischen Bezugspunkte bzw. Vorläufer einer modernen Bewegungslehre/Sportmotorik in der wissenschaftlichen Entwicklung des 19. und beginnenden 20. Jahrhunderts zu suchen sind, andererseits. So setzt der Großteil der aktuelleren wissenschaftlichen Betrachtungen zur Entwicklungsgeschichte der Bewegungslehre erst im 19. Jahrhundert ein bzw. beginnt erst dort mit einer detaillierten Beschreibung (vgl. Grosser 1978, Loosch/Böger 2000, Meinel 1960). Ob der Fülle der bewegungswissenschaftlichen Ansätze dieser Epoche soll in der Folge noch eine Unterteilung in das 18./19. Jahrhundert und die erste Hälfte des 20. Jahrhunderts vorgenommen werden. Es wird deutlich werden, dass die inhaltliche Entwicklung der Bewegungsforschung ebenso zu differenzieren ist.

6.5.1 Das 18. und 19. Jahrhundert in der Bewegungsforschung

Der mit dem ausgehenden 18. Jahrhundert einsetzende Trend des Wechsels der Unterrichtung von „adligen Handlungsexerzitien wie Reiten, Voltigieren, Fechten und Tanzen" (Grosser 1978, S. 372) zur pädagogisch orientierten Schulung und Förderung von natürlichen Alltags- und Turnbewegungen, wie sie der philanthropische Ansatz vorsah, wurde im beginnenden 19. Jahrhundert fortgeführt und weiterentwickelt. Die gezielte körperliche Ertüchtigung wurde in die allgemeinen Bildungsaufgaben eingeordnet, was zu Entstehen einer „Theorie der pädagogischen Leibeserziehung" (Groll 1955, S. 11) führte. Diese nach Gutsmuths vor allem von Friedrich Ludwig Jahn vertretene Theorie zeichnete sich durch folgende, einer modernen Bewegungslehre verwandte Postulate aus:

- Die körperliche Ertüchtigung als Ausgleich zur geistigen Ertüchtigung
- Die Betonung eines positiven medizinischen Aspekts
- Die Betonung eines Nützlichkeitsaspekts, einer Zielgerichtetheit von Bewegungen
- Die Messbarmachung von körperlichen (sportlichen) Leistungen
- Die Herausbildung theoretischer Erkenntnisse zur Anleitung praktischer Bewegungen

– Die Betonung und Förderung eines realen und funktionellen Bezuges zwischen Mensch und Umwelt (vgl. Grosser 1978, Jahn 1816, Meinel 1960)

Als bemerkenswerten Entwicklungsschritt in diesem Prozess ist die erstmalig in dieser Form angewendete und dokumentierte Form der differenzierten Eigen- und Fremdbeobachtung von Bewegungen[8], die damit verbundene, detaillierte Bewegungsbeschreibung, sowie die Schaffung eigener Begrifflichkeiten zu begreifen (vgl. Groll 1955, Grosser 1978, Jahn 1960). Die genannten „Forschungsmethoden" sind unabhängig von der Qualität, die sie in diesem frühen Stadium einer systematischen Beschäftigung mit menschlichen Bewegungen hatten, als wichtiger methodischer Schritt auf dem Weg zu einer modernen Bewegungslehre anzusehen. An dieser Stelle sei darauf hingewiesen dass, diese damalig angestellten Untersuchungen und verfassten pädagogischen Leitschriften der deutschen Reformpädagogen des 18. und 19. Jahrhunderts in vielen Teilen Europas auf Interesse stießen, übernommen wurden und eigene Prozesse initialisierten.

In der zweiten Hälfte des 19. Jahrhunderts verlangsamte sich die Entwicklung zu einer Bewegungslehre/Sportmotorik nach heutigem Verständnis etwas. Die Weiterentwicklung der philanthropischen Ansätze unterlag bis ins frühe 20. Jahrhundert einer anatomisch, mechanisch, physikalisch dominierten Sichtweise. Hauptvertreter dieser Strömung, welche sich sowohl durch die künstliche Zergliederung von Bewegungen als auch eine sehr rationalistische Bewegungsauffassung auszeichneten, welche die Natürlichkeit der Bewegungen und die Interaktion des Menschen mit seiner Umwelt in der Bewegung wieder in den Hintergrund stellten, waren Pestalozzi, Spieß, Niederer oder auch Vieth (vgl. Bernett, 1971, Groll 1955, Grosser 1978, Meinel 1960, Pestalozzi 1807).

Eine Erweiterung dieser rein anatomisch-mechanischen Ansätze bilden die zahlreichen Forschungen zum menschlichen Gang, von denen besonders die der Gebrüder Weber (1836) hervorzuheben ist. Es werden ästhetische und künstlerische Ansätze mit in die Betrachtung einbezogen. Eine Arbeit, die darauf aufbaut und vor allem durch ihre hohe Methodengenauigkeit besticht, ist 1895 von Braune und Fischer vorgelegt worden (vgl. Braune/Fischer 1895).

---

8 Bewegungsbeschreibung und Bewegungsbeobachtung sind noch bei Meinel, dem Begründer einer modernen Bewegungslehre, Mitte des 20. Jh. die maßgeblichen Methoden zur Untersuchung und Klassifizierung von Bewegungen (vgl. Meinel 1960).

Zudem zeichnen sich die Arbeiten, besonders die von Braune und Fischer, durch ihre exakte Forschungsmethodik aus, was auch für spätere bewegungsanalytische Arbeiten von großem Wert war.

Ergänzt werden diese Ansätze von physiologisch-medizinischen Betrachtungen, vor allem zur Muskelphysiologie und Neurophysiologie, wobei letztere die Beschäftigung mit dem Problem der Bewegungskoordination einschließt. Besonders deutlich wird dies in dem Werk von Foerster (1902) „Die Physiologie und Pathologie der Coordination", welches auf diesem Gebiet über Jahre die wissenschaftlichen Maßstäbe setzte (vgl. Mechling 2003, Loosch/Böger 2000). Außerdem werden die Arbeiten von Duchenne, Du Bois-Reymond, Gerdy, Helmholtz, J. H. Müller und F. A. Schmidt als, für das 19. Jahrhundert, von entscheidender Bedeutung angesehen (vgl. Grosser 1978, Loosch/Böger 2000, Mechling 2003). Besonders die Veröffentlichungen von Müller und Schmidt zeichnen sich dadurch aus, dass sie, aufbauend auf den physiologischen Betrachtungen, konkrete Charakteristika[9] bestimmter turnerischer und gymnastischer Bewegungsabläufen kennzeichnen (vgl. Müller 1914, Schmidt 1914).

Zusammenfassend kann der Einschätzung von Loosch/Böger gefolgt werden, welche konstatieren, dass das 19. Jahrhundert bzgl. der Untersuchung der menschlichen Bewegung von zwei zentralen Themen geprägt war, nämlich dem „menschlichen Gang und der Muskelphysiologie und -anatomie" (2000, S. 51). Ergänzt werden kann diese Aussage, durch den Hinweis darauf, dass diese medizinischen und mechanischen Untersuchungen, wie es Loosch/Böger selbst auch noch erwähnen (2000, S. 56) durch „den Fundus der praktischen Erfahrungen im Turnen, der Gymnastik und dem Sport" angereichert wurden.

Zum Ende des 19. Jahrhunderts kommt es also zu einer partiellen Synthese der naturwissenschaftlichen Basiswissenschaften und ihrer Erkenntnisse um den menschlichen Bewegungsapparat, mit denen auf der Lehre der Philanthropen fußenden pädagogischen Erkenntnissen um die menschliche Bewegung. Dieser Prozess führte, wie im weiteren Text noch deutlich werden wird, in den ersten Jahrzehnten des 20. Jahrhunderts zu einer Vielzahl von Publikationen zur menschlichen Bewegung, welche die praktische Bewegungsanwendung und Bewegungshandlung in den Vordergrund stellen.

---

[9] Bei beiden Autoren werden beispielsweise sowohl Besonderheiten zu ontogenetischen Entwicklungsverläufen und bestimmten Bewegungsabläufen sowie Seitigkeitsphänomenen als auch der Energieverbrauch in der sportlichen Tätigkeit behandelt.

Einen nicht außer Acht zu lassenden Einzelfall stellen die Publikationen von Karl Marx und Friedrich Engels aus der zweiten Hälfte des 19. Jahrhunderts dar. Hierin wird, wenn auch nicht vordergründig, die Entwicklung der menschlichen Motorik im Industrialisierungsprozess des 19. Jahrhunderts thematisiert (vgl. Marx 1968, 1974, Engels 1959). Es wird ein Entwicklungsaspekt der menschlichen Motorikentwicklung angeschnitten, welcher in der aktuellen Forschung des 21. Jahrhunderts immer größere Beachtung gewinnt und später zum Beispiel auch von Meinel, unter direkter Bezugnahme auf die Arbeiten von Marx und Engels, wieder aufgegriffen wurde und zudem die Abgrenzung von Arbeitsmotorik zur Motorik sportlicher Bewegungen in Verbindung mit den gesellschaftlichen Entwicklungsprozessen schafft (Meinel 1976, S. 44ff.).

6.5.2 Die Entwicklung in den ersten Jahrzehnten des 20. Jahrhunderts

Das frühe 20. Jahrhundert war vor allem von einer konsequenten Weiterentwicklung der neurophysiologischen Ansätze, sowie durch eine verstärkte Autonomie bewegungswissenschaftlicher Forschung gekennzeichnet. Zudem fanden erste psychologische Forschungen ihren Einzug in das komplexe Feld der Untersuchung menschlicher Bewegungen. Ebenfalls verstärkte sich die Betrachtung sportlicher Bewegungen unter dem Leistungsaspekt, angeregt durch die Olympischen Spiele der Neuzeit, weiterhin.

Besonders Meinel (1960, S. 41ff.) betont die große Bedeutung der Olympischen Spiele der Moderne. Durch die hohe Öffentlichkeitswirksamkeit dieser Sportwettkämpfe rückte der Begriff der „sportlichen Technik" in den Fokus der internationalen Diskussion. Fortan bestimmte die Suche nach dem zweckmäßigsten, rationellsten Bewegungsablauf große Teile der vorwissenschaftlichen Bewegungsanalysen. Bald wurden diese, die sportliche Technik betreffenden Betrachtungen, durch die Untersuchung weiterer Leistungsparameter wie Taktik und Kraft/Kondition ergänzt, was sich auch in einer Vielzahl entsprechender Publikationen zu Beginn des neuen Jahrhunderts bemerkbar machte (vgl. Meinel 1960, v. Baeyer 1925, Klinge 1924, Petersen 1984, O. Schmith 1925). Sowohl Klinge als auch Schmith führen den Begriff „Bewegungslehre" hierbei im Untertitel ihrer Veröffentlichungen.

Dieser Prozess führte dann auch zu einer endgültigen Erweiterung des Spektrums des wissenschaftlichen Bewegungsproblems. Aus einer Reduzierung auf die statischen mechanischen Haltungsnormen, wie sie im 19. Jahrhundert lange Zeit gefordert und gefördert worden waren, wurde eine Erweiterung um die Förderung und Analyse von zweckmäßigen, zielgerichteten, natürlichen Bewegungsabläufen.

Eine bereits erwähnte Erweiterung der vorherrschenden physiologisch-mechanischen Betrachtungsweise erfolgte in den ersten Jahrzehnten des 20. Jahrhunderts durch die aufkommende Psychologieforschung. Hier seien zuerst die Arbeiten von Wachholder (1928) und Homburger (1922, 1923) genannt, die ihre ursprüngliche physiologisch bzw. neurophysiologisch orientierte Untersuchungsweise durch psychologische Betrachtungen zu dem sich bewegenden Subjekt erweiterten. Im Vordergrund stand, wie bisher, die Koordination von Bewegungen. Einen detaillierten Eindruck der Arbeiten von Wachholder, die erstmals Aspekte wie Willkürbewegungen, Bewegungsentwurf und die muskuläre Steuerung durch nervale Reizübermittlung thematisierten und von Meinel (1960, S. 74) als wichtigen Schritt zu einem stärker ganzheitlich orientierten Ansatz der Bewegungsforschung angesehen wurde, gewähren vor allem seine Arbeiten zwischen 1928 und 1932 (vgl. Wacholder 1928, 1930, 1932). Eine modernere Einschätzung dieser Ansätze findet sich bei Petersen (1984).

Ganz konkrete Bewegungsuntersuchungen der Psychologie sind vor allem in der Gestalt- und Ganzheitspsychologie der 1930er Jahre zu finden. In den Forschungen dieser Zeit, in denen sich besonders die so genannte Leipziger Schule der Ganzheitspsychologie um Krüger und Klemm verdient gemacht hat, werden „subjektive Empfindungen" in die Untersuchung von Bewegungsvollzügen einbezogen (vgl. Klemm 1930, Klemm 1938, Krüger 1933 - 1938, Krüger 1948, Böger/Loosch 2000, Grosser 1978, Meinel 1960, Petersen 1984, Mechling 2003). Die menschliche Motorik in ihrem Anwendungsfeld der sportlichen Bewegungen wurde unter der Anleitung von Felix Krüger und Otto Klemm in zahlreichen Experimenten untersucht, was zu einer beschleunigten Wissenschaftsentwicklung beigetragen hat. An dieser Stelle soll aber auch erwähnt werden, dass es nahezu unmöglich ist, die wissenschaftlichen Arbeiten der Schule um Krüger und Klemm losgelöst von den ideologischen Fehlleistungen dieser Zeit zu betrachten, da doch sukzessive das rein wissenschaftliche Denken zugunsten eines der nationalsozialistischen Grundnormen nahe stehenden Mystizimus aufgegeben wurde. Sicherlich ist darin auch ein Grund zu sehen, warum die Ansätze der Ganzheitspsychologie in der Bewegungsforschung nach 1945 nicht weiter verfolgt bzw. fast nur noch unter ideologiekritischem Gesichtspunkt behandelt wurden (vgl. Böger/Loosch 2000, Klemm 1930, Klemm 1938, Krüger 1933 - 1938, Krüger 1948).

Neben der Ganzheitspsychologie entwickelte sich die Gestaltpsychologie der Berliner Schule als weitere psychologische Forschungsrichtung mit direktem Bezug zur menschlichen Bewegung. Die sich vor allem mit Forschungen zu menschlichen Wahrnehmungsprozessen bzw. dem Wahrnehmungs-Bewegungs-Zusammenhang beschäftigende Gruppe um Wertheimer, Köhler und Koffka, entwickelte sich zeitlich parallel zur Leipziger Schule der Ganzheitspsychologie. Ihr Einfluss auf eine direkte Entwicklung einer Bewegungslehre muss aber als weniger bedeutend eingeschätzt werden, da in vielen Fällen der eindeutige Bezug der Erforschung der Wahrnehmungsprozesse zu einer konkreten sportlichen Tätigkeit fehlt (vgl. Koffka 1927, Köhler 1920, Wertheimer 1923, 1925). Eine Ausnahme bildet hier die Arbeit von Hartgenbusch, welcher Wahrnehmungsstrukturen im Radfahren und beim Torschuss im Fußball untersuchte (vgl. Petersen 1984, S. 75f.).

Zusammenfassend ist zu den Beiträgen der Psychologie zur Bewegungsforschung in den ersten vier Jahrzehnten des 20. Jahrhunderts zu sagen, dass sie profunden Einfluss auf die Entwicklung einer Bewegungslehre und Sportmotorik hatten. Dieser Umstand spiegelt sich in der Analyse der Primärquellen wieder, welche direkte Bezüge zu aktuellen Phänomenen der Bewegungsforschung, wie z. B. der Bewegungskoordination, der Subjekt-Umwelt Beziehung in der Bewegungshandlung oder auch Wahrnehmungsprozessen in konkreten sportlichen Tätigkeiten haben (vgl. Hartgenbusch 1926, Klemm 1930, Klemm 1938, Krüger 1933 - 1938, Krüger 1948, Koffka/Köhler 1920, Wertheimer 1923, 1925). Die Bedeutung, die diesen Forschungen und Ansätzen in der zeitgenössischen Literatur beigemessen wird, spiegelt sich in der Analyse der Sekundärliteratur ebenso deutlich wieder. So finden sich in jedem historischen Abriss zur Entwicklung der Bewegungslehre Verweise auf die angesprochenen psychologischen Forschungen (Böger/Loosch 2000, Grosser 1978, Meinel 1960 Petersen 1984, Mechling 2003).

Eine in ihrem Untersuchungsansatz weit weniger wissenschaftliche, aber für den Verlauf der Entwicklung der Bewegungslehre nicht unbedeutende Strömung, war die Begründung einer bewegungspädagogisch ausgerichteten Gymnastikbewegung in Deutschland. Die sich seit der Jahrhundertwende als selbständige Form der Körpererziehung entwickelnde Bewegungsform hatte ihre Hauptvertreter in Bode, Klages und Gräser (vgl. Bode 1922, 1939, Gräser 1927, Klages 1944, Meinel 1960). Gefördert werden, sollten vor allem ganzheitliche Bewegungsabläufe, die den natürlichen Bewegungsformen des Menschen entsprachen. Besondere Bedeutung wurde hierbei dem Bewegungsrhythmus beigemessen, dessen Untersuchung auch noch ein aktuelles Feld der sportmotorischen Forschung darstellt.

Abgerundet wird das Bild dieses Ansatzes durch das strikte Ablehnen des Leistungscharakters von Bewegungen, sowie ihrer wissenschaftlichen Untersuchung. Als Methode zum Erkenntnisgewinn wird ausschließlich die gezielte Bewegungsbeobachtung genutzt, sowie das instinktive Bewegungshandeln betont. Philosophische Grundlage dieser Herangehensweise bildete der vor allem von Klages vertretene Dualismus von Geist und realem Leben (vgl. Klages 1944, Meinel 1960, S. 47ff.). Zur Einschätzung der Gymnastikbewegung in Deutschland bemerkt Meinel (1960, S. 50f.), dass ihre Leistung vor allem in ihrer Übungspraxis und deren Verbreitung lag. Bezüglich der Entwicklung einer wissenschaftlichen Bewegungslehre, ist auf die Betrachtungen zu Bewegungsrhythmus und Takt sowie, auf die gezielte Bewegungsbeobachtung als Methode des Erkenntnisgewinns hinzuweisen.

Eine in manchen Grundzügen ähnliche Auffassung (Betonung Bewegungsbeobachtung und -beschreibung, Bewegungsrhythmus) entwickelten die Österreicher Karl Gaulhofer und Magarete Streicher seit 1921 und reformierten damit das Schulturnen in Österreich. Das von Ihnen postulierte „Natürliche Turnen" zeichnet sich vor allem durch „Naturgemäßheit", „Kindgemäßheit" und die Beachtung und Förderung individueller motorischer Entwicklungsprozesse aus (vgl. Gaulhofer/Streicher 1949).

6.6 Die Entwicklung der Sportwissenschaft in Deutschland bis 1945

Wie in diesem Kapitel bisher beschrieben wurde, entwickelte sich die wissenschaftliche Beschäftigung mit der menschlichen Bewegung durch die Zeitalter kontinuierlich. Es wurde deutlich, dass diese Forschungen ganz unterschiedliche Aspekte der menschlichen Bewegung behandelten, verschiedenen etablierten Wissenschaften angegliedert waren und sowohl in Primär- als auch in Sekundärliteratur in unterschiedlicher Qualität und Quantität nachzuverfolgen sind. Trotz des durch die Epochen steigenden Interesses an der wissenschaftlichen Untersuchung menschlicher Bewegungen (im Sport) kam es aber bis ins 20. Jahrhundert nicht zur Begründung einer (integrativen) Wissenschaftsinstanz, die sich ausschließlich mit diesem Themenfeld beschäftigte.

Aus diesem Grund soll mit der Kennzeichnung der Geschichte der Sportwissenschaft auf deutschem Gebiet erst im 20. Jahrhundert eingesetzt werden. An dieser Stelle sei noch einmal darauf hingewiesen, dass die Entwicklung der Sportwissenschaft hier nur in ihren groben Zügen behandelt werden kann, da der Forschungsfokus ausschließlich auf dem

Fachgebiet der Bewegungslehre/Sportmotorik liegt. Es wird aber die Grundannahme vorausgesetzt, dass sowohl gerade auf dem Gebiet der sich entwickelnden Institutionalisierung der Sportwissenschaft, als auch der Bewegungslehre/Sportmotorik, als ihrem integriertem Fachgebiet, im 20. Jahrhundert Gemeinsamkeiten bestehen.

Außerdem ist noch anzumerken, dass die sich im 19. Jahrhundert herausbildenden unterschiedlichen Erscheinungsformen wie Sport, Gymnastik und Turnen, und die mit ihnen verbundenen Forschungen, nicht einzeln betrachtet, sondern in ihrer Gesamtheit als Vorläufer der Sportwissenschaft angesehen werden.

6.7 Die Institutionalisierung sportwissenschaftlicher Forschungen bis 1945

Die ersten Schritte zur Institutionalisierung einer deutschen Sportwissenschaft im 20. Jahrhundert können an folgenden Ereignissen festgemacht werden:

- 1912 Einrichtung eines Sport-Laboratoriums in Berlin-Charlottenburg zur medizinischen Überprüfung sportlicher Leistungen
- 1913 Gründung der „Vereinigung zur wissenschaftlichen Erforschung des Sportes und der Leibesübungen e. V." zur Erarbeitung grundsätzlicher Vorgaben für „Leibesübungen als Volksheilmittel" in Berlin
- 1913 Erster sportwissenschaftlicher Kongress zu gesundheitlichen Erscheinungsformen und Wirkungen im Sport in Oberhof
- 1920 Eröffnung der Deutschen Hochschule für Leibesübungen in Berlin
- 1925 Erlass der preußischen Regierung zur Institutionalisierung der Leibesübungen an den Universitäten, Etablierung erster Professuren
- 1928 Konstituierung der „Wissenschaftlichen Gesellschaft für körperliche Erziehung"
- 1934 Errichtung des Amtes für körperliche Erziehung im „Reichsministerium für Wissenschaft, Erziehung und Volksbildung"
- 1936 Gründung der Reichsakademie für Leibesübungen (vgl. Bernett 1966, 1979, Court 1999, Willimczik 2001)

Die aufgeführten Ereignisse machen deutlich, dass auch die ersten sportwissenschaftlichen Entwicklungsschritte noch deutlich unter der Führung der Sportmedizin standen, was mit der führenden Rolle der Medizin in bewegungswissenschaftlichen Untersuchungen des 19. Jahrhunderts zu begründen ist (vgl. Kapitel 6.5). Trotzdem ist aber von einer zunehmenden Emanzipation und Unabhängigkeit der Bewegungs- und Sportforschung zu sprechen, was die Gründung von Vereinigungen bzw. die Durchführung eigener wissenschaftlicher Veranstaltungen belegen. Zudem war laut Willimczik (2001, S. 54) die Gründung einer (sport-)wissenschaftlichen Zeitschrift geplant (welche aber durch den Ausbruch des 1. Weltkrieges nicht zustande kam), was als ein Indikator für die Etablierung einer selbstständigen Wissenschaftsdisziplin angesehen werden kann .

Der entscheidende Schritt, um die formelle Voraussetzung für eine Institutionalisierung der wissenschaftlichen Beschäftigung mit den Phänomenen Bewegung und Sport zu schaffen, welche zu dieser Zeit fast ausschließlich unter dem Begriff „Leibesübungen" zusammengefasst wurden, erfolgte mit einem Erlass der preußischen Regierung vom 30.9.1925. Hierin wird die Aufnahme der sportwissenschaftlichen Lehre und Forschung durch die Gründung von Instituten für Leibesübungen an den Universitäten verordnet.

Orientiert am Beschluss des führenden deutschen Freistaates wurden daraufhin in Berlin, Leipzig, Marburg, München und Hamburg Professuren eingerichtet (vgl. Bernett 1979, Willimczik 2001). Besonders die Gründung eines eigenständigen universitären „Institutes für Leibesübungen" durch den ersten Professor für Leibesübungen in Deutschland, Hermann Altrock, ist hier hervorzuheben und begründet die lange Tradition der Sportwissenschaft in Leipzig.

Das mit diesem formellen Schritt aber die Akzeptanz einer „Sportwissenschaft" an den deutschen Universitäten gelungen ist, wäre ein Trugschluss. An der Universitäten in Greifswald und Frankfurt wird der Erlass beispielsweise universitätsintern negiert und der Sportwissenschaft die traditionell geforderte wissenschaftlich-methodische Fundierung, die zur Gründung eigener Institute berechtigt hätte, abgesprochen (Willimczik 2001, S. 55).

Die erste wissenschaftliche Vereinigung, welche über einen längeren Zeitraum existierte und wissenschaftliche Bedeutung besaß, war die am 04.11.1928 gegründete „Wissenschaftliche Gesellschaft für körperliche Erziehung". Sie vereinigte die bedeutendsten deutschen „Sportwissenschaftler" dieser Zeit und führte in der Zeit zwischen 1929 und 1939 mehrere bedeutende Kongresse durch. Außerdem wurde eine eigene Schriftenreihe veröffentlicht (vgl. Bernett 1979). Für die Zeit des Nationalsozialismus muss bemerkt werden, dass es durch die angeführten Institutionalisierungen zwar zu einer offiziellen Förderung und Lenkung der Praxis der Leibesübungen und ihrer Verbreitung in allen Bevölkerungsschichten gekommen ist (vgl. Bernett 1966), aber keine direkte Förderung einer (freiheitlichen) Weiterentwicklung der Wissenschaftsdisziplin betrieben wurde.

Zusammenfassend ist zu sagen, dass es in der ersten Hälfte des 20. Jahrhunderts sowohl aufgrund wissenschaftlicher (Forschungen in Medizin, Psychologie und Pädagogik) als auch gesellschaftlicher (Gymnastikbewegung, Turnbewegung, Olympische Spiele der Neuzeit) Trends zu einer deutlichen Aufwertung der wissenschaftlichen Untersuchung von menschlichen Bewegungen im Sport gekommen ist. Diese Entwicklungsprozesse hatten die beginnende institutionelle Etablierung einer gezielten Bewegungsforschung zu Folge, und waren ein deutlicher Indikator für die verstärkte Autonomie bewegungswissenschaftlicher Forschungen, sowie den beginnenden institutionellen Aufbau einer Sportwissenschaft.

7 Die Geschichte der Bewegungslehre und Sportmotorik seit 1945

Um die Geschichte der Bewegungslehre/Sportmotorik korrekt darstellen, aber auch begreifen, zu können, müssen die politischen und gesellschaftlichen Rahmenbedingungen berücksichtigt werden, welche während des Untersuchungszeitraumes im Untersuchungsgebiet geherrscht haben. Diese Rahmenbedingungen bilden, gemeinsam mit der Geschichte der Sportwissenschaft nach dem 2. Weltkrieg, in beiden deutschen Staaten den weiteren bzw. engeren thematischen Rahmen für die Entwicklung des Fachgebietes Bewegungslehre/Sportmotorik.

Sowohl auf den gesellschaftlichen als auch auf den wissenschaftlichen Rahmen soll einführend eingegangen werden und, auch wenn nicht an jeder Stelle der Geschichte des Fachgebietes nochmals detailliert auf diese Rahmenbedingungen verwiesen werden kann, gelten sie als jederzeit präsenter, struktureller Hintergrund.

Um das Verständnis zu erleichtern, und die Übersichtlichkeit zu gewährleisten, soll in der Folge die Entwicklung des Fachgebietes für den Zeitraum von 1945 bis 1990 für beide deutsche Staaten einzeln vorgenommen werden.

Ab 1990 wird dann, gemäß der politischen Entwicklung, zu einer gesamtdeutschen Darstellung der Wissenschaftsgeschichte übergegangen.

Grundsätzlich soll in der Darstellung der historischen Entwicklung des Fachgebietes chronologisch vorgegangen werden.

Neben dem schon erwähnten Zäsurjahr 1990, welches vor allem auf gesellschaftliche Umstrukturierungsprozesse zurückzuführen ist, sollen die Jahre um 1970 als erste Trennlinie in der chronologischen Darstellung der Entwicklungsgeschichte gelten.

Wie in der historischen Darstellung deutlich werden wird, hatte diese Zeitspanne von wenigen Jahren sowohl für die Entwicklung des Fachgebietes in der BRD als auch in der DDR entscheidende Bedeutung.

7.1 Gesellschaftliche Rahmenbedingungen

Nach Beendigung des 2. Weltkrieges war Deutschland ein besetztes Land. Die Besatzungsmächte der USA, Großbritannien, der Sowjetunion und Frankreich versuchten sich in einer gemeinsamen Besatzungspolitik mit dem Ziel der Entnazifizierung und Entmilitarisierung. Als Kriegsausgleich verlor Deutschland ungefähr ein Viertel seines Landes. 1949 gründete sich auf dem Gebiet der westlichen Besatzungsmächte die Bundesrepublik Deutschland (BRD), auf dem Gebiet der sowjetischen Besatzungszone, die Deutsche Demokratische Republik (DDR). Beide deutsche Staaten orientierten sich im Neuaufbau ihrer staatlichen und gesellschaftlichen Strukturen, als auch in ihrer politischen und wissenschaftlichen Ausrichtung an den Vorbildern ihrer Besatzungsmächte. Mit dem Einsetzen des kalten Krieges in den Folgejahren, entwickelte sich zwischen beiden deutschen Staaten ein angespanntes Verhältnis, geprägt von dem sich ausprägenden Kontrast gegensätzlicher Eigentums- und Machtverältnisse und daraus erwachsender ideologischer Opposition.

Praktische Folgen waren beispielsweise die Grenzschließung sowie ein entstehendes Reaktions- und Konkurrenzverhalten im Kampf um internationale Anerkennung, so auch auf den Gebieten des Sports und der Wissenschaft.

1990 kam es zur Wiedervereinigung beider deutscher Staaten, der Massendemonstrationen und Ausreisebewegungen in der DDR vorangegangen waren. Unterstützend hierzu wirkten reformatorische Bewegungen in der Sowjetunion wie Glasnost und Perestroika. Das wiedervereinigte Deutschland erlangte mit diesem Schritt seine volle staatliche Souveränität zurück. Im Hinblick auf Staatsform, Gesetzgebung, Bildungssystem, und auch der Struktur von Wissenschaft und Forschung, handelte es sich um einen Beitritt der DDR zur BRD und den dort vorherrschenden Richtlinien und Verhältnissen. Dieser Schritt wurde im Einigungsvertrag vereinbart. Dazu stellt Fornoff (1995, S. 11f.) fest, dass besonders die Anpassung der DDR in Wissenschaft und Forschung an die Verhältnisse der „alten" BRD einer Abwicklung und somit einer Auflösung der bis dato in der DDR bestehenden Wissenschaftsstrukturen gleichkam. Laut Fornoff (1995, S. 13ff.) ist auf dem Gebiet der Wissenschaft nicht von einer gleichberechtigten Vereinigung zweier Wissenschaftssysteme zu sprechen, sondern von einer Anpassung an westdeutsche Bedingungen unter der Regie einer westdeutschen politischen Führung. Die Entwicklung der Wissenschaftsstruktur in Deutschland seit 1990, die also gerade in der ehemaligen DDR zu großen Teilen einer gravierenden Umstrukturierung gleichkam, wurde von diesen Umständen bestimmt.

7.2 Die Entwicklung der Bewegungslehre/ Sportmotorik in der DDR von 1945 - 1969

7.2.1 Voraussetzungen

Mit der Wiederaufbauphase der unmittelbaren Nachkriegsjahre, und den damit verbundenen gesellschaftlichen Umstrukturierungsprozessen in der sowjetischen Besatzungszone, erfolgte auch die Revitalisierung der universitären Lehre und Forschung in der DDR. Strukturell, aber auch wissenschaftstheoretisch, ist hier von einer deutlichen Orientierung an der Sowjetunion zu sprechen, was auch in nahezu allen anderen (neu strukturierten) Gesellschaftszweigen der Fall war. Diese Tendenz verstärkte sich besonders deutlich, seitdem offenbar wurde, dass es nicht zu einer kurzfristigen deutschen Wiedervereinigung kommen würde (vgl. Kalb 2007, S. 81).

Mit der Wiederaufnahme der universitären Lehre, zum Wintersemester 1946/47, nahmen auch die Universitätsinstitute für Körpererziehung und Schulhygiene in Berlin, Halle, Jena, Leipzig, Greifswald und Rostock ihre Arbeit wieder auf. Als Hauptaufgabe der ersten Jahre sollte hier die Ausbildung von Sportlehrern und Trainern gelten, an denen im gesamten Verwaltungsgebiet ein gravierender Mangel bestand (vgl. Wonneberger 2007, S. 14).

Ebenso wurde die Gründung eines Dachverbands der Sportbewegung der DDR gefördert und vorangetrieben. Aus dem sich 1948 formierenden Deutschen Sportausschuss (DS), ging 1957 der Deutsche Turn- und Sportbund (DTSB) hervor, welcher bis zur deutschen Wiedervereinigung die bestimmende Leitorganisation des DDR-Sports bleiben sollte (vgl. Schnürpel, 2007, S. 67f.).

Als Grundvoraussetzung für die Entstehung und Entwicklung der Bewegungslehre/Sportmotorik als sportwissenschaftlicher Fachdisziplin kann aber besonders die akademische Etablierung der Sportwissenschaft gelten.

7.2.2 Die Entwicklung der Sportwissenschaft in der Deutschen Demokratischen Republik (DDR)

Für den Untersuchungsgegenstand „Sportwissenschaft in der DDR" ist die Quellenlage zur Entwicklung der Wissenschaft etwas lückenhaft[10]. Während des Bestehens eines eigenen sportwissenschaftlichen Systems in der DDR sind keine derartigen umfassenden Darstellungen entstanden, teilweise muss hier auf Publikationen der alten BRD zurückgegriffen werden[11]. Als ausführlichere Überblickdarstellungen können die Arbeiten von Bernett (1980), Buss/Becker (2001) und Steinhöfer (1984), sowie die spätere Vergleichsdarstellung von Fornoff (1995), genutzt werden. Nach der Abwicklung der Sportwissenschaft der DDR sind aber mehrere Publikationen erschienen, welche sich retrospektiv mit den Wirkungsfeldern der Sportwissenschaft und des Sports in der DDR beschäftigen (vgl. Rogalski 2005, Wonneberger et. al. 2002, Schumann&Garcia (Hrsg.) 2002 - 2006).

Komplettiert wurden die gewonnenen Erkenntnisse durch die im Rahmen dieser Untersuchung durchgeführten Zeitzeugenbefragungen.

Ein wesentliches Merkmal der Entwicklung der Sportwissenschaft in der DDR ist, die sofortige und gleichberechtigte Anerkennung als Wissenschaft mit der Gründung des Staates im Jahre 1949[12]. In der Folge wurde 1950 die Deutsche Hochschule für Körperkultur (DHfK) in Leipzig gegründet, was die Absicht der langfristigen Förderung dieses Wissenschaftsbereiches unterstreicht. Schon früh wird die grundsätzlich positive Einstellung des neu gegründeten Staates zum Sport und zur Sportwissenschaft deutlich.

---

10 Eine Ausnahme bildet hier die Geschichte der Deutschen Hochschule für Körperkultur (DHfK), welche in mehreren Publikationen ausführlich behandelt wird (vgl. Schumann 2000, Lehmann et. al. 2007).

11 Für den Mangel an eigenen historischen und wissenschaftstheoretischen Abhandlungen zur Wissenschaftsgeschichte der Sportwissenschaft in der DDR gibt Fornoff verschiedene Gründe an, wie z. B. eine andere wissenschaftliche Schwerpunktsetzung (vgl. Fornoff, 1995, S. 37).

12 Die positive Grundeinstellung der Administration der sowjetischen Besatzungszone und später des sich neu konstituierenden deutschen Staates zum Sport im Allgemeinen wurde schnell deutlich. Für die Gesamtdauer der Existenz der DDR kann gelten, dass die Förderung des Sporttreibens aller Altersbereiche und Leistungsklassen Teil der Grundphilosophie des Staates war und sowohl gesellschaftlich als auch politisch außerordentlich gefördert wurde. Dabei standen nicht nur die internationalen Erfolge der Spitzensportler im Vordergrund, welche oft zur politischen Selbstbestätigung bzw. im Kampf um internationale Anerkennung genutzt wurden, sondern auch der Erhalt von Lebensfreude, Gesundheit und Leistungsfähigkeit des Volkes.

Mit der Verleihung des Promotionsrechtes 1956 erhielt die Sporthochschule in Leipzig die volle akademische Anerkennung, die Voraussetzungen für eine gezielte Förderung von Nachwuchswissenschaftlern waren geschaffen und wurden ausgebaut. Die DHfK blieb bis zur 3. Hochschulreform 1969 die zentrale Lehr- und Forschungsstätte der ostdeutschen Sportwissenschaft, in den Folgejahren, bis zu ihrer Abwicklung, bestimmte sie die Entwicklung in der Sportwissenschaft weiterhin maßgeblich mit. An allen anderen Universitäten der DDR etablierte sich das Fachgebiet ebenso, auch wenn der Schwerpunkt dort deutlich auf die Lehre und der damit verbundenen Sportlehrerausbildung gesetzt wurde.

In den Anfangsjahren der DDR-Sportwissenschaft kann von einer starken Vorbildfunktion der sowjetischen Sportwissenschaft gesprochen werden. Strukturell aber auch inhaltlich wurde sie als Orientierungshilfe wahrgenommen und genutzt (vgl. Bernett 1980).

Trotzdem entwickelte sich die Sportwissenschaft in der DDR, nach ihrem Aufbau in den 1950er Jahren, weitgehend unabhängig und schuf ihre eigenen Identität. Strukturell war die Wissenschaft zentral organisiert und unterlag bzgl. Forschung und Lehre staatlichen Vorgaben und zentraler politischer Lenkung. Ganz konkret wurde die Entwicklung der Sportwissenschaft in klar abgegrenzten, aber doch miteinander agierenden, Verantwortungsbereichen von der Abteilung Sport des Zentralkomitees der Sozialistischen Einheitspartei Deutschlands (ZK der SED), dem Bundesvorstand des Deutschen Turn- und Sportbundes (DTSB) sowie dem Staatssekretariat für Körperkultur und Sport (SKS) bestimmt und geleitet (vgl. Bernett 1980, Rogalski 2005, S. 168). Struktur und Inhalt von Lehre und Forschung wurden in der DDR also stabsmäßig geplant und den jeweiligen Bedürfnissen und Zielvorgaben, die in diesen Gremien entwickelt wurden, angepasst.

Den nachhaltigsten Effekt, in der Steuerung der sportwissenschaftlichen Lehre und Forschung der DDR, hatte sicherlich die 3. Hochschulreform von 1968/1969, welche zu einer noch stärkeren Leistungssportfixierung der DHfK führte und die Schulsportlehrerausbildung nun vollständig an die entsprechenden Institute der Universitäten delegierte.

Verbunden mit dieser Hochschulreform war auch die Gründung des Forschungsinstituts für Körperkultur und Sport (FKS) in Leipzig, welches in der Folge zentrale Forschungsstätte des Hochleistungssports in der DDR sein sollte. Die offensichtliche Bündelung und Förderung wichtiger wissenschaftlicher Potentiale im Sinne der Leistungssportausbildung und -forschung ist vor allem mit dem frühzeitigen Erkennen des gesellschaftlichen Prestigewerts von Sporterfolgen durch Sportler der

DDR bei internationalen Meisterschaften, sowie dem gesellschaftlich-politischen Kampf um die staatliche Anerkennung der DDR, zu erklären. Die offizielle Aufnahme der DDR in das Internationale Olympische Komitee sowie das Stellen eigener Nationalmannschaften waren in diesem Prozess erklärte und später auch erreichte Ziele.[13]

Damit verbunden ist auch der Anspruch der Praxiswirksamkeit von Lehre und Forschung - ein weiteres Merkmal der DDR-Sportwissenschaft. Gerade an der für die (Sport-) Wissenschaft der DDR charakteristischen Forderung der Einheit von Theorie und Praxis wird die allgemein anerkannte marxistische Wissenschaftstheorie deutlich (vgl. Zeitzeugenbefragung, persönliche Mitteilung von N. Rogalski vom 10.1. 2007).

Auf die Struktur von Lehre und Forschung, gesellschaftliche Rahmenbedingungen und Einflussgrößen der institutionellen und inhaltlichen Entwicklung der Sportwissenschaft, soll aber an dieser Stelle nicht im Detail eingegangen werden. Selbiges wird, soweit für diese Untersuchung von Belang, in folgenden Kapiteln in enger Verknüpfung der Analyse der Entwicklung der Bewegungslehre und Sportmotorik geschehen.

Der frühen akademischen Anerkennung und Förderung der Sportwissenschaft in der DDR folgte ihr Ausbau. Innerhalb der ersten beiden Jahrzehnte stieg „der personelle Bestand der gesamten DDR-Sportwissenschaft von 50 auf 1200 Sportlehrkräfte und Wissenschaftler" (Fornoff 1995, S. 39). Die hohe personelle Ausstattung an qualifizierten Wissenschaftlern in Forschung und Lehre sollte für die Sportwissenschaft der DDR bis zur gesellschaftlichen Wende charakteristisch bleiben. Verbunden damit war eine quantitativ und qualitativ hochwertige Forschungs- und Publikationstätigkeit, die diesem Wissenschaftszweig der DDR zu internationalem Renommee verhalf. So wurde auch inhaltlich der Schritt von einer in den Nachkriegsjahren „vornehmlich pädagogisch-methodisch ausgerichteten ‚Theorie der Körpererziehung (und des Sports)' " (Fornoff, 2005, S. 38) zu einer facettenreichen Sportwissenschaft vollzogen, die Bernett in seiner Publikation von 1980 bereits als „elaborierte Fachwissenschaft [dar], ideologisch gefestigt, wissenschaftstheoretisch durchdacht, akademisch etabliert, nach Plan organisiert und praxiswirksam" einschätzt (Bernett, 1980, S. 377).

---

13 1955 erfolgte die, vorerst provisorische, Aufnahme der DDR in das Internationale Olympische Komitee. Bis 1968 wurde eine gemeinsame Olympiamannschaft mit der BRD gestellt. Seit den olympischen Spielen 1972 in München traten zwei deutsche Olympiamannschaften mit jeweils eigenen Flaggen, Hymnen und Emblemen auf.

Ähnlich wird die Sportwissenschaft der DDR zum Ende ihres Bestehens auch von einigen der führenden nationalen und internationalen Wissenschaftler bewertet, nämlich als, auch im internationalen Maßstab, in Lehre und Forschung sehr hochwertig, praxiswirksam und produktiv. Gleichzeitig wird aber auch die Einflussnahme durch DTSB und SKS als zu dominant eingeschätzt und eine defizitäre Grundlagenforschung und internationale Isolation bemängelt (vgl. Zeitzeugenbefragung der DDR-Wissenschaftler).

7.2.3 Der Aufbau des Fachgebietes der Bewegungslehre/Sportmotorik an der neu gegründeten Sporthochschule in Leipzig

Die Entwicklung des Fachgebiets der Bewegungslehre/Sportmotorik hat an der Deutschen (DHfK) Hochschule für Körperkultur und Sport entscheidende Impulse erhalten. Aus diesem Grund soll die Beziehung zwischen dem Fachgebiet und der zentralen Lehr- und Forschungsstätte der Sportwissenschaft der DDR in diesem Kapitel näher untersucht werden.

Die DHfK wurde am 22.10.1950 in Leipzig gegründet. Dem vorausgegangen war der gesetzliche Beschluss zur Gründung einer Sporthochschule im 1. Jugendgesetz der DDR vom 08.02.1950 (vgl. Lehmann et al. S. 14f), was als weiteres Bekenntnis zum Aufbau und zur Förderung der Sportwissenschaft in der DDR gewertet werden muss, zumal die Hochschule 1951 offiziell in staatliche Regie überging. In den weiteren Jahren erfolgte schnell ihre volle akademische Anerkennung (Verleihung des Promotionsrechtes 1956, Verleihung des Habilitationsrechtes 1965), sowie ihr Ausbau zu einer sportwissenschaftlichen Lehr- und Forschungsstätte von beachtenswertem internationalem Rang (vgl. Lehmann et. al, 2007).

7.2.3.1 Vorläufer der Bewegungslehre an der DHfK

Als inhaltliche Vorgänger des Fachgebietes der Bewegungslehre an der DHfK sind die Lehrgebiete der „Methodik der Körpererziehung" (1950/1951), bzw. der „Theorie der Körpererziehung" (1952 - 1955), anzusehen. Gemäß der zentralen Vorgaben, welche anfangs durch das Staatsekretariat für Hochschulwesen[14] entwickelt wurden, sind bewe-

[14] Später unterlagen die Hochschule und damit auch die Bestimmung ihrer Lehrinhalte direkt dem Staatlichen Komitee für Körperkultur und Sport (seit 1952) bzw. dann seit 1957 dem Staatssekretariat für Körperkultur und Sport. Gleich geblieben ist der Prozess der zentralen Vorgabe und Koordination von Studieninhalten. Dazu wurden von entsprechenden Entwicklungskommissionen

gungswissenschaftliche Inhalte in den ersten beiden Jahren der Existenz der Hochschule dem Themenkomplex Pädagogik und Psychologie zugeordnet und auch dort umgesetzt worden. Schon zu diesem frühen Zeitpunkt taucht in diesem Zusammenhang der Terminus „Bewegungslehre“ als konkrete Bezeichnung eines Seminars zu einer Vorlesung der „Methodik der Körpererziehung“ auf, ohne aber inhaltliche Schwerpunkte aufzuführen (vgl. Studienpläne WS 1951/1952).

Sowohl inhaltlich, als auch terminologisch, wurde an die Vorkriegstradition des Lehrgebietes der „Methodik der Leibeserziehung“ angeknüpft. Im Vordergrund stand, wie schon vor dem 2. Weltkrieg, eine pädagogisch orientierte Erziehungstheorie zu den menschlichen Bewegungen, die Sportpädagogen zu entsprechenden Ausbildungs- und Interventionstätigkeiten befähigen sollte.

Analysiert wurde hierbei, nach wie vor, vor allem das äußere Erscheinungsbild sportlicher Bewegungen.

Bis zum Studienjahr 1955/56 sollte sich der Status der Vermittlung der Inhalte der Bewegungslehre nicht stark verändern, auch wenn es, ob zahlreicher kleinerer Umstrukturierungen an der neu gegründeten Hochschule, zu einigen Veränderungen kam. So findet sich die Bewegungslehre in den Studienplänen des Studienjahres 1955/1956 als Lehrgebiet des Fachgebietes der „Theorie der Körpererziehung“, der Fakultät für „Allgemeine Grundlagen der Körpererziehung“ wieder (vgl. Studienpläne 1955/1956, S. 38).

Nichtsdestotrotz hatte die „Bewegungslehre“ in der ersten Hälfte der 1950er Jahre eine erhebliche Weiterentwicklung erfahren und stand kurz vor ihrer institutionellen Etablierung.

7.2.3.2 Kurt Meinel begründet das Fachgebiet der Bewegungslehre

Der „Aufschwung“ der Wissenschaftsdisziplin, ihr institutioneller Aufbau sowie die Begründung eines ersten, in sich geschlossenen, Theoriegebäudes sind vor allem mit dem Namen Kurt Meinel verbunden.

Dr. Kurt Meinel war 1950 als Sportlehrer an die DHfK gekommen und brachte aufgrund seiner Vorkriegstätigkeit als Turnlehrer, sowie als Dozent für die „Methodik der Leibeserziehung“, am pädagogischen Institut der Universität Leipzig bzw. der Hochschule für Lehrerbildung in Leipzig, bereits eigene Vorstellungen von einer Theorie der sportlichen Be-

---

an der DHfK Vorschläge erarbeitet, die dann dem jeweiligen Gremium zur Kontrolle vorgelegt werden mussten.

wegungen mit an die DHfK (Schnabel, 2007, S. 267, Schnabel in Court, 2006).

Diese Ansätze, welche sich später in konkreten Arbeiten zur Bewegungslehre wiederfanden, lies er bereits in seine Lehrtätigkeit der ersten Jahre einfließen. Ab 1951 lehrte Meinel als Dozent für „Methodik der Körpererziehung", ab 1952 dann als Professor mit Lehrauftrag im übergeordneten Fachgebiet der „Theorie der Körpererziehung". Gleichzeitig versuchte er, die institutionelle Eigenständigkeit des Fachgebietes der Bewegungslehre voranzutreiben. In seiner Funktion als Vorsitzender des wissenschaftlichen Beirates der Hochschule (seit 1953) sowie als Prorektor für wissenschaftlichen Nachwuchs konnte er dahingehend Einfluss auf die wissenschaftliche Profilierung und Etablierung des Fachgebietes nehmen und diese an der Hochschule weiter fördern (vgl. Schnabel 2007, S. 267). Erste Versuche dieser Art schlugen dennoch fehl. Der akademische Senat für Körperkultur und Sport, die in dieser Hinsicht bestimmende Instanz, lehnte den Vorschlag zur Gründung eines interdisziplinär arbeitenden „Instituts für Bewegungsforschung" ab, wobei auch die nicht immer hundertprozentige Bekenntnis Meinels zur neuen Wissenschaftsausrichtung am sowjetischen System beigetragen haben mag (vgl. persönliche Mitteilung G. Schnabel vom 06.06.2005).

Dennoch wurde ein Forschungsauftrag zur Entwicklung einer „Bewegungslehre" erteilt, was dem ersten Schritt zum Aufbau eines eigenständigen Lehr- und Forschungsgebietes gleichkam. An der Erfüllung dieses Forschungsauftrages wurde in den nächsten Jahren von Meinel und seinen ersten wissenschaftlichen Assistenten (G. Schnabel und K. Köhler) mit Hochdruck gearbeitet (vgl. persönliche Mitteilung G. Schnabel vom 06.04.2006).

Die nächsten bedeutenden Schritte zur Etablierung des Fachgebiets waren erste Probevorlesungen vor dem Kreis der Lehrkräfte der DHfK sowie deren Diskussion. Wie durch die weitere kontinuierliche Institutionalisierung deutlich wird, konnte Kurt Meinel offensichtlich die Wichtigkeit der Wissenschaftsdisziplin für die Ausbildung von Sportpädagogen verdeutlichen.

7.2.3.3 Die Institutionalisierung des Fachgebietes an der DHfK

Mit dem Herbstsemester 1955/56 erfolgte die Einführung der Bewegungslehre als selbstständiges Lehrgebiet, im darauf folgenden Jahr die Gründung des eigenen Institutes für Bewegungslehre unter der Leitung von Professor Kurt Meinel. Dieses Institut blieb bis zu den im Rahmen der 3. Hochschulreform vorgenommenen Umstrukturierungen bestehen.

Meinel leitete es bis zu seiner Emeritierung 1964, woraufhin, der seit 1954 bei Meinel beschäftigte, Oberassistent Dr. Günter Schnabel die Verantwortung für Institut und Fachgebiet übernahm.

Der wissenschaftliche Nachwuchs konnte durch die bestehenden Wissenschaftsstrukturen, bzw. die zügige akademische Etablierung der Sportwissenschaft, schon frühzeitig direkt im Fachgebiet rekrutiert werden. Durch Forschungsprojekte und wissenschaftliche Aspiranturen konnten interessierte Studenten der Sportwissenschaft schon während bzw. direkt nach ihrem Studium an Forschungsprojekten der Bewegungslehre teilnehmen und sich somit für weitere wissenschaftliche Arbeiten und Grade qualifizieren. Selbiges galt auch für interessierte Sportlehrer, welche ihre Ausbildung an einer der anderen Hochschulen der DDR erhalten hatten.

7.2.3.4 Die 1960er „Bewegungslehre" als Ergebnis der Arbeit an der DHfK und ihre Außenwirkung

In die Arbeitsjahre Meinels am Institut für Bewegungslehre fällt auch die Erfüllung des erteilten Forschungsauftrages zum Aufbau eines eigenen Theoriekonzeptes der Bewegungslehre. Als Ergebnis dieser Arbeit erschien 1960 die Buchpublikation „Bewegungslehre. Versuch einer Theorie der sportlichen Bewegung unter pädagogischem Aspekt". Dieser Publikation waren verschiedene Lehrbriefe für das seit 1953 an der DHfK eingerichtete Fernstudium vorausgegangen. Diese vermittelten inhaltliche Orientierungen zu bestimmten Themenfeldern des Fachgebietes wurden auch an den Sektionen Sportwissenschaft der übrigen Universitäten der DDR intensiv genutzt. 1959 wurden diese Lehrbriefe von den Mitarbeitern des Institutes unter der Leitung von Professor Meinel als komplexe Anleitung für das Fernstudium zusammengefasst. Das daraus entstandene Studienbuch ist als direkter Vorläufer der viel beachteten Veröffentlichung des Folgejahres zu sehen (vgl. Meinel et. al. 1959).

Die „Bewegungslehre" von 1960 als erste umfassende, geschlossene Theorie der sportlichen Bewegung mit Anwendungscharakter (Schnabel, 2006, S. 342) hatte für die weitere nationale und internationale Entwicklung des Fachgebietes entscheidende Bedeutung: „Das Buch Bewegungslehre fand sofort nach seinem Erscheinen Verbreitung im gesamten deutschen Sprachraum und wurde zu einem Standardlehrbuch" (Schnabel 2006, S. 346). In den folgenden fünfzehn Jahren erschienen weitere sechs Auflagen. Kurt Meinel selbst wurde für diese Arbeit im Rahmen des Wissenschaftlichen Seminars des Forschungskomitees des Weltrates für Sport und Körpererziehung, welches vom 3. - 5. August 1961 in Leipzig stattgefunden hat, mit dem vom Präsidium des Ministerrates gestifteten Gutsmuths-Preis 1. Klasse ausgezeichnet.

Die Publikation bildete in ihrer ersten Auflage, aber auch in den späteren Weiterentwicklungen und Präzisierungen unter der Leitung von G. Schnabel, die lehrbuchhafte Grundlage zur wissenschaftlichen Auseinandersetzung mit menschlichen Bewegungen im Sport und galt als essentieller Bestandteil der Sportlehrerausbildung.

Für Bewegungswissenschaftler in der DDR, aber auch in der BRD und im Ausland (es entstanden lizenzierte Übersetzung in sieben verschiedene Landessprachen (vgl. Schnabel 2007, S. 275), wurde diese Publikation darüber hinaus Ideengeber und Anregung für eigene Forschungen (vgl. Zeitzeugenbefragung alle Befragtengruppen).

Von Prof. Dr. Ernst Jokl, den Präsidenten des Forschungskomitees des Weltrates für Sport und Körpererziehung, wurde diese erste umfassende Arbeit zur Bewegungslehre an der DHfK bereits 1961 als „einzigartige Publikation" bezeichnet (Jokl 1961, S. 1087).

In der DDR führte sie, zumindest in der Gründungsphase, sowohl zu einer nahezu hundertprozentigen Einheitlichkeit des Theoriekonstruktes als auch der verwendeten Terminologien im Fachgebiet, was eine wichtige Voraussetzung für den weiteren Aufbau der Fachdisziplin darstellen sollte. So wurde, der, an einem einheitlichen Konzept ausgerichtete, und durch die zuständigen staatlichen Gremien zentral gelenkte, Aufbau der Sportwissenschaft und auch der Bewegungslehre, inkl. ihrer inhaltlichen Ausprägungen, der Anfangsjahre von den beteiligten Zeitzeugen durchaus positiv und förderlich für die Entwicklung der Wissenschaft empfunden.

Die einheitliche Unzufriedenheit über mangelnde Forschungs- und Lehrfreiheit sowie die Kritik an zu starker staatlicher Einflussnahme auf die Wissenschaftsentwicklung in der Sportwissenschaft und Bewegungslehre, welche in der Zeitzeugenbefragung der DDR-Wissenschaftler deutlich wird, bezieht sich erst auf spätere Etappen der Entwicklung, insbesondere auf die Ausbauphase der 70er und frühen 80er Jahre (vgl. Zeitzeugenbefragung/Kernaussagender DDR-Wissenschaftler).

7.2.3.5 Weiterentwicklung und Anwendung des Theoriekonzeptes

Das entstandene Theoriekonstrukt der Bewegungslehre wurde in den Folgejahren in großem Umfang vermittelt. Das Fachgebiet verstand sich an der DHfK, gerade in den ersten Jahren, zuallererst als Lehrgebiet, welches theoretisches Grundlagenwissen und praktische Handlungsanweisungen zu menschlichen Bewegungen im Sport vermittelte. Damit war es für Sportpädagogen in jedem Arbeitsfeld von Bedeutung.

So fand das an der DHfK entwickelte Theoriekonstrukt eine weite Verbreitung. Zum Einen in der Ausbildung der Diplomsportlehrer aller Spezialisierungen an der DHfK, mit einem Anteil von zwei bis zu sechs Semesterwochenstunden im regulären Direktstudium. Zusätzlich dann in dem seit 1953 möglichen Fernstudium an den Außenstellen (vgl. Rogalski 2007, S. 180), in den durch die zentrale Lehr- und Forschungsstätte der Sportwissenschaft der DHfK stark geprägten fachlichen Anleitungen der anderen Universitäten des Landes (Lehrbriefe und Ausbildung der wissenschaftlichen Mitarbeiter an der DHfK) (vgl. Schnabel 2007, S. 271), sowie in der Ausbildung ausländischer Sportlehrer und Trainer an der DHfK (vgl. Studienpläne DHfK 1951 - 1968, Kalb 2007, S. 162ff.).

In den Jahren nach der Institutsgründung wurde das Profil des Fachgebietes von den Mitarbeitern des Instituts durch eine sukzessive Weiterentwicklung der aufgestellten Theorie weiter geschärft. Die thematischen Schwerpunkte der Meinelschen Theorie (vgl. Kapitel 7.2.6) wurden vor allem durch die Analyse äußerer Bewegungsmerkmale bearbeitet. Die gezielte Bewegungsbeobachtung und Bewegungsbeschreibung sollten zu einer objektiveren Einschätzung von Bewegungsmerkmalen führen. Dazu wurde, neben der Aufstockung des wissenschaftlichen Personals, das bei der Institutsgründung eingerichtete Foto-Film-Labor intensiv genutzt.

Spätere Forschungen standen, auch nach der Emeritierung Kurt Meinels, im Dienste der Weiterentwicklung des bestehenden Konzeptes der Bewegungslehre von 1960. Der Fokus richtete sich mit der Übernahme des Instituts durch Günter Schnabel vor allem auf eine Präzisierung und Differenzierung des bestehenden Theoriegebäudes. Thematische Weiterentwicklungen erfolgten vor allem in den Schwerpunkten Bewegungskoordination (Schnabel), motorische Ontogenese (Winter) sowie der Entwicklung motorischer Testverfahren (vgl. Schnabel 2007, S. 272f). Ein Großteil der Forschungsarbeiten, über welche Schnabel 2007 (vgl. S. 272f) einen genaueren Überblick gab, fand vor allem im Rahmen wissenschaftlicher Qualifizierungsarbeiten statt. Vor seiner Auflösung im Jahre 1969 bestand das Institut für Bewegungslehre aus zwei Dozenten, neun wissenschaftlichen Mitarbeitern, einer Sekretärin sowie einem technischen Mitarbeiter[15].

---

15 Von den neun wissenschaftlichen Mitarbeitern, die im Institut beschäftigt waren, gehörten fünf zur Institutsabteilung der Vorschulkörpererziehung und damit also nur indirekt zur Bewegungslehre (Schnabel 2007, S. 268).

7.2.3.6 Abgrenzung zu anderen bewegungswissenschaftlichen Fachgebieten

Diese Ansätze der Bewegungslehre der ersten Jahre führten, vor allem gegenüber der Biomechanik, einer streng naturwissenschaftlich ausgerichteten Wissenschaftsdisziplin, zu klaren Abgrenzungen und sogar zum Wissenschaftsstreit an der DHfK.

Die naturwissenschaftlich nicht immer einwandfrei erklärbaren Ansätze Meinels wurden von dem auch im Aufbau befindlichen Wissenschaftsgebiet Biomechanik und namentlich von dessen Leiter Professor Gerhard Hochmuth scharf kritisiert und als „erscheinungswissenschaftlich" und „subjektiv" bezeichnet (vgl. Hochmuth 2007).

Demgegenüber stand die Kritik der Vertreter der Bewegungslehre, welche bemängelten, dass die Biomechaniker dem Terminus „Bio" nicht gerecht würden und sich in ihren Bewegungsanalysen zu sehr auf eine rein physikalisch-mechanische Analyse stützten (vgl. persönliche Mitteilung G. Hochmuths vom 21.10.2006). Ursprung dieser wissenschaftlichen Auseinandersetzung war ein interdisziplinäres Experimentaltraining im Skisprung im Winter 1953/54, an welchem beide Fachdisziplinen beteiligt waren und bei dem die divergierenden Auffassungen erstmals aufeinander trafen.

Die praktische Folge dieses Wissenschaftsstreits um qualitative und quantitative Ansätze zur Analyse und Intervention der menschlichen Bewegungen im Sport, war eine klare Trennung beider Fachgebiete an der DHfK. In den Folgejahren kam es somit nicht mehr zu interdisziplinären Forschungen der Bewegungslehre und Biomechanik, was die ganzheitliche Analyse sportlicher Bewegungen erheblich erschwerte. Eine ausführlichere Gegenüberstellung, der Ziele und Inhalte der Biomechanik und dem daraus erwachsenden Verhältnis zur Bewegungslehre findet sich bei Petersen (1984, S. 12ff.)

Das Verhältnis zum Fachgebiet der Trainingslehre, welches auch den allgemeinen Trainings- und Bewegungswissenschaften zuzuordnen ist, gestaltete sich in der Gründungsphase der Bewegungslehre wesentlich einfacher. Grund hierfür war die fehlende Eigenständigkeit und Dominanz des Fachgebietes „Trainingslehre" in den 1950er bzw. 1960er Jahren. Allgemeine Grundlagen einer Trainingslehre wurden zumeist im Fachgebiet der „Theorie der Körpererziehung", später in der „Theorie des Leistungssports", bzw., mit ihrer speziellen Anwendung, direkt in den Sportarten vermittelt. Mit dem Ende der 1960er Jahre waren es vor allem hochschulpolitische Umstrukturierungen, auf die zu einem späteren Zeitpunkt eingegangen werden soll, die der Trainingswissenschaft zu einer gewissen „geförderten Dominanz“ verhelfen sollten und damit die Entwicklung der Bewegungslehre in dieser Phase hemmten.

7.2.3.7 Zusammenfassung

Das Fachgebiet der Bewegungslehre erlangte seine Selbstständigkeit am zentralen Lehr- und Forschungszentrum der Sportwissenschaft der DDR schnell. Es kann sogar von einer gewissen Vorreiterrolle im Vergleich zu anderen, dem großen Themenkomplex der allgemeinen Trainings- und Bewegungswissenschaften, wie der (Sport-) Biomechanik, oder auch der Trainingslehre, gesprochen werden. Die frühe Institutionalisierung des Fachgebietes an der DHfK ist einmal mit den grundsätzlich positiven Bedingungen zum Aufbau der Sportwissenschaft und ihrer Disziplinen in der DDR zu begründen (vgl. 7.2.2), vor allem aber auch mit denen an diesem Prozess beteiligten Personen, allen voran Kurt Meinel.

Meinel prägte das Wissenschaftsprofil der ersten Jahre auch durch seine Funktionen als Vorsitzender des wissenschaftlichen Beirates und Prorektor für wissenschaftlichen Nachwuchs an der DHfK mit und war somit in der Position, auf die Förderung des Fachgebietes, dem er so verbunden war, positiv einzuwirken. Der Entwurf eines ersten geschlossenen Theoriekonzeptes, einer pädagogisch orientierten Bewegungslehre, entsprach absolut den Bedürfnissen der Zeit und wurde sowohl national als auch international anerkannt und fast ausschließlich positiv bewertet (vgl. Zeitzeugenbefragung Bewegungswissenschaftler alle Befragtengruppen). Sowohl dieser Umstand, als auch die weitere Präzisierung der „Bewegungslehre“ durch Meinel, Schnabel und die Mitarbeiter des Instituts in den ersten zwei Jahrzehnten des Bestehens der Hochschule, trugen zur nachhaltigen akademischen Etablierung an der DHfK bei.

7.2.4 Die Bewegungslehre/Sportmotorik an den Universitäten der DDR

Die positive Einstellung der staatlichen Organe gegenüber der Wissenschaftsdisziplin der Sportwissenschaft während des Aufbaus eines Bildungssystems in den Nachkriegsjahren ist bereits unter Punkt 7.2.1 geschildert worden. Davon profitierte jedoch nicht nur die neu gegründete Sporthochschule in Leipzig, es kam auch an den anderen Universitäten zu einer unverzüglichen akademischen Anerkennung der Sportwissenschaft[16].

---

[16] In der DDR existierten neben den Universitäten auch so genannte Pädagogische Hochschulen, welche ausschließlich auf die Lehrerausbildung ausge-

An den Instituten für Körpererziehung und Schulhygiene wurde von Anbeginn mit dem absoluten Fokus auf die pädagogische Sportlehrerausbildung für den Schulsport der DDR gearbeitet. Inhalte der Bewegungslehre fanden in dieser Ausbildung, ähnlich zu den Entwicklungsprozessen an der Sporthochschule in Leipzig, zuerst im Lehrgebiet der „Theorie der Körpererziehung" Berücksichtigung in der Ausbildung der Sportpädagogen statt. Mit dem raschen Aufbau eines Instituts für Bewegungslehre an der DHfK, kam es aber auch an der Universitäten zur Eigenständigkeit des Fachgebietes. Der Prozess verlief an den einzelnen Universitäten unterschiedlich schnell, verallgemeinernd kann aber gesagt werden, dass das Fachgebiet zum Ende der 1960er Jahre überall seine Selbstständigkeit erreicht hatte (vgl. Zeitzeugenbefragung DDR-Wissenschaftler). Nicht nur die Bezeichnung, sondern auch die inhaltliche Ausrichtung orientierte sich hierbei stark an der DHfK.

Eine gezielte und vor allem auch geförderte Forschung existierte, mit den Ausnahmen der Universitäten in Jena, Berlin und in Greifswald, bis zur Abwicklung des Wissenschaftssystems der DDR nur in geringem Umfang und war vor allem auf Themen des Schulsports ausgerichtet. Aber selbst an diesen Standorten stand die Lehre in den ersten beiden Jahrzehnten absolut im Vordergrund. Das an den Universitäten trotzdem einige beachtenswerte Forschungsergebnisse auf dem Feld der Sportwissenschaft und auch der Bewegungslehre erzielt werden konnten, ist vor allem der persönlichen Interessenlage sowie dem Engagement der jeweiligen Vertreter der Disziplinen zuzuschreiben (vgl. Zeitzeugenbefragung, Kernaussagen DDR-Wissenschaftler). Hervorzuheben sind hier für die Aufbauphase der Bewegungslehre an den Universitäten vor allem die Untersuchungen von Burisch zum Problem des Bewegungsrhythmus (vgl. Burisch, 1959, 1964).

Die finanziellen Mittel für solche Forschungen wurden zumeist von den jeweiligen Universitäten bereitgestellt, was im Gegensatz zu der grundsätzlichen Vorgehensweise in der DDR mit ihrer zentralen, staatlichen Organisation eine ergänzende Alternative bot.

In diesem Zusammenhang ist aber auch zu erwähnen, dass dieser Umstand vor allem aber auch zu einer verhältnismäßig größeren personen- und interessengebundenen Lehr- und Forschungsfreiheit an den Universitäten im Vergleich mit der DHfK geführt hat. Maßgebliche Grundlage

---

richtet waren. In dieser Untersuchung spielen sie eine untergeordnete Rolle. Die Vermittlung von Inhalten der Bewegungslehre/Sportmotorik erfolgte in der Sportlehrerausbildung nach dem gleichen Schema wie in den Universitäten. Somit wird hier nur bei spezifischen, für die Entwicklung des Fachgebiets wichtigen Aspekten gesondert darauf eingegangen.

dafür war auch, dass sowohl die Universitäten als auch die pädagogischen Hochschulen nicht dem Staatssekretariat für Körperkultur und Sport bzw. dem DTSB unterstanden, den beiden Gremien, welche die besonders die auf den Leistungssport ausgerichtete Sportwissenschaft in der DDR bestimmten. Die Universitäten waren direkt dem Ministerium für Hoch- und Fachschulwesen, die pädagogischen Hochschulen dem Ministerium für Volksbildung, unterstellt. Beide Ministerien setzten sich in ihrer sportwissenschaftlichen Ausrichtung klar vom SKS und dem DTSB ab, und versuchten, Lehre und Forschung an den ihnen unterstellten Bildungseinrichtungen weiter auf Problemfelder des Schulsports zu orientieren (vgl. persönliche Mitteilung von G. Schnabel vom 25.07.2007).

Der wissenschaftliche Nachwuchs wurde an den Universitäten über die Teilnahme interessierter „Sportlehrerstudenten" an solchen Forschungsprojekten rekrutiert. Wie auch an der DHfK, bestand die Möglichkeit der weiteren wissenschaftlichen Qualifikation über die Arbeit als wissenschaftlicher Assistent direkt im Fachgebiet, was einer gezielten, speziellen wissenschaftlichen Qualifikation entsprach.

Lehr- und Studieninhalte wurden, wie an der DHfK, stark von den staatlichen Bildungsorganen und Fachkommissionen mitbestimmt. Dasselbe gilt für verwendete Terminologien und Theoriekonstrukte. Gerade in den ersten beiden Jahrzehnten ist von einer absoluten Dominanz der Vermittlung der Meinelschen Bewegungslehre im Fachgebiet zu sprechen; sie wurde als die zentrale Orientierungsgröße genutzt.

Auch in der Beziehung zu den „Nachbarwissenschaften", der Biomechanik und Trainingslehre, ergibt sich ein ähnliches Bild wie an der DHfK. Auch wenn der, auch personengebundene, Wissenschaftsstreit, der zwischen Biomechanik und Bewegungslehre an der DHfK herrschte, nicht an die Universitäten übertragen wurde, so wurden qualitativer und quantitativer Ansatz doch separat behandelt, wenn auch zum Teil in Personalunion unterrichtet. Es kam maximal zu punktuellen interdisziplinären Zusammenarbeiten bei sportpraktischen Problemstellungen.

In vielerlei Hinsicht stellte der Aufbau des Fachgebietes der Bewegungslehre in den ersten Jahren aber ein an den Entwicklungsvorgängen der DHfK orientiertes Abbild dar.

7.2.5 Der strukturelle Aufbau der Wissenschaftsdisziplin bis 1968/69 in der DDR

In diesem Kapitel soll über die Stellung des Fachgebietes der Bewegungslehre/Sportmotorik im Wissenschaftssystem der DDR berichtet werden. Dabei kann, ob der Komplexität der Strukturen, nicht auf jedes Detail eingegangen werden, vielmehr sollen die für die Entwicklung des Fachgebiets entscheidenden Strukturen und ihre Verknüpfung mit der Bewegungslehre/Sportmotorik dargestellt werden.

7.2.5.1 Das Studium der Bewegungslehre

Grundsätzlich wurden Inhalte der Bewegungslehre auf verschiedenen Plattformen vermittelt, was zu einer starken Verbreitung dieser Inhalte führte. Dabei ist natürlich zwischen den verschiedenen Vermittlungsformen, Vermittlungsmöglichkeiten und Vermittlungszielen zu unterscheiden. Als Extreme können das Institut an der DHfK, mit seiner beträchtlichen personellen Ausstattung, sowie dem Lehr- und Forschungsauftrag einerseits, und andererseits beispielsweise Trainerlehrgänge des DTSB, in welchen die Inhalte der Bewegungslehre eines von mehreren gleichberechtigten Lehrgebieten von geringerem Umfang waren, gelten.

Zusammenfassend sind folgende Vermittlungsebenen aufzuführen:

- Direktstudium der Sportwissenschaft an der DHfK
- Fernstudium der Sportwissenschaft an einer der Außenstellen der DHfK
- Studium der Sportwissenschaft an einer der Universitäten der DDR
- Studium der Sportwissenschaft an den Pädagogischen Hochschulen der DDR
- Trainerlehrgänge und Fachschulstudiengänge des DTSB
- Internationale Weiterbildungs- und Trainerkurse an der DHfK

Dabei waren die Studieninhalte der Bewegungslehre, egal auf welcher Vermittlungsplattform, immer staatlichen Vorgaben unterworfen. Das heißt, es bestanden verbindliche Lehrpläne für das Fachgebiet, welche, je nach Einrichtung, von den zuständigen staatlichen Organen beschlossen wurden. Dabei sind hier das Staatliche Komitee für Körperkultur und Sport bzw. sein Nachfolger, das Staatssekretariat für Körperkultur und Sport als entscheidende Instanzen aller Lehr- und Forschungsvorgänge an der DHfK zu nennen. Das Ministerium für Hoch- und Fachschulwesen bzw. das Ministerium für Volksbildung waren für die Lehrinhalte an den Universitäten und pädagogischen Hochschulen verantwortlich. Grundsätzlich ist dieser Prozess so zu beschreiben, dass die entsprechende Hochschule, z. B. die DHfK, regelmäßig Studienpläne mit konkreten Angaben zu den vorgesehenen Vermittlungsinhalten und Umfängen der Fachgebiete, so auch der Bewegungslehre, ausarbeitete, welche dann vom Staatssekretariat für Körperkultur und Sport begutachtet und bestätigt bzw. gegebenenfalls um allgemeine Ziel- und Grundlinienvorgaben ergänzt wurden.

Die praktische Umsetzung dieser Vorgaben war obligatorisch. Trotzdem ist anzumerken, dass die Universitäten, im Vergleich mit der DHfK, von einer größeren Lehr- und Forschungsfreiheit profitierten. Zu begründen ist dieser Umstand vor allem mit der exponierten Stellung der DHfK, gerade in der Forschung und besonders in der Leistungsportsportforschung. Wie schon erwähnt, wurde auch dieses Feld des organisierten Sports in der DDR stark gefördert und als Mittel im Kampf um internationale Anerkennung genutzt, was die Bedeutung internationaler Erfolge durch DDR-Sportler erhöhte. Daraus ergaben sich bestimmte Geheimhaltungsstufen und eine starke politische Kontrolle der Vorgänge an der DHfK, wovon auch das Fachgebiet der Bewegungslehre beeinflusst wurde (vgl. Zeitzeugenbefragung von G. Schnabel vom 06.04.2006, Zeitzeugenbefragung von N. Rogalski vom 10.1. 2007).

7.2.5.2 Die Fachkommissionen als Plattform des wissenschaftlichen Lebens im Fachgebiet

Entscheidenden Einfluss auf die Profilbildung des Fachgebietes, und somit auch auf die konkreten Vorgaben für Lehre und Forschung an den jeweiligen Einrichtungen, hatte die so genannte Fachkommission.

Das wissenschaftliche Leben der DDR wurde zentral vom Wissenschaftlichen Rat für Körperkultur und Sport organisiert. Dieser Wissenschaftliche Rat waren in verschiedene Fachkommissionen untergliedert, welche eine oder mehrere Fachdisziplinen betreuten. Nach der Bildung dieser Wissenschaftsstrukturen in der DDR in den 1950er Jahren und der weiteren Differenzierung einzelner Fachgebiete der Sportwissenschaft, wurde auch die Fachkommission Bewegungslehre/Biomechanik gebildet. Dieser Kommission gehörten sowohl die führenden Vertreter der Bewegungslehre, als auch der Biomechanik, an.

Als Aufgaben der Fachkommission können, neben den schon genannten, gelten:

- Förderung des multidisziplinären Denkens und Arbeitens im Fachgebiet
- Wissenschaftliche Vorbesprechungen und Fundierungen zu Weiterentwicklungen in Lehre und Forschung
- Aktivierung und Aufrechterhaltung des wissenschaftlichen Lebens im Fachgebiet durch die Förderung und Besprechung von Publikationen in Zeitschriften sowie Buchprojekten sowie die Organisation,

Teilnahme und Auswertung von internationalen Konferenzen und wissenschaftlichen Veranstaltungen
- Organisation regelmäßiger Weiterbildungen sowie die Förderung des wissenschaftlichen Nachwuchses (vgl. Zeitzeugenbefragung Kernaussagen Bewegungswissenschaftler DDR)

Hier ist anzumerken, dass die unterschiedliche Beitragfähigkeit der in der Kommission vertretenen Einrichtungen, welche auf die beschriebenen Strukturen und Aufgabenprofile zurückzuführen ist, sowie die Geheimnisklassifikationen der an einigen Einrichtungen stattfindenden Leistungssportforschungen, welche die Transparenz der wissenschaftlichen Entwicklung des Fachgebiets in der DDR beeinträchtigten, als Schwächen der Arbeit in der Fachkommission anzusehen sind (vgl. Zeitzeugenbefragung Pöhlmann vom 22.03.2007)

Mit der weiteren inhaltlichen Ausdifferenzierung der Fachgebiete der Biomechanik und der Bewegungslehre, sowie den aufkommenden Tendenzen der Entwicklung von psychomotorischen Handlungstheorien in der Bewegungslehre, welche eine inhaltliche Erweiterung des Inhaltsspektrums des Fachgebiets um vorrangig psychologische und neurophysiologisch geprägte Ansätze (vgl. 7.4) bedeuteten, kam es in der weiteren Entwicklung dann zu einer Trennung der Fachkommissionen von Bewegungslehre und Biomechanik. Gemäß den aktuellen wissenschaftlichen Trends wurde auch die Bezeichnung der Fachkommission in „Fachkommission Sportmotorik" geändert. In der Vorbereitung und Gründung dieser Fachkommission tat sich vor allem R. Pöhlmann hervor, welcher auch zum Vorsitzenden der Kommission berufen wurde. Pöhlmann hatte sich zuvor schon durch Arbeiten zur Psychomotorik des Menschen an der Universität Jena profiliert, sein Konzept zur inhaltlichen Lenkung der Fachdisziplin über die Fachkommission wurde sowohl von den zuständigen staatlichen Organen (MHF, SKS), als auch den führenden Vertretern der Bewegungslehre/Sportmotorik, unterstützt.

Die Fachkommission Sportmotorik sollte die Entwicklung des Fachgebietes in der Folge bis zur Auflösung des Wissenschaftssystems der DDR entscheidend mitprägen (vgl. Kernaussagen Zeitzeugenbefragung DDR).

7.2.5.3 Begrenzungen und Möglichkeiten im wissenschaftlichen Leben

Mit dem Aufbau des Systems der Sportwissenschaft in der DDR entwickelten sich Publikationsorgane, welche, unter der Regie der zuständigen staatlichen Organe, das wissenschaftliche Leben widerspiegelten. Für das Fachgebiet der Bewegungslehre/Sportmotorik war die Zeitschrift „Theorie und Praxis der Körperkultur" das entscheidende Publikationsorgan. Hier wurden aktuelle fachliche Diskussionen, Forschungsbeiträge etc. veröffentlicht. Wie Fornoff (1995) feststellt, stehen wissenschaftstheoretische Abhandlungen eher im Hintergrund. Trotzdem finden im Fachgebiet Diskussionen zu Inhalt, Ausrichtung und Perspektiven des Fachgebietes statt, dieses aber vor allem verbundenen mit singulären Ereignissen in der Wissenschaftsgeschichte. Hervorzuheben ist vor allem die wissenschaftliche Diskussion an der DHfK im Vorfeld der Etablierung eines Fachgebietes „Bewegungslehre", welche in der Gründung eines eigenen Institutes mündete (vgl. 7.2.2). Zudem inhaltliche Diskussionen einer zweiten Welle, welche mit Ausgang der 1960er bzw. den beginnenden 1970er Jahren zu einer Schärfung des inhaltlichen Konstruktes der Bewegungslehre bzw. seiner Abgrenzung zu anderen sportwissenschaftlichen Disziplinen führen sollten (vgl. Schnabel 1965, Schnabel et. al. 1976). Besonders der Beitrag eines Autorenkollektives führender Vertreter der Bewegungslehre der DDR[17] unter der Leitung von Günter Schnabel mit dem Titel: „Sportliche Motorik - Standpunkte zu Gegenstandsbereich, Aufgabenstellung und Einordnung" (vgl. Schnabel et. al. 1976, S. 524) ist für die Weiterentwicklung des Fachgebietes als maßgeblich anzusehen. Die hier vorgenommene Diskussion des IST-Zustandes des Fachgebietes, sowie seiner möglichen Entwicklungswege, gibt der „Bewegungslehre/Sportmotorik" ein aktuelles wissenschaftstheoretisches Fundament. Die Etablierung einer Wissenschaftsdisziplin „Sportliche Motorik", welche den aktuellen Tendenzen im Fachgebiet gerecht wird, wird diskutiert und unterstützt. Als Ergebnis dieser Diskussion kann die Loslösung des Fachgebietes aus der Fachkommission Biomechanik/Bewegungslehre, verbunden mit der Gründung der Fachkommission „Sportmotorik", angesehen werden, was als ein Schritt zu größerer Selbstständigkeit, sowie fachlicher Profilbildung zu werten ist.

Grundsätzlich ergibt sich in der DDR das Bild einer Sportwissenschaft, welche die zentral vorgegebenen Strukturen akzeptiert und ihre Ziele daran ausrichtet. Selbiges gilt für die Bewegungslehre/Sportmotorik.

Der dialektische Materialismus wird als die grundlegende Wissenschaftsphilosophie angenommen, Forschungen und Betrachtungen haben, auch in der Grundlagenforschung, eine klar zu erkennende Praxisrelevanz.

---

17 Der Beitrag ist mit folgender Anmerkung versehen: „Dieser Beitrag stellt einen Arbeitsstandpunkt der Fachgruppe Biomechanik/Bewegungslehre des Wissenschaftlichen Rates beim Staatssekretariat für Körperkultur und Sport dar" (Schnabel et. al. 1976, S. 532). Er gibt also den offiziellen Standpunkt des wissenschaftlichen Gremiums des Fachgebietes wieder.

Dabei ist, auch wenn die Sportwissenschaft der DDR gerade in den ersten Jahrzehnten, und damit auch die Bewegungslehre als integriertes Fachgebiet, als geschlossenes System zu bezeichnen ist, nicht von einer kompletten internationalen Isolation zu sprechen. Dennoch waren die Kontakte streng reglementiert und von den jeweiligen politischen Beziehungen abhängig. Aktive Beziehungen bestanden vor allem zu den sozialistischen Ländern der CSSR, Polen und der Sowjetunion. Auf dem Gebiet der Bewegungslehre/Sportmotorik ist vor allem von einer starken Rezeption der Übersetzungen der „1960er Bewegungslehre" von Kurt Meinel und deren Weiterentwicklung, vor allem durch Günter Schnabel, in diesen Ländern zu sprechen. Diese Veröffentlichung gilt dort auch heute noch als maßgeblicher Ideengeber einer pädagogisch orientierten Bewegungslehre und genießt hohe Wertschätzung (vgl. Zeitzeugenbefragung Bewegungswissenschaftler aus dem Ausland).

Es entstanden beiderseitige Besuche sowie Studienaufenthalte, welche aber für die inhaltliche und strukturelle Entwicklung der Bewegungslehre in der DDR ohne größeren Einfluss blieben[18]. Für diesen Zeitabschnitt gilt, dass die pädagogisch orientierte Bewegungslehre der DDR im internationalen Maßstab als die entscheidende Orientierungsgröße gelten kann und somit mehr Impulse gegeben als empfangen hat (vgl. Zeitzeugenbefragung DDR und BRD Wissenschaftler).

Eine größere Wirkung auf die Entwicklung des Fachgebietes in der DDR hatte da die Rezeption der Fachliteratur der Basiswissenschaften, vornehmlich aus der Sowjetunion. Besonders Veröffentlichungen zur Psychologie und Neurophysiologie hatten großen Einfluss auf die Weiterentwicklung des Ideenkonstruktes der Wissenschaftsdisziplin und begründeten auch maßgeblich die Erweiterung der von der „Außensicht" dominierten Bewegungslehre, durch die von der „Innensicht" dominierten Analysen der Sportmotorik (vgl. Kapitel 7.2.6).

Anzumerken ist an dieser Stelle, dass durch die starke gesellschaftliche Orientierung an der Sowjetunion, welche auch auf das Wissenschaftssystem abfärbte, frühzeitig die Rezeption der russischen Fachliteratur gefördert wurde. Einmal dadurch, dass das Lernen der russischen Sprache früh in den Lehrplan der Sportstudenten aufgenommen wurde (vgl. Vorlesungsverzeichnis DHfK, Studienjahr 1951 - 1952, S. 19) und ebenso durch die, durch staatliche Übersetzungsstellen und hochschuleigene

18 Als Grund dafür, das kein direkter Einfluss aus der Sowjetunion bestand, was in vielen anderen Gebieten massiv der Fall war, ist die Tatsache anzusehen, dass in der sowjetischen Sportwissenschaft kein direktes Äquivalent zum Fachgebiet der Bewegungslehre/Sportmotorik entstanden ist.

Übersetzungsinstitute, in großem Umfang vorgenommenen Übersetzungen russischer Fachliteratur.

Kontakte zum westlichen Ausland bestanden hingegen nur in sehr geringem Umfang, und wenn, dann auch nur auf persönlicher Ebene (Briefkontakte und Büchersendungen zwischen einzelnen Wissenschaftlern).

Fachliteratur zu Themenfeldern der Bewegungslehre/Sportmotorik, soweit sie in den Anfangsjahren der westdeutschen Entwicklung bestanden hat, waren ob der geringen Kontingente, die in der DDR existierten (Finanzierungsproblem), nicht jedem Vertreter des Fachgebietes zugänglich. Gegenseitige Studien- oder Forschungsaufenthalte und ein damit verbundener fachlicher Austausch beider deutschen Staaten fanden nicht statt. Regelmäßige internationale Veranstaltungen oder Kongresse waren in diesen ersten Jahrzehnten der Entwicklung ebenfalls nicht organisiert worden.

Im entscheidenden internationalen sportwissenschaftlichen Gremium dieser Zeit, dem Weltrat für Sportwissenschaft und Leibeserziehung, existierte keine direkte Kommission für das Fachgebiet der Bewegungslehre/Sportmotorik. Zum Teil wurde ihr Inhalt in der Kommission für Biomechanik besprochen, von einem konkreten Einfluss auf die Entwicklung der Bewegungslehre in der DDR kann, von dem Entstehen persönlicher Kontakte zu Wissenschaftlern aus dem Ausland abgesehen, aber nicht gesprochen werden. Umso mehr hervorzuheben ist deshalb das wissenschaftliche Seminar des Forschungskomitees des Weltrates, welches 1961 in Leipzig zu Fragen der Körpererziehung an Schulen abgehalten wurde. Die „Probleme der Bewegungslehre", vorgetragen von Prof. Meinel, stellten ein Hauptthema dar (vgl. Meinel et. al. 1961, S. 1028 – 1091, Schnabel 2007, S. 275). Die Vergabe dieses internationalen Seminars an die DHfK in Leipzig, gerade auch vor dem Hintergrund der ganz aktuellen deutsch-deutschen Spannungen dieser Zeit, ist sicherlich auch ein Indiz für internationale Wertschätzung der sportwissenschaftlichen Arbeit in Leipzig bzw. der Bewegungslehre an der DHfK. Unterstrichen wird dies auch durch zahlreiche Aussagen des Präsidenten des Forschungskomitees des Weltrates, Prof. Dr. Ernst Jokl, im Anschluss an die Vorträge zu verschiedenen Problemen der Bewegungslehre durch Professor Meinel und seine Mitarbeiter (Jokl 1961, S. 1087ff.)

7.2.6 Die inhaltliche Entwicklung der Bewegungslehre/Sportmotorik

In diesem Kapitel soll versucht werden, die Entwicklungsgeschichte des Ideen- und Theoriekonstruktes der Bewegungslehre/Sportmotorik in der DDR, zwischen 1945 und 1969, darzustellen. Auf einige Aspekte und Rahmenbedingungen dieser Entwicklung wurde in vorausgegangen Kapiteln bereits eingegangen. Grundsätzlich wird es nicht möglich sein, jede Forschung und jede Forschungsdiskussion detailliert zu untersuchen, vielmehr soll sich auf grundlegende Entwicklungslinien, Einflüsse sowie etwaige Moden, Trends und Paradigmenwechsel (nach Willimczik 2000, S. 59ff) konzentriert werden.

Wie schon in Kapitel 7.2.3.2 beschrieben, stellte die „Meinelsche Bewegungslehre" von 1960 die erste Zusammenfassung wissenschaftlicher Erkenntnisse zu menschlichen Bewegungen im Sport dar und dominierte die inhaltliche Entwicklung im Fachgebiet in den ersten Jahrzehnten des Bestehens der DDR. Sie soll deshalb zum Ausgangspunkt genommen werden, um retrospektiv Einflussgrößen ihrer inhaltlichen Entstehungsgeschichte zu beleuchten und, zum anderen, um auf Weiterentwicklungen dieses Theoriekonstruktes eingehen zu können.

Als Leitlinie soll der wissenschaftstheoretische Rahmen gelten, den Meinel seinem Theoriekonzept selbst verleiht, und welcher sich in die Schwerpunkte Gegenstandsbereich, Betrachtungsweisen, Aufgaben und Methoden aufgliedert (vgl. Meinel 1960).

7.2.6.1 Meinels Konzept der Bewegungslehre

Meinel gibt mit dem Untertitel seiner Publikation „Versuch einer Theorie der sportlichen Bewegung unter pädagogischem Aspekt" selbst die inhaltliche Ausrichtung vor. Ziel seiner Arbeit ist eine praktische Handlungsanleitung für den Sportpädagogen, welche sich auf einem wissenschaftlich fundierten Konzept begründet. Dabei kann die folgende Erklärung aus dem Vorwort der „Bewegungslehre" von 1960 als Leitbild seines Wissenschaftskonzeptes gelten:

„Sportliche Bewegungen sind komplexe Erscheinungen. Es sind nicht nur biologisch-mechanische Funktionen mit Leistungscharakter, es sind Formen der aktiven Auseinandersetzung des ganzen Menschen mit der Umwelt. Sportliche Bewegungen besitzen Handlungscharakter im Vollsinne des Wortes und können daher nur durch eine möglichst vielseitige Betrachtung annähernd zutreffend erfasst werden.

Die Naturwissenschaftliche Betrachtung sieht die sportliche Bewegung als eine Erscheinung an, die nach physiologischen und physikalischen Gesetzen zu erklären ist. Das auf diesem Wege gewonnene Tatsachenmaterial ist wertvoll, bedarf jedoch einer Synthese und auch einer wesentlichen Ergänzung durch eine morphologische und historisch-gesellschaftliche Betrachtung der realen sportlichen Bewegungsabläufe.

Pädagogisches Handeln war zu allen Zeiten auf eine Synthese der Erkenntnis aus sehr unterschiedlichen Einzelwissenschaften angewiesen. Die Bewegungslehre will diese Synthese und notwendige Ergänzung vollziehen. Sie ist auf das sportpädagogische Handeln ausgerichtet und will keine Theorie um ihrer selbst willen sein. Als Theorie der sportlichen Bewegung stellt sie den Versuch dar, das weit verstreute und heterogene Tatsachenmaterial unter dem Aspekt der Bildung und Erziehung zusammenzufassen, zu ergänzen und für die Methodik des Trainings nutzbar zu machen." (Meinel 1960, S. 13)

Diese Definition kann ebenso als wichtiger Schritt der Bestimmung des Gegenstandsbereiches der Meinelschen Bewegungslehre gelten. Genauer grenzt Meinel diesen Gegenstandsbereich ein, indem er die sportliche Motorik in die verschiedenen Formen menschlicher Motorik einordnet und von ihnen abgrenzt, sowie sportlichen Bewegungen den Charakter einer bewussten, zielgerichteten Handlung in einem Beziehungsgeflecht innerer und äußerer Einflüsse zuschreibt (vgl. Meinel 1960, S. 92ff.).

Auf der Grundlage der Abgrenzung des Gegenstandsbereiches benennt Meinel fünf mögliche Betrachtungsweisen, welche zur Untersuchung von menschlichen Bewegungen im Sport in Frage kommen (vgl. Meinel 1960, 105ff):

- die historisch-gesellschaftliche Betrachtungsweise
- die morphologische Betrachtungsweise
- die anatomisch-physiologische Betrachtungsweise
- die psychologische Betrachtungsweise
- die biomechanische Betrachtungsweise

Mit der Diskussion um mögliche Zugänge und Ansätze einer Bewegungsforschung greift Meinel ein Problem auf, welches die Bewegungslehre/Sportmotorik, auf deutschem Gebiet, bis heute mitbestimmt. Die Frage nach der passenden Herangehensweise und den damit verbundenen Aufgabenbereichen und Zielen einer Bewegungslehre/Sportmotorik wird in der scientific community nach wie vor kontrovers diskutiert (vgl. 7.6)

Meinel selbst favorisiert die morphologische Betrachtungsweise, die in ihrem Wesen und ihrer Methodik (Analyse der äußeren Bewegungsform, Schulung gezielter Bewegungsbeobachtung) in der Tradition des Zugangs zu Bewegungsproblemen der Vorkriegszeit steht (vgl. Kapitel 6.5.2) und bezeichnet sie als die „dem praktisch tätigen Sportpädagogen am nächsten liegende" (Schnabel 2006, S. 343). Damit bestimmt er die grundlegende Ausrichtung der Bewegungslehre in der Frühzeit der Wissenschaftsentwicklung in der DDR. Für diese morphologisch Betrachtungsweise, deren Dominanz bei Meinel aber keinesfalls die anderen Herangehensweisen ausklammern darf (Schnabel 2006, S. 343), postuliert er konkrete Aufgabenbereiche und Untersuchungsmethoden.

Bezüglich der Untersuchungsmethoden unterscheidet Meinel in die Methoden der Einzelwissenschaften, die für die Bewegungslehre wichtig sind und die Methoden und Mittel, die eine morphologische Bewegungsanalyse ermöglichen.

Eingehend gibt er einen kurzen Überblick über die aktuelle Methodenentwicklung in Anatomie, Physiologie, Biomechanik und Psychologie, was für den interdisziplinären Forschungsansatz spricht (Meinel 1960, S. 120f.).

In der Folge entwickelt Meinel ein Methodenkonstrukt aus a) Selbstbeobachtung, b) Fremdbeobachtung (unter Zuhilfenahme verschiedener Film- und Fotoanalysemethoden, c) Vergleich von Selbst- und Fremdbeobachtung, d) Beobachtungsexperiment, d) Analyse und Auswertung literarischer Zeugnisse und Erfahrungsberichte (vgl Meinel 1960, S. 121ff).

Diese Untersuchungsmethoden bestimmen die Forschung der Bewegungslehre in der Aufbauphase. Meinel greift bereits 1960 den in folgenden Jahren, gerade von Vertretern der Biomechanik oft geäußerten Einwand der hohen Subjektivität von Eigen- und Fremdbeobachtung auf und diskutiert diesen (Meinel 1960, S. 122ff.). In den Weiterentwicklungen des Meinelschen Theoriekonstruktes durch Schnabel kommt es auch zu einer Erweiterung des Methodenarsenals sowie zu einer verstärkten Bezugnahme auf abgesicherte naturwissenschaftliche Erkenntnisse (vgl. Punkt 7.2.6.3). Nichtsdestotrotz muss aus aktueller Sicht gesagt werden, dass der geschulten Anwendung von Selbst- und Fremdbeobachtung in aktuellen Diskussionen ein hoher Stellenwert für die praktische Arbeit eines Sportpädagogen beigemessen wird. Eine konkrete Förderung bzw. ein Ausbau dieser Methoden ist aber in der modernen Sportwissenschaft und Bewegungslehre aufgrund der genannten Vorwürfe der Subjektivität und Unwissenschaftlichkeit (mangelnde wissenschaftliche Absicherung) bisher ausgeblieben. Genau dieses wird aber aktuell gefordert, unterstützt von der Einsicht, dass konkrete Bewegungsmerkmale nur als Ergebnis der Synthese fundierter qualitativer und quantitativer Bewegungsanalyse erkannt, definiert und untersucht werden können (vgl. Krug et. al 2001) Damit wird ein Grundgedanke aufgenommen, der bereits in der Bewegungslehre von 1960 (Meinel, 1960, S. 133ff) und 1976 (Meinel/Schnabel 1976, S. 99ff.), gerade in der Anleitung des praktisch tätigen Sportpädagogen, eine zentrale Bedeutung besitzt - das Erkennen und Analysieren entscheidender Bewegungsmerkmale „als wesentlicher, sichtbarer Ausdruck der Bewegungskoordination“ (Schnabel 1976, S. 100).

Für Meinel gehörte die Schulung des Bewegungssehens als Mittel der morphologischen Bewegungsanalyse vor dem Hintergrund, Sportpädagogen eine fundierte Handlungsanleitung für ihr praktisches Wirken zu vermitteln, zu den Hauptaufgaben der Bewegungslehre. Zudem werden die Analyse und Bearbeitung folgender Themenfelder von Meinel in der Aufbauphase als Hauptaufgaben einer Bewegungslehre postuliert:

- Die Kennzeichnung wesentlicher Merkmale sportlicher Bewegungsabläufe sowie die Klassifizierung und Systematisierung sportlicher Bewegungsformen
- Die motorische Ontogenese
- Das Motorische Lernen
- Die Erforschung der historischen Entwicklung der sportlichen Technik und der sportlichen Motorik in menschheitsgeschichtlicher Sicht (Meinel 1960, S. 133ff)

Unbedingt zu bemerken ist, dass diese Aufgaben einer Bewegungslehreforschung immer vor dem Hintergrund der praktischen Befähigung eines Sportpädagogen bzw. der praktischen Anwendbarkeit gelöst werden sollten.

Vor dem Hintergrund der wissenschaftstheoretischen Einordnung des die Bewegungslehre in ihrer Aufbauphase bestimmenden Theoriekonzeptes von Meinel, in Gegenstandsbereich, Betrachtungsweisen, Methoden und Mittel sowie Aufgabenbereiche, ergeben sich folgende thematische Schwerpunkte, welche charakteristisch für das Meinelsche Konzept sind:

- Die dialektisch-materialistische Ausrichtung als wissenschaftliches Grundkonzept
- Die geforderte Praxiswirksamkeit und pädagogische Handlungsbefähigung einer Bewegungslehre, damit auch der Handlungscharakter und die Funktionalität sportlicher Bewegungen
- Die ganzheitliche Bewegungsbetrachtung
- Der interdisziplinäre Untersuchungsansatz

- Die Dominanz der morphologisch-funktionalen Betrachtungsweise und der damit verbundene Zugang über den qualitativen Aspekt in der Bewegungsanalyse
- Die Betonung des Entwicklungsaspekts, besonders in den Untersuchungsfeldern der motorischen Ontogenese sowie dem motorischen Lernprozess
- Die Betonung der ständigen Wechselbeziehung und Auseinandersetzung des sich bewegenden Menschen mit seiner Umwelt
- Die historisch-gesellschaftliche Betrachtungsweise, als „Betrachtung der menschlichen Motorik im Lichte der gesellschaftlich-historischen Entwicklung der Menschheit"
- Die Rolle des verbalen Systems in der Motorik
- Die ästhetische Betrachtungsweise

Wie in Meinels Publikation von 1960 und ihren Weiterentwicklungen deutlich wird, bestimmen die meisten dieser Hauptaspekte die thematischen Schwerpunkte, sowie die wissenschaftliche Grundkonzeption der folgenden Jahrzehnte, werden weiterentwickelt und sind in entsprechenden Neuauflagen immer noch aktuell. Andere wiederum büßen aus verschiedensten Gründen an wissenschaftlicher Relevanz ein und werden nur begrenzt weiterverfolgt (z. B. die historisch-gesellschaftliche Betrachtungsweise oder auch die Ansätze zur Untersuchung einer Ästhetik sportlicher Bewegungen). Diese Prozesse sollen an den entsprechenden Stellen in der Entwicklung des Fachgebietes differenzierter betrachtet werden.

7.2.6.2 Vorleistungen

Meinels Leistung liegt mit der Schaffung einer umfassenden Theorie einer pädagogischen Bewegungslehre vor allem auch in der Schaffung von etwas Neuem. Nichtsdestotrotz stellt diese Arbeit zu einem Großteil auch die kritische Verarbeitung schon bestehender Ansätze, von denen einige wichtige, so fern das an anderer Stelle noch nicht geschehen ist, hier erwähnt werden sollen.

Im ersten Kapitel seiner „Bewegungslehre" setzt sich Meinel ausführlich mit der Entwicklung des Bewegungsproblems an sich (Meinel, 1960, S. 15 - 65), sowie mit der Geschichte der Bewegungsforschung (Meinel 1960, S. 66 - 91) auseinander. Diese Auseinandersetzung stellt eine konstruktive Verarbeitung jeglicher auf deutschem Raum stattgefundenen Bewegungsforschung dar. Im Erkennen der Geschichte der bis dato erfolgten Bewegungsforschung sowie ihrer Stärken und Schwächen (vgl. Kapitel 2,6) konnte Meinel das Bedürfnis nach einer aktuellen Bewegungslehre, sowie die Anforderungen, die an sie gestellt werden, definieren.

Es wird deutlich, dass der pädagogische Anspruch sowie die geforderte Praxiswirksamkeit seiner Forschungen nicht nur auf die wissenschaftstheoretische Ausrichtung in der DDR zurückzuführen sind, sondern vor allem auch mit den dominanten Schulen und Ansätzen den Vorkriegszeit in Verbindung zu bringen ist. Sowohl philanthropische Ideen als auch Ansätze der bürgerlichen Gymnastikbewegung und Theorien der Leibesübungen finden hier ihren Einfluss.

In der „fachlichen Feinjustierung" sind vor allem aber auch die kritischen Auseinandersetzungen mit den zu dieser Zeit viel beachteten anthropologischen Ansätzen Victor von Weizsäckers (1947), sowie Frederic Jacobus Johannes Buytendijks (1956), zu nennen. Beide Wissenschaftler sind allerdings nicht als Vertreter einer „Bewegungslehre des Sports" zu bezeichnen. Ihre Vorleistungen bestehen vor allem in der wissenschaftlichen Bearbeitung von Reizwahrnehmung, Reizverarbeitung und Bewegung (Weizsäcker), Ansätze zur Lösung des bestehenden Geist-Seele Dualismus (Buytendijk) sowie daraus erwachsenen ersten Koordinationstheorien. Der Mensch in seiner Bewegung wird von ihnen mehr und mehr als komplexes, handelndes Subjekt in der Interaktion mit seiner Umwelt analysiert (Böger/Loosch 2000, S. 86ff). Zudem gewinnt die Auseinandersetzung mit der Physiologie der höheren Nerventätigkeit, namentlich der Forschungen der russischen Physiologen Krestownikow und vor allem Iwan Petrowitsch Pawlow, bei Meinel immer mehr an Einfluss (Krug/Hartmann/Schnabel 2001, S. 32) Hierbei ist anzumerken, dass die positive Auseinandersetzung Meinels mit den Arbeiten Pawlows, ungeachtet deren unbestrittener wissenschaftlicher Relevanz, auch Teil einer allgemeinen, sehr positiven Pawlow-Rezeption in der Wissenschaft der DDR war. Diese ist wiederum auch mit der schon beschriebenen Orientierung an der Sowjetunion zu begründen, in welcher Pawlow, gerade in den Nachkriegsjahren, als bedeutendster Neurophysiologe wahrgenommen und von staatlicher Seite gewürdigt wurde (vgl. Pöhlmann 1989, S. 6 - 11).

7.2.6.3 Weiterentwicklungen

Auch in der Weiterentwicklung des 1960 veröffentlichten Theoriekonzeptes, welche die inhaltliche Entwicklung des Fachgebietes in der DDR in den Folgejahren bestimmte, wurde die Betonung der morphologischen Betrachtungsweise berücksichtigt. Dennoch wurde das Spektrum breiter. Im Arbeitskreis der Nachwuchswissenschaftler um Günter Schnabel entstand, auch durch die verstärkte Rezeption der Arbeiten der sowjetischen Wissenschaftler Anochin und Bernstein, die Forderung nach einer Neubearbeitung der „Bewegungslehre“ (vgl. Schnabel 2007, S. 270), welcher in der zweiten Hälfte der 1960er Jahre auch verstärkt nachgekommen wurde.

Als Kernpunkte der geforderten Weiterentwicklung nennt Schnabel (2007, S. 270):

„(1) die noch stärkere Heranziehung der Erkenntnisse und Ergebnisse der anderen zum Bewegungsproblem beitragsfähigen Wissenschaftsdisziplinen zur Erklärung und Begründung der morphologischen Fakten

(2) die Heraushebung der Problematik der Bewegungskoordination, ihre Behandlung in Anlehnung an Bernstein und Anochin und die Zuordnung der qualitativen Bewegungsmerkmale zu diesem Problemkreis

(3) die Ausarbeitung der bisher nur in „Keimform“ vorhandenen Theorie der koordinativen Fähigkeiten

(4) die Erweiterung des Gegenstandsbereiches „motorische Ontogenese“ durch die Einbeziehung wesentlicher quantitativer Entwicklungsmerkmale, d. h. auch der konditionellen Fähigkeiten, neben den qualitativen Merkmalen.“

Diese Ansätze einer konstruktiven Weiterentwicklung stellen das Grundprogramm der inhaltlichen Ausrichtung und Entwicklungen der „zweiten Phase“ der Bewegungslehre/Sportmotorik in der DDR dar.

Dabei ist zu bemerken, dass es sich in diesen Weiterentwicklungen nicht um einer Loslösung von der Meinelschen Grundkonzeption handelt, sondern von einer zeitgemäßen, dem aktuellen Wissenschaftsstand entsprechenden, Erweiterung und Differenzierung, die von Meinel selbst auch bis zu seinem Tod (1973) begleitet wurde. Die wissenschaftstheoretische Diskussion, die dieser inhaltlichen Erweiterung des Fachgebietes zu Grunde liegt und gleichzeitig zu einer zeitgenössischen Profilschärfung der Bewegungslehre/Sportmotorik führen sollte, spiegelt sich vor allem in zwei Beiträgen wieder, welche 1965 bzw. 1976 in der „Theorie und Praxis der Körperkultur“ veröffentlicht wurden. In dem Artikel von 1965 versucht Günter Schnabel, das Profil der Bewegungslehre/Sportmotorik genauer zu umreißen, indem er die Verwendung von Fachbegriffen analysiert, diskutiert und kritisiert. Gleichzeitig führt er eine Vielzahl von Fachbegriffen in die wissenschaftliche Diskussion ein, definiert diese und entwickelt ein übergeordnetes Begriffsschema für das Fachgebiet (Schnabel 1965, S. 775ff.).

Der Beitrag von 1976, welcher den Arbeitsstandpunkt der Fachgruppe Biomechanik/Bewegungslehre, also die Diskussion der führenden Vertreter des Fachgebietes, widerspiegelt (Schnabel et. al 1976, S. 524), ist für die Entwicklung des Fachgebietes aber von noch entscheidender Bedeutung. Unter der Leitung von Günter Schnabel wird in diesem Beitrag der „IST-Zustand" des Fachgebietes mit de Schwerpunkten Gegenstandsbereich, Aufgabenstellung und Einordnung diskutiert sowie Thesen zu seiner Weiterentwicklung entworfen. Die zentrale Aussage des Beitrages ist die Unterstützung der Entwicklung der Bewegungslehre/Sportmotorik zu einer selbstständigen, komplexen Problemwissenschaft in der Sportwissenschaft der DDR (Schnabel et. al 1976, S. 524ff). Sicher ist diese Aussage auch vor dem Hintergrund der strukturellen Veränderungen der Sportwissenschaft der DDR nach der 3. Hochschulreform 1968/69 zu interpretieren, welche die Eigenständigkeit des Fachgebietes gefährdeten bzw. an der DHFK sogar beendeten (vgl. 7.4).

In der Bewahrung und Förderung der Weiterentwicklung eines Theoriekonzeptes der Bewegungslehre, in einer Phase der aufkommenden starken Fokussierung der DDR-Sportwissenschaft auf eine leistungssportorientierte Theorie und Methodik des Trainings, welche auch durch Umstrukturierungen im Wissenschaftssystem starke politische und hochschulpolitische Unterstützung erfahren hat, liegt in der retrospektiven Betrachtung der Zeitzeugen auch die größte wissenschaftstheoretische Leistung dieser Zeit durch G. Schnabel im (für das) Fachgebiet. Auf diese genannten Umstrukturierungen und die damit verbundenen Einflüsse auf die Entwicklung der Wissenschaftsdisziplin soll im kommenden Kapitel noch gezielt eingegangen werden (vgl. 7.4)

Nichtsdestotrotz wird in der wissenschaftstheoretischen Diskussion vor allem über inhaltliche Entwicklungstendenzen für eine Neupositionierung des Fachgebietes innerhalb der Sportwissenschaft diskutiert (Schnabel et. al. 1976, S. 524ff.)

Diese Tendenzen sind das Ergebnis der Weiterentwicklung des Meinelschen Theoriekonzeptes von 1960, der bevorstehenden bzw. bereits stattfindende kritische Auseinandersetzung. Unter absoluter Anerkennung der Pionierarbeit Meinels und der Bewahrung seiner Grundgedanken und Gesamtausrichtung, wurden folgende Kritikpunkte erfasst:

- Die Überbetonung der morphologischen Betrachtungsweise, besonders in der Forschung (Schnabel et. al. 1976, S. 525, Zeitzeugenbefragung Pöhlmann vom 22.03.2007)
- Keine klare eigene Abgrenzung des Methodeninstrumentariums im Sinne einer eigenen Wissenschaftsdisziplin (Schnabel et. al. 1976, S. 525, Zeitzeugenbefragung Pöhlmann vom 22.03.2007)

- Eine ungenügende Dialektik in der Darstellung der Qualität der menschlichen Motorik bzw. ein Verwischen von Güte- und Qualitätsbegriff (Schnabel et. al. 1976, S. 525)
- Eine zu stark methodisch-pädagogisierende Prägung vieler Ansätze und Vorgehensweisen (vgl. Krug/Hartmann/Schnabel 2002, S. 141, Zeitzeugenbefragung Pöhlmann vom 22.03.2007)

Diese Kritikpunkte waren der Ausgangspunkt für die Weiterentwicklungen der 1960er und frühen 1970er Jahre, welche sich vor allem durch folgende Schwerpunkte auszeichnen:

- Die verstärkte Hinwendung zu naturwissenschaftlich begründeten und abgesicherten Darstellungen und Erkenntnissen (vgl. Schnabel et. al 1976, S. 526) als Ergänzung der zuvor stark morphologisch-dominierten Zugänge
- Erweiterung des Methodenarsenals um quantifizierende Meßmethoden und dadurch eine zumindest organisatorische Annäherung an die Biomechanik (vgl. Schnabel et. al 1976, S. 526)
- Die Aufnahme von Ansätzen der System- und Informationstheorie in die theoretische Basis des Fachgebietes (vgl. Schnabel et. al 1976, S. 526)
- Die verstärkte Rezeption von internationalen Entwicklungstendenzen, Ansätzen und Forschungsergebnissen, vornehmlich der Physiologie, Psychologie, Neurophysiologie und Biomechanik bzw. der Anthropomotorik. Besonders hervorzuheben sind hier die Arbeiten der russischen bzw. sowjetischen Forscher Secenov, Pawlow, Bernstein, Anochin, Galperin, Leontjev und Rubinstein
- Eine noch stärkere Orientierung an den sportpraktischen Bedürfnissen eines fortschrittlichen Sportunterrichts.(Schnabel et. al. S. 527f.);
- Das sinnvolle und effiziente Zusammenführen verschiedener (sport-) wissenschaftlicher Teildisziplinen in der Lösung theoretischer und praktischer Problemstellungen der menschlichen Motorik im Sport (Schnabel et. al. S. 528f.)
- Eine klare Abgrenzung des Aufgabenbereiches des Fachgebietes der Bewegungslehre/Sportmotorik im sportwissenschaftlichen System der DDR unter Berücksichtigung der optimalen Erfüllung der komplexen Erfordernisse der Sportpraxis (Schnabel et. al. S. 529f.)
- Die verstärkte Bearbeitung des Problemfeldes des koordinativen Leistungsniveaus als einem der entscheidenden Faktoren in der menschlichen Motorik im Sport (Schnabel et. al. S. 526ff.)

Konkret sind die vielfältigen fachlichen Erweiterungen, welche die Forschungsergebnisse im Fachgebiet seit dem Erscheinen der 1960er „Bewegungslehre" widerspiegeln, in der nahezu völlig neu bearbeiteten Fassung von 1976[19] nachzuverfolgen.

Vor allem spielen neue Erkenntnisse und Theorieansätze, von Schnabel, zu Fragen der Bewegungskoordination[20] eine ganz entscheidende Rolle (Meinel/Schnabel 1976 S. 59ff). In einem sehr umfangreichen Kapitel mit dem Titel: „Die Bewegungskoordination - Grundablauf und Erscheinungsformen in der Bewegungstätigkeit des Sportlers" werden Steuer-Regelprozesse der menschlichen Bewegungskoordination besprochen, wobei moderne (neuro-) physiologische Erkenntnisse genannter sowjetischer Wissenschaftler verarbeitet, sowie Schemata zur Informationsaufnahme und Verarbeitung als Grundlage der Bewegungskoordination entwickelt werden (vgl Meinel/Schnabel 1976 S. 65ff.). Diese hier erstmals im Fachgebiet so ausführlich und detailliert behandelten Ansätze bilden, bis in die Gegenwart, ein vielfältig diskutiertes Problemfeld der Bewegungslehre/Sportmotorik.

Zudem wird im selben Kapitel die von Meinel aufgenommene Ansätze zur Kategorisierung von Bewegungen (vgl. Meinel 1960, S. 143ff.) und deren Phasenstruktur entscheidend ausgebaut (vgl. Schnabel 1976, S. 99ff.). Abschließend führt Schnabel erstmals den Begriff der koordinativen Fähigkeiten in die wissenschaftliche Diskussion ein, ein Ansatz der nahezu zeitgleich und nur mit geringeren inhaltlichen Unterschieden, auch von P. Hirtz in Greifswald entwickelt worden war. Diese Ansätze und Definitionen haben zum Großteil bis heute bestand und wurden national und international aufgenommen, diskutiert und versucht weiterzuentwickeln.

Diese Erkenntnisse spielen sich auch in den beiden anderen thematischen Schwerpunkten, nämlich dem „Motorischen Lernen im Sport"[21] (ebenda, S. 221ff), sowie der „Motorischen Entwicklung von der Geburt bis ins hohe Alter" [22] (ebenda, S. 293ff) wieder. Grundsätzlich handelt es sich um thematische Schwerpunkte, die auch Meinel bereits in seiner Arbeit 1960 gesetzt hat, doch ist in der Bearbeitung beider Themenfelder die verstärkte Berücksichtigung naturwissenschaftlicher Erkenntnisse,

---

19 Durch die Umstrukturierungen im Hochschulsystem der DDR (vgl. 7.4) konnte diese völlig überarbeitete Neuauflage erst 1976 erscheinen. Viele ihrer fachlichen Vorarbeiten wurden aber bereits in der zweiten Hälfte der 1960er Jahre vorgenommen.

20 Schnabel führt u. a. den Begriff und die Definition von koordinativen Fähigkeiten ein. Dieser Ansatz wird bis in die aktuelle wissenschaftliche Diskussion weiterentwickelt und diskutiert.

21 Erarbeitet von einem Autorenkollektiv um G. Schnabel.

22 Erarbeitet von R. Winter.

sowohl in den Untersuchungsmethoden als auch in der Theoriebildung, bzw. die Erweiterung und Bezugnahme um die neuen Erkenntnisse zur Bewegungskoordination zu vermerken (vgl. Meinel/Schnabel 1976).

Außerdem ist noch die letzte größere wissenschaftliche Arbeit von Meinel selbst hervorzuheben, nämlich das erste Kapitel der neu bearbeiteten Fassung der „Bewegungslehre“ von 1976, unter dem Titel „Die Bedeutung der Motorik für die menschliche Entwicklung und Bildung“, welche den Untersuchungsgegenstand in einen gesellschaftlich-historischen und auch philosophischen Kontext setzt. Es ersetzt - als Einleitung - die Kapitel der 1960er Auflage „Zur Entwicklung des Bewegungsproblems“ (Meinel 1960, S. 15ff.), und „Zur Geschichte der Bewegungsforschung“ (Meinel 1960, S. 66ff.), sowie die wissenschaftstheoretische Einordnung zu „Gegenstandsbereich, Betrachtungsweisen, Aufgaben und Methoden der Bewegungslehre“ (Meinel 1960, S. 92ff.), welche entfallen. In dieser Abhandlung unterstreicht Meinel, in theoretischen Grundgedanken, die Bedeutung der Bewegung und Motorik für alle Facetten des menschlichen Lebens und begründet damit ausdrücklich die Notwendigkeit der wissenschaftlichen Analyse menschlicher Bewegungen (Meinel/Schnabel 1976, S. 17ff).

Abschließend sei an dieser Stelle auf den Artikel mit dem Titel: Entwicklungsaspekte der Bewegungslehre/Sportmotorik - Ansätze zu Weiterentwicklungen des Meinelschen Fundaments der Wissenschaftsdisziplin“ (Krug et. al. 2002, S. 131ff.) hingewiesen in welchem eben dieses Themenfeld ganz spezifisch erörtert wird.

7.2.7 Zusammenfassung im Spiegel der Zeitzeugenbetrachtung

Die im Unterpunkt 7.2 dargestellte Geschichte des Fachgebietes Bewegungslehre in der DDR zwischen 1945 und 1969 ist als ganz entscheidende Aufbauphase für das Fachgebiet zu bezeichnen.

Sowohl auf institutioneller Ebene als auch bzgl. der Entwicklung eines Theoriekonstruktes konnte ein dynamischer Entwicklungsverlauf festgestellt werden.

Nach der wissenschaftlichen Begründung der Notwendigkeit einer Wissenschaftsdisziplin „Bewegungslehre“ durch Kurt Meinel, konnte sich das Fachgebiet an der zentralen sportwissenschaftlichen Lehr- und Forschungsstätte der DDR etablieren. Die praktische Folge war die Gründung eines eigenen Instituts, von welchem in dieser Aufbauperiode die entscheidenden inhaltlichen Impulse für die Entwicklung in der gesamten Republik ausgingen. Auch in allen anderen Bildungseinrichtungen der DDR, welche Inhalte der Bewegungslehre vermittelten, orientierte man sich stark an dem von Meinel entwickelten Bewegungskonzept. Gerade für die Universitäten und pädagogischen Hochschulen der DDR, an denen die Schulsportlehrerausbildung im absoluten Vordergrund standen, und die in dieser Aufbauphase nur sehr geringe Ressourcen für eigene Forschungen besaßen, besaß das Konzept Meinels eine hohe Relevanz.

Dieses Theoriekonzept erfuhr mit seiner Veröffentlichung unter dem Titel „Bewegungslehre. Versuch einer Theorie der sportlichen Bewegung unter pädagogischem Aspekt" dann schließlich auch internationale Verbreitung und Anerkennung. Eine Folge davon ist, dass Kurt Meinel im internationalen Maßstab auch heute noch als Begründer und Ideengeber einer pädagogisch orientierten Lehre der sportlichen Bewegungen angesehen wird.

In der Folgezeit sollten die Grundkonzeptionen der Meinelschen Bewegungsauffassung beibehalten, durch die Institutsmitarbeiter um Günter Schnabel, unter Inanspruchnahme vielfältiger Wissenschaftserkenntnisse verschiedener Basiswissenschaften, sowie eigener Forschungen, aber noch entscheidend weiterentwickelt werden[23].

Diese Weiterentwicklungen förderten eine weitere Schärfung des Ideenkonstruktes der Bewegungslehre und schufen eine klare Abgrenzung zur (Sport-) Biomechanik oder allgemeinen trainingsmethodischen Ansätzen. Die Aufbauphase findet mit den Umstrukturierungen des Wissenschaftssystems der DDR um die 3. Hochschulreform ihr Ende, die genannten wissenschaftlichen Weiterentwicklungen sind in der 1976 erschienenen Ausgabe der „Bewegungslehre" nachzuverfolgen (vgl. Meinel/Schnabel 1976).

Unterstützt wurde die rasche Entwicklung des Fachgebietes, welche grundsätzlich der beschriebenen zentralen Steuerung des Wissenschaftssystems der DDR unterlag, durch verschiedene gesellschaftliche, politische und hochschulpolitische Rahmenbedingungen, wie:

- Die positive Grundeinstellung des Staates zum Sport im Allgemeinen
- Die schnelle akademische Etablierung der Sportwissenschaft
- Die geförderte Auseinandersetzung mit sowjetischer Fachliteratur

---

23 Es muss darauf hingewiesen werden, das in den ersten Jahren der Entwicklung der Wissenschaftsdisziplin, durch die weitgehende Betonung des morphologischen Aspektes bei Meinel, eine Art „forschungsmethodischer Mangel" entstanden ist, da relevante quantitative Forschungsmethoden nicht entwickelt bzw. angewendet wurden.

- Die staatliche Förderung und Steuerung der Entwicklung des Fachgebietes[24]
- Die Gründung der DHFK als wissenschaftliches Zentrum und die damit verbundene gute personelle Ausstattung
- Klare Struktur- und Hierarchievorgaben in Lehre und Forschung (vgl. Kernaussagen Zeitzeugenbefragung DDR-Wissenschaftler)

Zudem sind noch einige „weiche" Faktoren aufzuführen, welche von den Zeitzeugen einheitlich als Triebfedern der dynamischen Entwicklung des Fachgebietes benannt werden:

- Der personelle Faktor, durch die spezifische Interessenlage von Kurt Meinel, seine fachspezifische Vorbildung und der damit eng an seine Person gebundene Aufbau des Fachgebietes in den 1950er Jahren
- Die Verinnerlichung des sozialistischen Menschenbildes und seiner Einheit von gesundem, leistungsfähigem Geist und Körper als Grundlage der gesellschaftlichen Förderung von Sport und Sportwissenschaft
- Die internationale Anerkennung der DDR als Motivation und Anspruch für jeden Wissenschaftler (vgl. Kernaussagen Zeitzeugenbefragung DDR-Wissenschaftler)

In der Reflektion der Wissenschaftler aus dem Ausland wird die Vorreiterrolle der DDR-Wissenschaft in den 1950er und 1960er Jahren auf dem Gebiet der Bewegungslehre anerkannt. Meinel und Schnabel werden für diese Periode als die herausragenden Wissenschaftler im Fachgebiet bezeichnet. Die von ihnen entwickelten Theorieansätze hatten starken Einfluss auf die Entwicklung der Bewegungslehre in den jeweiligen Ländern. Als Begründungen für diese dynamischen Entwicklung werden hier vor allem externe Faktoren genannt:

- Die hohe Gewichtung des Sports auf allen Ebenen als gesellschaftliches Phänomen
- Die klare staatliche und politische Führung und Unterstützung von Sport und Sportwissenschaft
- Die finanzielle Absicherung der DDR-Sportwissenschaftler
- Die Gründung des sportwissenschaftlichen Ballungszentrums DHFK
- Klare Hierarchien im Wissenschaftssystem
- Der gezielte wissenschaftliche Austausch mit der UDSSR

---

[24] Diese zentrale Steuerung und Orientierung an konkreten Zielvorgaben der zuständigen Gremien des SKS und DTSB wurde vor allem in dieser Aufbauphase des Fachgebiets „Bewegungslehre" bzw. der Sportwissenschaft in der DDR von den Zeitzeugen positiv bewertet.

- Der Bau der Berliner Mauer 1961, sowie der entstehende Konkurrenzkampf auf dem Wissenschafts- und Leistungssportsektor mit dem westlichen Ausland
- Die klare Forschungslinie der Bewegungslehre der DDR in den Anfangsjahren und damit wenig Konkurrenz unter den Wissenschaftlern (vgl. Zeitzeugenbefragung Kernaussagen Wissenschaftler aus dem Ausland)

In den Aussagen der Wissenschaftler des zweiten deutschen Staates sind für diese Aufbauphase keine Hinweise auf einen wissenschaftlichen Konkurrenzkampf abzulesen. Viel mehr wird betont, dass die Entwicklung in der DDR aufmerksam verfolgt und positiv gewertet wurde. Dabei war ein besonderer Fokus auf die Entstehung des Fachgebietes der Bewegungslehre, bzw. der Motorikforschung gerichtet, da es sich hierbei um ein neues, eigenständiges Fachgebiet handelte. Wahrgenommen wurde die Entwicklung in der DDR vor allem über die Fachliteratur, soweit diese zugänglich war, sowie über vereinzelte persönliche Kontakte. Dabei standen in dieser Phase die Arbeiten von Meinel und Schnabel im Vordergrund.

Auch hier wurden die frühe politische Anerkennung und Förderung der Sportwissenschaft, die enorme personelle Ausstattung, sowie die hohe Systematik des Wissenschaftssystems der DDR, als positive Rahmenbedingungen des Aufbaus der Bewegungslehre wahrgenommen (vgl. Kernaussagen Zeitzeugenbefragung Bewegungswissenschaftler der BRD).

7.3 Die Entwicklung der Bewegungslehre in der BRD von 1945 - 1968/69

Die Voraussetzungen für die Entwicklung eines sportwissenschaftlichen Fachgebietes der Bewegungslehre in der BRD waren, wie auch im deutschen Nachbarstaat, eng an die gesellschaftlichen und hochschulpolitischen Rahmenbedingungen geknüpft.

Die „äußeren Bedingungen", für die Entwicklung des Fachgebiets, wurden vom Zustand der Sportwissenschaft in der BRD bestimmt. Es lässt sich keine unabhängige Entwicklung der Bewegungslehre/Sportmotorik erkennen.

7.3.1 Die Entwicklung der Sportwissenschaft in der Bundesrepublik Deutschland (BRD)

In diesem Kapitel sollen kurz die wichtigsten Fakten und Prozesse der Institutionalisierung und Strukturbildung der Sportwissenschaft in der BRD aufgeführt werden, welche bereits umfangreich untersucht worden sind (vgl. Bernett 1979, 1980; Fornoff 1995; Grupe 1995; Kassow/Röthig 1976, Rieder/Widmaier/Petersen 1987, Willimczik 2001). Hervorzuheben ist die Dissertationsschrift von Fornoff mit dem Titel: „Die Entwicklung der Sportwissenschaft in beiden deutschen Staaten im Spiegel metatheoretischer Publikationen" (1995) bzw. die darauf basierende Buchpublikation „Wissenschaftstheorie in der Sportwissenschaft - Die beiden deutschen Staaten im Vergleich" (Fornoff, 1997), welche als einzige wissenschaftliche Arbeit, nach der gesellschaftlichen Wende von 1990, den Anspruch stellt, beide deutsche Wissenschaftssysteme auf dem Gebiet der Sportwissenschaft zu vergleichen. Komplettiert wird die Darstellung durch die Erkenntnisse, die durch die, im Rahmen dieser Untersuchung, durchgeführten Zeitzeugenbefragungen gewonnen werden konnten[25].

Mit dem Ende des 2. Weltkrieges, und dem einsetzenden Wiederaufbau aller Gesellschaftszweige, wurde auch die universitäre Lehre und Forschung sukzessive wieder aufgenommen. Als wissenschaftsethische Grundlage sollte das Humboldtsche Ideal der (universitären) Lehr- und Forschungsfreiheit gelten.

Im Hinblick auf die Sportwissenschaft ist in den ersten fünfundzwanzig Jahren nach Beendigung des Krieges von einer Aufbauphase zu sprechen[26]. An allen vierundzwanzig westdeutschen Universitäten wurden „Institute für Leibesübungen" eingerichtet, deren primäre Aufgabe in der Organisation des Studenten- und Hochschulsports bestand (vgl. Röthig 1999, S. 142). Zudem waren diese Institute, sofern sie Lehramtsstudiengänge angeboten haben, für die Ausbildung von Sportlehrern zuständig, was auf die starke pädagogische Prägung der westdeutschen Sportwissenschaft der ersten Jahre zurückzuführen ist. Aber auch terminologisch erkennt man an der Fachgebietsbezeichnung „Theorie der Lei-

25 Anzumerken ist, dass auf die Entwicklungsgeschichte sowie die Forschungsleistungen von Einzeldisziplinen der Sportwissenschaft im heutigen Sinne im Rahmen dieser Arbeit nicht eingegangen werden kann und soll.

26 Eine Sportwissenschaft im eigentlichen Sinne existierte zu diesem Zeitpunkt in der BRD noch nicht. Unter dem Begriff „Sportwissenschaft" seien für diese Entwicklungsetappe alle Vorläufer und Prozesse vereinigt, die direkt oder indirekt zur Begründung einer eigenen universitären Fachdisziplin Sportwissenschaft zum Ende der 1960er bzw. Beginn der 1970er Jahre führten.

beserziehung", dem direkten Vorläufer der Sportwissenschaft, die starke Bezugnahme zum Zustand der Vorkriegsjahre.

Eine strukturierte und systematische Forschung hat in diesem Zeitabschnitt nicht stattgefunden. Wissenschaftliche Arbeiten beschäftigten sich überwiegend mit „Problemen der Lehre des Sports bzw. der Leibesübungen in der Schule" (Fornoff 1995, S. 33).

Eine etwas exponierte Stellung hatte die, am 29.11.1947 gegründete, Sporthochschule in Köln. Als eigenständige Hochschule übernahm sie die Funktion des Insituts für Leibesübungen für die Universität Köln, war also auch primär auf die Sportlehrerausbildung ausgerichtet. Auch wenn der Hochschule die volle akademische Etablierung bis 1970 versagt blieb, konnte doch eine gewisse Eigenständigkeit erreicht werden, welche sich auch in einem, im Vergleich zu anderen Instituten für Leibesübungen, erweiterten Lehrspektrum und einer gehobenen materiellen Unterstützung (vor allem durch die Stadt Köln und das Bundesland Nordrhein-Westfalen) bemerkbar machte (vgl. Borges, 1998; Chronik der Deutschen Sporthochschule Köln, Zugriff am 07.08.2007 unter www.dshs-koeln.de).

Grundsätzlich ist diese erste Entwicklungsetappe der Sportwissenschaft in der BRD durch folgende Punkte zu kennzeichnen:

- Die akademische Anerkennung des Fachgebietes blieb versagt, personelle oder finanzielle Forschungsmittel wurden nicht bereitgestellt
- Es bestand keine Möglichkeit der wissenschaftlichen Qualifikation (kein Promotions- oder Habilitationsrecht), somit konnte kein eigener wissenschaftlicher Nachwuchs erzeugt werden
- Die Institute für Leibesübungen hatten nur eine schwache Position an den Universitäten: keine eigenen Fakultäten, keine Vertretung in universitären Gremien
- Es bestanden nur geringe Möglichkeiten der wissenschaftlichen Weiterbildung für Institutsmitarbeiter
- Es bestanden vielerorts organisatorische Probleme durch fehlende universitätseigene Sportanlagen (vgl. Röthig 1999, S. 142f.)

Chronologisch betrachtet, kann das Jahr 1970 für die Entwicklung der Sportwissenschaft in der BRD als Zäsurjahr angesehen werden. Seit Mitte der 1960er Jahre war es vor allem durch die permanenten Bestrebungen des Deutschen Sportbundes (DSB) und die vereinigten Bemühungen der Institutsdirektoren[27] zu einer gewissen Aufwertung der

---

[27] Die Institutsdirektoren der Institute für Leibesübungen hatten sich in der „Arbeitsgemeinschaft der Direktoren der Institute für Leibesübungen in der Bun-

„Sportwissenschaft" an den westdeutschen Universitäten gekommen. 1965 konnte beispielsweise in Frankfurt der erste Lehrstuhl der „Theorie der Leibeserziehung" besetzt werden. Bemerkenswert hierbei ist, dass dies durch den Österreicher Friedrich Fetz geschehen ist, da zu diesem Zeitpunkt, aus den genannten Gründen, kein westdeutscher Wissenschaftler die formalen Voraussetzungen erfüllte (vgl. Wilimczik 2001, S. 42). Als Initialzündung kann dieses Ereignis aber noch nicht gewertet werden, vielmehr als erster Schritt.

Der konkrete Aufschwung des Fachgebietes Sportwissenschaft, seine verstärkte Anerkennung und Förderung an den deutschen Universitäten, vollzog sich in den frühen 1970er Jahren und ist als das Ergebnis eines Prozesses zu sehen, der seit der Einrichtung des Frankfurter Lehrstuhles eingesetzt hat. Die in diesem Rahmen stattfindende strikte Umbenennung der„Theorie der Leibeserziehung" in SportWISSENSCHAFT unterstützte die universitätsinterne Anerkennung vielerorts (vgl. Röthig 1999, S. 144).

Ganz konkret ist diese entscheidende Phase in der Entwicklung der Sportwissenschaft in der BRD durch folgende Fakten zu kennzeichnen:

- Die flächendeckende Einführung von Lehrstühlen und Professuren
- Die akademische Etablierung einer eigenen Sporthochschule in Köln 1970; mit eigenem Promotions- und Habilitationsrecht (1971)
- Die großflächige Umbenennung der „Institute für Leibesübungen" in „Institute für Sportwissenschaft"
- Die Gründung des Bundesinstituts für Sportwissenschaft (BiSp) 1970
- Die Gründung von sportwissenschaftlichen Verbänden und Gremien (aus welchen 1976 als Nachfolgeorganisation, die noch heute bestehende „Deutsche Vereinigung für Sportwissenschaft" hervorging)
- Die Gründung einer sportwissenschaftlichen Zeitschrift 1970

Für diesen „sportwissenschaftlichen Sprintstart" (Röthig 1999, S. 142), der die vollwertige Anerkennung und Förderung der Sportwissenschaft im Hochschulbereich der BRD einleitet, macht Willimczik vor allem externe Faktoren verantwortlich. Er vertritt die These, dass der „plötzliche" Aufschwung in der Entwicklung der Sportwissenschaft nicht auf wis-

---

desrepublik Deutschland" (AID) organisiert und aus dieser Vereinigung heraus, bis zu ihrer bildungspolitischen Auflösung 1971, versucht, eine einheitliche Hochschulpolitik zu betreiben. Institutionell aber auch wissenschaftstheoretisch sind diese Bemühungen sicher als wegbereitend für die akademische Etablierung der Sportwissenschaft anzusehen (vgl. Willimczik 2001, S. 44f.).

senschaftslogische und wissenschaftstheoretische, sondern auf gesellschaftliche Faktoren zu gründen ist, d. h. „die Universitäten von außen zur Einrichtung der Sportwissenschaft gedrängt werden mussten" (vgl. Willimczik 2001, S. 37f.).

Als ausschlaggebende Einflussfaktoren werden hier genannt:

- Die Veränderungen in grundsätzlichen bildungspolitischen Grundhaltungen
- Die politische Einflussnahme der großen Parteien
- Ein bundesweiter Sportlehrermangel
- Die nahezu vollständige Integration der (Sport-)Lehrerausbildung in die Universitäten
- Die olympischen Spiele 1972 in München und der damit stark ansteigende wissenschaftliche Beratungsbedarf des Leistungssportbereiches und der Sportverbände
- Die Instrumentalisierung des Leistungssports im gesellschaftlichen und politischen Konkurrenzkampf des kalten Krieges
- Die zunehmende Bedeutung des Sports in der Gesellschaft
- Die kontinuierliche Unterstützungsarbeit des Deutschen Sportbundes auf allen Ebenen (vgl. Fornoff 1995, S. 34, Grupe 1995, S. 29ff., Willimczik 2001, S. 36f)

Die zu Beginn der 1970er Jahre einsetzende Entwicklung setzte sich bis zur Mitte der 1980er Jahre fort und kann als Ausbauphase der Sportwissenschaft bezeichnet werden. Die enorme Entwicklung, die die Wissenschaft in diesem Zeitraum genommen hat, ist in den Publikationen von Kassow/Röthig (1976) bzw. Rieder/Widmaier/Petersen (1987) nachzuverfolgen. Beide Arbeiten analysieren die Verhältnisse sportwissenschaftlicher Hochschuleinrichtungen im Bereich Lehre, Studium und Forschung, sowie die institutionell-organisatorischen, finanziellen und personellen Rahmenbedingungen, der Wissenschaft. Nichtsdestotrotz beschreibt Fornoff (1995, S. 29ff) den Zustand der Sportwissenschaft zum Ende der 1980er Jahre als krisenhaft. Es werden folgende Mängel, welche die Entwicklung der Sportwissenschaft in ihrer Ausbauphase charakterisieren, genannt:

- Das Fehlen einer einheitlichen Richtlinie zur inhaltlich-konzeptionellen und institutionellen Entwicklung der Sportwissenschaft, was schon an den sehr unterschiedlichen Fachgebietsbezeichnungen an den Universitäten deutlich wird
- Die mangelhafte Einbindung der sportwissenschaftlichen Institute in die Fakultäten der Universitäten und eine daraus resultierende Ungleichbehandlung bezüglich der Erlangung wissenschaftlicher Qualifikationen (Promotions- und Habilitationsrecht)

- Das Vakuum an wissenschaftlicher Strukturbildung und wissenschaftstheoretischer Reflexion in der Wissenschaft, welche sich durch die plötzliche und sprunghafte Anerkennung der Sportwissenschaft ergeben hat[28]
- Die Problem der wenig koordinierten und zielgerichteten Förderung des wissenschaftlichen Nachwuchses
- Die entstehende Unübersichtlichkeit des Gegenstandsbereiches der Sportwissenschaft, welche durch einen stark beschleunigten Prozess der disziplinären Differenzierung entstanden ist
- Die mangelnden integrativen und interdisziplinären Forschungsansätze der Sportwissenschaft

Fornoff stützt sich für bei dieser Analyse vor allem auf die Arbeiten von Digel, (1992, S. 68ff.) Grupe (1995, S. 32ff.), Rühl (1979) und Willimczik (1982, S. 11; 1985, S. 9ff.), in welchen diese Tendenzen auch schon erfasst werden, sowie auf seine eigenen Forschungsergebnisse. Abschließend kann gesagt werden, dass die Sportwissenschaft in der Bundesrepublik Deutschland lange um ihre akademische Anerkennung und Förderung zu kämpfen hatte.

Durch die vorangegangenen Ausführungen wird deutlich, dass die Zeit seit Beendigung des 2. Weltkrieges bis zu den späten 1960er Jahren als (langsame) Aufbauphase bezeichnet werden kann. In der Zeit um 1970 kam es dann zu einem schwunghaften, nahezu abrupten, Aufstieg der Sportwissenschaft, welcher vor allem durch externe Faktoren eingeleitet und gefördert wurde. Diese plötzliche, großflächige institutionelle Etablierung der Sportwissenschaft an den westdeutschen Universitäten führte zu einer deutlichen Verbesserung der Lehr- und Forschungsbedingungen in der Wissenschaft. Die schnelle institutionelle Entwicklung der Sportwissenschaft in den alten Bundesländern war aber bis zum gesamtdeutschen Zusammenschluss auch von Tendenzen der fehlenden Planung und Uneinheitlichkeit geprägt, welche vor allem auf die plötzliche und wenig vorbereitete „Geburt“ der Wissenschaft sowie auf mangelnde wissenschaftstheoretische Reflexion und Einflussnahme zurückzuführen ist. So ergibt sich zum Ausgang der 1980er Jahre ein Abbild, welches sich durch die genannten Mängel beschreiben lässt und auch vermehrt als solches eingeschätzt wird (Grupe 1987, S. 44ff.; Rieder/ Widmaier 1988, S. 311).

[28] Sowohl Grupe (1995) als auch Willimczik (1982) gehen davon aus, dass die Anerkennung der Sportwissenschaft zu schnell vonstatten ging und damit eine sorgfältige Entwicklungsplanung und Anforderungserfüllung nicht gewährleistet werden konnte.

7.3.2 Inhalte der Bewegungslehre an den Universitäten der BRD

Inhalte, die das Themenspektrum der Bewegungslehre/Sportmotorik im heutigen Verständnis betreffen, wurden an den Instituten für Leibesübungen im Fachgebiet „Theorie der Leibeserziehung" vermittelt. Hier aber nicht als selbstständige, übergreifende Theorie, sondern in der Vermittlung der Anleitung zur pädagogischen Lehrtätigkeit, zumeist an eine spezielle Sportarten geknüpft[29], bzw. direkt im Fachbereich der (Schul-) Sportpädagogik. Besonders hinzuweisen ist hierbei auf die Vorlesungsreihen von Liselott Diem an der neu gegründeten Sporthochschule Köln. Diem beschäftigte sich hier vor allem mit ontogenetischen Besonderheiten in der Bewegungsentwicklung von Kindern, was sich auch in mehreren Publikationen aus dieser Zeit widerspiegelt (vgl. Diem 1957, 1962).

Grundsätzlich wurden die wissenschaftlichen Ansätze der Vorkriegszeit (vgl. Kapitel 6.5.2) als Grundlagenwissen genutzt und um die aktuellen bewegungswissenschaftlichen Untersuchungen von Weizsäcker und von Buytendijk ergänzt. Ebenso ist die Arbeit von Kurt Kohl zum Problem der Sensumotorik (vgl. Kohl 1956) zum Teil in wissenschaftliche Bewegungsbetrachtungen eingeflossen, und hat vor allem aber Ansätze für spätere Untersuchungen auf diesem Gebiet geschaffen. Besonders setzt sich diese Arbeit aber von denen von Weizsäcker und Buytendijk ab, da es sich hier um eine klar sportbezogene Untersuchung handelt (vgl. Loosch/Böger 2000, S. 92f).

Großen Einfluss auf die inhaltliche Entwicklung des Fachgebietes in der BRD hatten die schon angesprochenen Arbeiten von Kurt Meinel aus der DDR. Die 1960 erschienene Veröffentlichung „Bewegungslehre. Versuch der Theorie der sportlichen Bewegung unter pädagogischem Aspekt" wurde auch in der BRD rezipiert und galt fortan als Standardwerk und Ideengeber einer pädagogisch ausgerichteten Bewegungslehre (vgl. Kernaussagen Zeitzeugenbefragung BRD).

Zudem werden in der Zeitzeugenbefragung ergänzend die Arbeiten von Friedrich Fetz als maßgebliche inhaltliche Orientierung für die Aufbau-

29 Wie schon in Kapitel 7.3.1 beschrieben, bestand die Hauptaufgabe der Institute der Leibesübungen bis weit in die 1960er Jahre vornehmlich in der Organisation des Hochschulsports sowie der Sportlehrerausbildung, sofern Lehramtsstudiengänge angeboten wurden. Von einer konkreten Sportwissenschaft ist zu diesem Zeitpunk noch nicht zu sprechen, auch auf dem Gebiet der Bewegungslehre existierte kein aktives Wissenschaftsleben oder zumindest ein Entwicklungskonzept.

phase des Fachgebiets in der BRD genannt (vgl. Kernaussagen Zeitzeugenbefragung BRD-Wissenschaftler).

Der Österreicher Fetz, welcher zuvor schon zu verschiedenen Probleme der Methodik der Leibesübungen veröffentlicht hatte, wobei er vor allem pädagogische Handlungs- und Vermittlungshinweise für die Trainings- und Übungspraxis im (Schul-) Sport thematisierte (vgl. Fetz 1962), fasst seine Arbeiten im Fachgebiet der Bewegungslehre in dem 1964 erschienenen Buch: „Beiträge zu einer Bewegungslehre der Leibesübungen." zusammen (vgl. Fetz 1964). Diese Publikation beschäftigt sich eingehend mit einer Standortbestimmung und den Zielen der Bewegungslehre in einer „Theorie der Leibeserziehung" bzw. versucht, diesen Forschungsgegenstand genauer zu umreißen. Dabei nimmt Fetz wiederholt Bezug auf die Arbeiten von Buytendijk und Meinel (vgl. Fetz 1964, S. 11ff.).

Ähnlich zu Meinel wurden unter einer grundsätzlich pädagogisch orientierten Ausrichtung, deren Ursprung in den „wissenschaftlichen" Wurzeln bzw. den Aufgaben der Institute der Leibesübungen in Österreich zu suchen ist, Ansätze einer ganzheitlichen Betrachtungsweise von Bewegungen sowie eines interdisziplinären Untersuchungsansatzes gewählt. Dabei handelt es sich aber nicht so sehr um ein „umfassendes, aufeinander aufbauendes Theoriekonstrukt", wie es bei Meinel der Fall war, sondern eben, wie schon im Titel vermerkt, um verschiedene „Beiträge zu einer Bewegungslehre der Leibesübungen" (vgl. Fetz, 1964). Fetz also untersucht einzelne Aspekte des Bewegungsproblems, „zum Teil wurden absichtlich in der allgemeinen Fachliteratur seltener aufscheinende Themen berücksichtigt" (Fetz, 1964, S. 7).

Zentrale Themen sind zum Beispiel: Bewegungskoordination, Bewegungsrhythmus, Bewegungsstil, Bewegungsgefühl, Reziprozitätsprinzip, Bewegungselastizität, Konstante Figurzeit, Mitübung, Seitigkeit, Vitale Zeit.

Bewusst ausgelassen wurden die großen Themenkomplexe der motorischen Ontogenese, sowie des motorischen Lernprozesses. Diesbezüglich wird direkt auf die umfangreichen Arbeiten von Meinel und Buytendijk verwiesen (Fetz 1964, S. 7).

In den folgenden Jahrzehnten kam es zu einer Weiterbearbeitung und mehreren Neuauflagen der „Bewegungslehre der Leibesübungen". Die Grundlinie blieb erhalten, wenn auch neue Themenkomplexe wie z. B. „Der motorische Lernprozess" oder „Motorische Eigenschaften und ihre Entwicklung" aufgenommen wurden (vgl. Fetz 1980, 1989). Auf diese Weiterentwicklungen soll an dieser Stelle aber nicht weiter eingegangen werden, mit dem Hinweis, dass das Wirken und die Arbeiten von Fetz besonders in der Aufbauphase der Sportwissenschaft und besonders der Bewegungslehre in der BRD von Bedeutung waren. Nichtsdestotrotz ist diesen Arbeiten nicht die gleiche internationale Außen- und Langzeitwirkung zuzuschreiben wie dem Theoriekonstrukt von Meinel bzw. Meinel/Schnabel. Die Arbeiten von Friedrich Fetz wurden vor allem in der BRD und Österreich wahrgenommen und trugen dort zur inhaltlichen Entwicklung bei (vgl. Kernaussagen Zeitzeugenbefragung).

7.3.3 Exkurs in die Geschichte von Sportwissenschaft und Bewegungslehre In Österreich

Grundsätzlich ist anzumerken, dass die Entwicklung der Sportwissenschaft in Österreich nicht unerheblichen Einfluss auf die (west-) deutsche Entwicklung von Sportwissenschaft und Bewegungslehre hatte, was nicht zuletzt durch die Vergabe des ersten sportwissenschaftlichen Lehrstuhles in der BRD an einen Österreicher deutlich wird (Friedrich Fetz 1965 in Frankfurt). Besonders seit der zweiten Hälfte des 19. Jahrhunderts, ist eine sehr dynamische Entwicklung der „wissenschaftlichen" Bearbeitung von Bewegungsproblemen in Österreich zu verzeichnen. Diese Entwicklung, in Struktur und Inhalt, wurde auf deutschem Gebiet nicht selten zur Orientierung genutzt. Deshalb sei an dieser Stelle ein kurzer Exkurs in die Geschichte von Sportwissenschaft und Bewegungslehre in Österreich angeführt:

Die Entwicklungsgeschichte der Sportwissenschaft in Österreich ist in mehrere Etappen einzuteilen. Ihre Vorgeschichte unterscheidet sich von der deutschen Entwicklung nur wenig. So stehen bis zu den 1920er Jahren vor allem vorwissenschaftliche, stark pädagogisch geprägte, Theorien zur Optimierung des Schulturnens im Vordergrund. Schon zu diesem Zeitpunkt, also für die Phase zwischen ca. 1850 und 1920, wird aber eine vermeintliche Stärke in der österreichischen Entwicklung offenbar: Die enge Verknüpfung der (vor-) wissenschaftlichen Bearbeitung von Bewegungsproblemen mit der universitären Lehre. An verschiedenen Universitäten in Österreich wurden bereits im 19. Jahrhundert universitäre Lehrkurse eingerichtet, mit dem Ziel, theoretisches Wissen und praktisch-methodische Fähigkeiten für den Turnunterricht an Schulen zu vermitteln (Thaller 1973).

Die zweite Periode der österreichischen Sportwissenschaft ist stark von den, schon an anderer Stelle angesprochenen, reformpädagogischen Strömungen um das „Natürliche Turnen" geprägt. Die herausragenden Vertreter Karl Gaulhofer und Magarete Streicher strebten eine enge Bindung der körperlichen Übungen an ein erzieherisches Gesamtkonzept an. Umgesetzt wurden diese Bestrebungen an den seit Anfang der

1920er Jahre an die Universitäten angegliederten Instituten für Turnlehrerausbildung. Wie auch schon in der ersten Periode, wurde solch eine universitäre Turnlehrerausbildung, welche schon in den 1930er Jahren einen Umfang von vier bis acht Semestern erreichte, nach genauen Ausbildungsplänen umgesetzt und mit entsprechenden Abschlussprüfungen beschlossen. Sogar Dissertationen zu entsprechenden Bewegungsproblemen wurden fertiggestellt und von Universitätsprofessoren, welche dem Fach nahe standen, betreut und begutachtet (vgl. Fetz 1972; Fetz/Kornexl 1993, Oberkolfer, 1972; Strohmeyer, 1975; Thaller, 1973).

Von der kurzen Unterbrechung durch die Übernahme der nationalsozialistischen Diktatur in Österreich, abgesehen, bewahrte die österreichische Sportwissenschaft ihre Struktur bis weit in die 1960er Jahre. Auch wenn noch nicht sofort als selbständige Sportwissenschaft mit der vollen akademischen Anerkennung existent, so war die Lehre und Forschung zu Themen der Leibeserziehung doch ein akzeptiertes Mitglied des universitären Gefüges.

Seit 1959 bestand dann auch offiziell die Möglichkeit zur Promotion im Fach „Geschichte, Pädagogik und Physiologie der Leibesübungen". Entsprechende Habilitationsverfahren, welche ebenso direkt dem Fachbereich der „Theorie der Leibeserziehungen" zuzuordnen sind, schlossen sich an. Indirekt wurde damit auch die Erlangung der akademischen Vollwertigkeit angestrebt (vgl. Strohmeyer 1992, Fetz/Kornexl 1993). Dessen ungeachtet wird wiederholt darauf hingewiesen, dass Vertreter der Theorie der Leibeserziehung universitätsintern jederzeit als geachtete und völlig gleichberechtigte Mitglieder galten.

Der entscheidende Schritt zur vollen akademischen Anerkennung wurde dann 1968 mit der Einrichtung eines Lehrstuhls für die Theorie der Leibeserziehung an der Universität Innsbruck geschaffen. Lehrstuhlinhaber als ordentlicher Professor für die „Theorie der Leibeserziehung" wurde Friedrich Fetz, welcher von 1965 - 1968 bereits der erste Lehrstuhlinhaber seines Faches in der BRD gewesen ist (vgl. Thaller 1973). Von diesem Punkt erfolgte eine sukzessive Etablierung des Fachgebietes an den Universitäten Österreichs. Im Zuge dieser Entwicklung hat 1977 auch die Umbenennung der „Institute für Leibeserziehung" in „Institute für Sportwissenschaft" stattgefunden. Die eigentliche Sportwissenschaft war entstanden und entwickelte sich in den Folgejahren zu einer weit gefächerten, modernen Wissenschaftsdisziplin. Dabei war, und ist, die Bewegungslehre integraler Bestandteil dieser Wissenschaft. Zu begründen ist diese Betonung der Fachdisziplin unter anderem auch mit der exponierten Stellung von Friedrich Fetz in der Geschichte der Sportwissenschaft Österreichs. Fetz selbst war Vertreter einer pädagogisch orientierten Bewegungslehre, welche er seit Ende der 1950er Jahre an der Universität Innsbruck unterrichtete. Hier sind auch die Wurzeln der Entwicklung einer konkreten Bewegungslehre in Österreich zu sehen. In der Folge wurden diese, an anderer Stelle schon genauer beschriebenen Ansätze weiterverfolgt und in die verschiedensten Richtungen sehr pluralistisch weiterentwickelt.

Ähnlich der Entwicklung in der Bundesrepublik zeichnet sich für die vorerst letzte Entwicklungsphase der Sportwissenschaft und auch der Bewegungslehre in Österreich ein uneinheitliches Bild. Inhalte der Bewegungslehre/Sportmotorik werden in verschiedenen Lehrveranstaltungen angeboten, deren genaue Bezeichnung und Ausrichtung differiert. So werden beispielsweise Veranstaltungen zu „Motorischen Grundlagen", „Bewegungslehre", „Sportmotorischen Tests", „Allgemeinen Bewegungswissenschaften", „Bewegungslehre/Biomechanik" u. ä. angeboten, welche alle - unterschiedlich akzentuiert - Inhalte der „Bewegungslehre/Sportmotorik" vermitteln (vgl. Vorlesungsverzeichnisse der Institute für Sportwissenschaft in Österreich). Trotzdem bleibt festzustellen, dass diese Inhalte integraler Bestandteil der Sportwissenschaft in Österreich sind.

Fazit: Die Entwicklung der „Sportwissenschaft" bzw. ihrer Vorgängerdisziplinen als universitäre Fachdisziplin setzte in Österreich früher ein als auf deutschem Gebiet. Grundsätzlich wurde die Bearbeitung von Bewegungsproblemen schon früh in die universitäre Lehre eingebunden. Das Fachgebiet der Sportwissenschaft bzw. seine thematischen Vorgänger und ihre Fachdisziplinen, darunter auch die sich entwickelnde Bewegungslehre, wurden im Universitätsgefüge schon frühzeitig in die akademische Ausbildung eingebunden. Möglichkeiten der wissenschaftlichen Qualifikation im Fachgebiet waren ebenfalls möglich, lange bevor es in der BRD möglich wurde. Diese Entwicklung hat „im In- und Ausland viel Anerkennung und Beachtung gefunden" (Fetz, 1964, S. 15). Ansätze und Probleme, die der Bewegungslehre zuzuordnen sind, wurden besonders in der Zeit nach 1945 gezielt herausgearbeitet und sind seitdem fester Bestandteil der Sportwissenschaft Österreichs.

7.3.4 Die ersten Schritte der Bewegungslehre in das akademische Leben der BRD

Ein selbstständiges Lehrgebiet existierte bis zur Errichtung des ersten planmäßigen Lehrstuhls für die „Theorie der Leibeserziehung", welcher auch den ersten entscheidenden Schritt zur akademischen Etablierung einer Sportwissenschaft darstellte, nicht. Inhaber dieses ersten Lehrstuhles war Friedrich Fetz, ein Österreicher, dessen Arbeitsschwerpunkt auf dem Gebiet der Bewegungslehre lag[30] (vgl. Fetz 1964). So fanden an der Universität in Frankfurt auch umgehend Lehrveranstaltungen zu Themen der Bewegungslehre statt.

Sukzessive wurden wissenschaftliche Lehrveranstaltungen zur Bewegungslehre auch an anderen westdeutschen Universitäten eingeführt, so zum Beispiel an den Universitäten Tübingen, Würzburg und Heidelberg. Diese Entwicklung war grundsätzlich nicht systematisch, sondern vielmehr vom Engagement und der Interessenlage der Wissenschaftler vor Ort abhängig. In den späten 1960er Jahren ist dennoch von einer gewissen Einheitlichkeit der Terminologien und Theoriekonstrukte zu sprechen, was vor allem durch die überschaubare Anzahl wissenschaftlicher Veröffentlichungen zum Themengebiet zu erklären ist.

Zu keinem Zeitpunkt kann aber eine gezielte Entwicklung eines übergreifenden eigenen Wissenschaftskonzeptes im entstehenden Fachgebiet festgestellt werden. Ebenso wenig existierte ein verbindlicher Lehrplan für die wissenschaftlichen Einrichtungen, die Lehrveranstaltungen zur Bewegungslehre anboten.

Die in der zweiten Hälfte der 1960er Jahre punktuell einsetzende institutionelle und inhaltliche Entwicklung des Fachgebietes, war somit immer eng an die Ausrichtung der jeweiligen wissenschaftlichen Einrichtung bzw. Kenntnis und Interessenlage des wissenschaftlichen Personals vor Ort abhängig. Zu vermerken ist, dass die Fachgebiete der Bewegungslehre und der Biomechanik in dieser Entwicklungsphase in der BRD oft kombiniert und auch in Personalunion vertreten wurden. Weder die inhaltliche noch institutionelle Trennung, die sich in der DDR etabliert hatte, lag hier vor (vgl. Zeitzeugenbefragung BRD Wissenschaftler).

7.3.5 Zusammenfassung im Spiegel der Zeitzeugenbefragung

Die im Unterpunkt 7.3 dargestellte Geschichte des Fachgebietes Bewegungslehre, zwischen 1945 und 1969, skizziert den langsamen und schwierigen institutionellen Aufbau des Fachgebietes in der BRD in dieser Phase, von welchem auch die inhaltliche Entwicklung betroffen war.

---

30 Der Umstand, dass ein Österreicher auf den ersten „sportwissenschaftlichen" Lehrstuhl der BRD berufen wurde, ist ein Verweis auf die fehlenden Möglichkeiten in der BRD die nötigen wissenschaftlichen Qualifikationen für diese Berufungen zu erlangen. Die Institute für Leibesübungen verfügten in den Anfangsjahren weder über Promotions- bzw. Habilitationsrecht, noch kann von einem aktiven wissenschaftlichen Leben und organisierten Möglichkeiten der fachlichen Weiterbildung gesprochen werden. Dieses gilt auch für die Bewegungslehre.

Die mangelnde akademische Etablierung der Sportwissenschaft und damit auch des Fachgebietes der Bewegungslehre, stellt für den Großteil dieses Zeitraumes die dominierende Einflussgröße für das Fachgebiet dar.

Ein selbstständiges Fachgebiet „Bewegungslehre/Sportmotorik" existierte in diesem Zeitraum also nicht bzw. bildete sich erst zum Ende der 1960er Jahre langsam heraus.

So wurden Inhalte, die zum Fachgebiet Bewegungslehre zu zählen sind, nicht unter diesem Titel vermittelt, sondern direkt in die Ausbildung von Schulsportlehrern (Vermittlung in Einzelsportarten und grundlegender pädagogischer Inhalte) eingebunden, was auch der Grundausrichtung einer sich entwickelnden Sportwissenschaft in der BRD entsprach.

Eine zentrale Steuerung der Entwicklung des Fachgebietes erfolgte nicht. Inhaltlich wurde sich vor allem vor allem an den Publikationen von Meinel (DDR) und Fetz (Österreich) orientiert (vgl. Kernaussagen Zeitzeugenbefragung BRD), sowie auf bewegungswissenschaftliche Ansätze der Vorkriegskriegszeit gestützt. Diese wurden durch entscheidende Publikationen der Nachkriegsjahre (v. Weizsäcker 1947, Buytendijk 1956, Kohl 1956, Meinel 1960, Fetz 1964) erweitert und zum Teil abgelöst. Meinel ist in dieser Hinsicht durch seine international stark beachte Publikation von 1960 inhaltlich der größte Einfluss zuzuschreiben.

Für die institutionelle Etablierung der Bewegungslehre/Sportmotorik in der BRD war der Umstand, dass der Österreicher Friedrich Fetz als Vertreter der Bewegungslehre, der den ersten sportwissenschaftlichen Lehrstuhl besetzte, von großer Bedeutung. Trotzdem gilt: Inwieweit diese Ansätze in der langsam entstehenden Lehre und Forschung aufgenommen wurden, war stark von den Möglichkeiten und den persönlichen Interessen der Wissenschaftler an den jeweiligen wissenschaftlichen Einrichtungen abhängig. Gleiches gilt für etwaige wissenschaftliche Weiterbildungen und Qualifikationen - eine übergeordnete, zentral gesteuerte Förderung bestand nicht.

Ob der fehlenden Eigenständigkeit des Fachgebietes in der Aufbauphase erlangte die entstehende „BRD-Bewegungslehre/Sportmotorik" nur geringe internationale Aufmerksamkeit. Von den Bewegungswissenschaftlern aus dem Ausland wird sie für diese ersten Jahre als ein sich langsam entwickelndes Fachgebiet, der sich langsam entwickelnden Sportwissenschaft, mit einer starken inhaltlichen Orientierung an den Wissenschaftsergebnissen der DDR, wahrgenommen (vgl. Kernaussagen Bewegungswissenschaftler aus dem Ausland). Als Grund für die „Anlaufschwierigkeiten" der westdeutschen Bewegungslehre wird in allen Befragungsgruppen die fehlende akademische Etablierung der Sportwissenschaft angenommen. Als Gründe hierfür werden vor allem die mangelnde staatliche und politische Führung angegeben, welche einer klaren Struktur und Hierarchiebildung entgegenstand. Zudem wurde später als im deutschen Nachbarstaat erkannt, welch starke internationale Außenwirkung Erfolge im Leistungssport für das Land haben können und dass eine etablierte, funktionstüchtige Sportwissenschaft dazu einen ganz entscheidenden Beitrag leisten kann. Dementsprechend nicht vorhanden waren in den ersten Jahrzehnten klare Forschungslinien und Zielvorgaben.

Von den Bewegungswissenschaftlern der DDR wurde das spätere Einsetzen dieser Erkenntnisse und auch die damit verbundene Entwicklungshemmung einzelner Fachgebiete, wie zum Beispiel der Bewegungslehre, erkannt. Auch deswegen wird von den DDR-Wissenschaftler eingeschätzt, dass sich die einsetzende Entwicklung im Fachgebiet inhaltlich stark an den Wissenschaftsergebnissen bzw. der Fachliteratur der DDR orientierte (vgl. Kernaussagen DDR Wissenschaftler). Ernst zunehmende eigene Wissenschaftsergebnisse werden erst in späteren Entwicklungsphasen festgestellt. Trotzdem wurde die Fachliteratur aus der BRD von Anbeginn auch in der DDR aufgenommen.

In der Reflektion auf den Entwicklungsprozess des Fachgebietes in der BRD wird die Vormachtstellung der Bewegungslehre der DDR in der Aufbauphase, auch von den Bewegungswissenschaftlern aus der BRD uneingeschränkt, anerkannt. Von einem Konkurrenzverhältnis hingegen ist nicht die Rede. Die Entwicklung zum eigenständigen Fachgebiet im deutschen Nachbarstaat wurde von verschiedenen Wissenschaftlern in der BRD sogar als Inspiration verstanden, aufmerksam verfolgt und positiv gewertet (vgl. Kernaussagen Wissenschaftler aus der BRD).

7.4 Die Entwicklung der Bewegungslehre in der DDR von 1970 - 1990

In diesem Kapitel soll sowohl die institutionelle als auch die inhaltliche Entwicklung der Wissenschaftsdisziplin während der Ausbauphase in der DDR thematisiert werden. Eingeleitet wird diese Entwicklung von umfangreichen hochschulstrukturellen Veränderungen im Zuge der 3. Hochschulreform der DDR, beendet wird sie durch die Abwicklung der Sportwissenschaft der DDR als Folge der deutschen Wiedervereinigung 1990. Beide Prozesse, sowohl die 3. Hochschulreform, als auch die deutsche Wiedervereinigung, hatten einen starken Einfluss auf das Wissenschaftssystem der DDR. Die Bewegungslehre/Sportmotorik als Fachgebiet der Sportwissenschaft stellt hier keine Ausnahme dar, sondern ist auch Teil dieser größeren (hochschul-) politischen bzw. gesellschaftlichen Prozesse gewesen bzw. wurde mit deren Ergebnissen konfrontiert.

Diese politischen und gesellschaftlichen Einflüsse und ihre allgemeinen Folgen für das Wissenschaftssystem der DDR zu untersuchen soll hier nicht im Vordergrund stehen, sie wurden schon vielfach diskutiert.[31] Vielmehr sollen die ganz konkreten Folgen für die Entwicklung der Bewegungslehre/Sportmotorik in dieser Phase besprochen werden, welche durch eben diese externen gesellschaftlichen und politischen Einflussfaktoren hervorgerufen wurden.

7.4.1 Die 3. Hochschulreform in der DDR und ihre Auswirkungen auf das Fachgebiet

Die sich kontinuierlich von 1968 bis 1972 hinziehende 3. Hochschulreform führte in der DDR zu entscheidenden Umstrukturierungen im Hochschulaufbau, sowie zu einer weiteren Steigerung des Einflusses auf die Wissenschaft durch die SED. Das Ziel dieser, auch im Zuge internationaler Wissenschaftstrends unter den Schlagworten „Differenzierung und Integration", stattfindenden Reform war eine gesteigerte aktuelle wissenschaftliche und gesellschaftliche Relevanz der Hochschularbeit und ihrer Mitarbeiter. Dabei stand die praktische Relevanz von Forschungsergebnissen für alle Gesellschaftsbereiche im Vordergrund. Dieser allgemein wissenschaftliche Trend wurde auch mit dem Schlagwort „Produktivkraft Wissenschaft" überschrieben, welcher die Forderung der konkreten Praxisrelevanz der universitären Forschung unterstreicht.

Vorausgegangen waren diesen durchaus aktiven Umstrukturierungsprozessen, welche sich als Reaktionen auf die wissenschaftlich-industrielle Revolution dieser Zeit verstanden wissen wollten, mit dem VI. Parteitag der SED im Januar 1963, dem Bildungsgesetz von 1965 und der IV. Hochschulkonferenz von 1967 (vgl. Richert 1967), eine Folge von politischen Beschlüssen, welche die Grundausrichtung der Entwicklung des Bildungssystems in der DDR bestimmen sollten.

Die dann durch die 3. Hochschulreform in die Wissenschaftspraxis umgesetzten Veränderungen sind durchaus als umfassend und durchgängig zu bezeichnen. Die Bildung wurde von nun an von Politik (Staat und

---

[31] Für die Sportwissenschaft gibt Fornoff (vgl. 1995, 1997) die Diskussion in ihren wesentlichen Abläufen wieder.

Partei) und Wirtschaft erfasst, gelenkt und kontrolliert (vgl. Baske 1979, S. 45ff.)

Die praktischen Folgen für die Hochschulen sind am besten an denen 1965 mit dem Bildungsgesetz beschlossenen und bis zur Hochschulkonferenz 1967 konkretisierten „Prinzipien zur weiteren Entwicklung der Lehre und Forschung an den Hochschulen der DDR" abzulesen. Es wurden vier Bereiche behandelt:

I. Ausbildung und Erziehung der Studenten
II. Forschung
III. Profilierung
IV. Leitung der wissenschaftlichen Arbeit im Hochschulwesen

In Abschnitt I wurden vor allem die, im Bildungsgesetz bereits verankerten, Kriterien zur Einheit von Theorie und Praxis, zur Einheit von Lehre und Forschung sowie zur Einheit von Lehre und Erziehung postuliert. In Abschnitt II wurde die Weiterentwicklung der Hochschulforschung gemäß der Perspektivpläne der Forschung der einzelnen Wirtschafts- bzw. Gesellschaftszweige und den damit verbundenen Wissenschaftsdisziplinen, sowie deren Verknüpfung mit der Ausbildung und Erziehung des Forschenden festgelegt. In Abschnitt III ergibt sich eine mittelfristige Neuprofilierung und deren Absicherung aus den in den Abschnitten I und II genannten Veränderungen im Wissenschaftsprofil. In Abschnitt IV wird die ganz konkrete Umstrukturierung in Leitung und Organisation der Hochschule, die Sektionsverteilung und die Zuordnung von Aufgaben für die Sektionen festgelegt (vgl. Anweiler 1992).

Um die in der Folge aufgezeigten Veränderungen in der Wissenschaftsstruktur der Sportwissenschaft und auch der Bewegungslehre/Sportmotorik in der DDR richtig verstehen und werten zu können, sei an dieser Stelle noch auf weitere entscheidende gesellschaftliche Rahmenbedingungen dieser Zeit hingewiesen, welche gerade für die Sportwissenschaft von Bedeutung waren:

Einmal die politische Großwetterlage und der sich in der Folge von Kuba-Krise, Mauerbau und Hallstein-Doktrin auf einem ersten Höhepunkt befindliche Kalte Krieg, und die damit eng verbundene Art der deutsch-deutschen Beziehungen, welche sich politisch auf einem Tiefpunkt befanden. Damit zusammenhängend, die steigende Instrumentalisierung von Erfolgen im Hochleistungssport als Demonstrationsmittel der staatlichen Leistungsfähigkeit, Anerkennung und Souveränität, der Sportler als „Diplomaten im Trainingsanzug". Mit der Vergabe der Olympischen Spiele 1972 nach München, also in den anderen deutschen Staat und dem Umstand, dass dort eine eigene, souveräne Nationalmannschaft der DDR unter eigener Flagge starten würde[32], erhob sich dieses Sportereignis zum Politikum. In der politischen Führung, sowie in der aus dem „Dreierbund“ Sekretariat des Bundesvorstandes des DTSB, der Abteilung Sport beim Zentralkomitee der SED sowie dem Staatssekretariat für Körperkultur und Sport bestehenden „Sportführung“ der DDR (vgl. Zeitzeugenbefragung N. Rogalski vom 10.1.2007) führten diese Umstände zu einer Fokussierung der wissenschaftlichen Kräfte auf den Leistungsport, welche sich auch in dem zentralen Leistungssportbeschluss des Politbüro des ZK der SED vom 8. April 1969 wiederfindet (vgl. Schumann 2003).

Als übergeordnete Konsequenzen, für die Sportwissenschaft der DDR, ergaben sich in Folge dieser Umstrukturierungsprozesse die komplette Verlagerung der Schulsportlehrerausbildung an die Universitäten, die verstärkte Ausrichtung auf die Leistungssportforschung an der DHfK (schwerpunktmäßig Nachwuchsleistungssport, Rudern, Kanurennsport), sowie die Auslagerung der bisherigen Forschungsstelle der DHfK und die daraus entstehende Gründung des Forschungsinstitutes für Körperkultur und Sport (1969), welches sich ausschließlich mit der Spitzensportforschung beschäftigte.

7.4.1.1 Umstrukturierung und Schwerpunktverschiebung an der DHFK

Gerade für die zentrale Lehr- und Forschungsstätte der Sportwissenschaft, der DHfK in Leipzig, brachte die 3. Hochschulreform einschneidende Veränderungen mit sich (vgl. Kernaussagen Zeitzeugenbefragung DDR-Wissenschaftler)[33].

---

32 Das NOK der DDR hatte infolge der 67. Tagung des IOC am 12.10. in Mexico-City zum 1.11.1968 seine uneingeschränkte Souveränität zugesichert bekommen, was als wichtiger Schritt zur internationalen Anerkennung der DDR gewertet wurde.

33 Grundlage dieser Änderungen war die „Anordnung des Vorsitzenden des Staatlichen Komitees für Körperkultur und Sport beim Ministerrat der DDR Nr. 3/69 zu Hauptaufgaben und Grundstruktur der Deutschen Hochschule für Körperkultur in Durchführung der 3. Hochschulreform entsprechend dem „Beschluss des Staatsrates der DDR Die Weiterführung der Hochschulreform und die Entwicklung des Hochschulwesens bis 1975“ vom 3.4.1969 (Gbl. Teil I Nr. 3 vom 21.4. 1969)“ (Schumann 2003, S. 71).

„Die nun erforderliche hohe Konzentration auf den Leistungssport verlangt, wesentliche wissenschaftliche Potenzen abzugeben und die inhaltlichen Proportionen zu verändern."

(Schumann 2003, S. 67)

Auch wenn keinesfalls davon gesprochen werden kann, dass das Gesamtprofil der DHfK zusammengebrochen ist, so gab es doch in der Lehre und Forschung einzelner Fachdisziplinen oder nicht-olympischer Sportarten erhebliche Einschränkungen in der personellen und materiellen Ausstattung.

Für das Fachgebiet der Bewegungslehre bedeuteten die Reformen den nachhaltigen Verlust des Status der selbstständigen Wissenschaftsdisziplin während der Ausbauphase. Das Institut für Bewegungslehre wurde 1969 aufgelöst und, im Gegensatz zu anderen Wissenschaftsdisziplinen, wurde die Bewegungslehre als zusammenhängende Einheit auch nirgendwo sonst neu eingegliedert. Die Inhalte des Fachgebiets wurden übergangsweise in den Komplex der „Allgemeinen Trainingslehre" integriert (vgl. Schnabel 2006, S. 268, Studienplan DHfK 1969).

Dieser Studienkomplex, formal wenn auch nicht inhaltlich, ein Vorgänger der in den Folgejahren eingerichteten Sektion (II) für „Allgemeine Theorie und Methodik des Trainings" (ATMT), war vor allem auf die im „Trainingsprozess wirkenden allgemeinen und speziellen Gesetzmäßigkeiten hinsichtlich der allseitigen Entwicklung der sozialistischen Sportlerpersönlichkeiten und ihrer sportlichen Leistungen in ihrem komplexen Wirkungsgefüge" (Studienplan DHFK 1969, S. 11) ausgerichtet.

Vor dem Hintergrund dieser umfassenden Gesamtausrichtung des Studienkomplexes finden sich Themengebiete der Bewegungslehre, die in der Tradition des ehemaligen Institutes für Bewegungslehre standen, in den Ausbildungsschwerpunkten der ATMT wieder, so zum Beispiel der motorische Lernprozess, Koordination und koordinative Fähigkeiten oder auch alterspezifische Charakteristika der sportlichen Leistungsfähigkeit (Studienplan DHfK 1969, S. 66ff.).

Mit der Neuprofilierung dieses allgemeinen trainingsmethodischen Ausbildungskomplexes, unter der Bezeichnung „Allgemeine Theorie und Methodik des Trainings", wurde in den Folgejahren nicht nur die Bewegungslehre in dieses übergeordnete Themenfeld eingeschlossen, sondern ebenso die Vertreter „aller naturwissenschaftlichen und sportmedizinischen Disziplinen, der Bewegungslehre, der Psychologie und der drei sportmethodischen Institute für Schulsport, Volkssport und Leistungssport" (Schnabel 2006, S 295).

Übergeordnetes Ziel dieser Umstrukturierungen waren die Verstärkung der interdisziplinären Arbeitsweise in Lehre und Forschung. Dieser interdisziplinäre Ansatz erreichte die gewünschte Praxiswirkung in den Folgejahren aber nicht.

> „Der zu Grunde liegende Gedanke, die erforderliche Integration der disziplinären Wissensbestände nicht den Studenten zu überlassen, sondern schon in einer vermeintlich interdisziplinären Lehre zu realisieren, erwies sich jedoch in der Praxis als nicht hinreichend umsetzbar. Vor allem ergab sich als „Nebenwirkung" eine Vernachlässigung der disziplinären Wissenschaftsentwicklung ..."
>
> *(Schnabel 2006, S. 268f.)*

So kam es im Rahmen erneuter Umstrukturierungen wieder zu einer Verselbstständigung der integrierten Fachgebiete - ausgenommen der Bewegungslehre. Dieses Fachgebiet blieb weiter direkt in die ATMT integriert und somit der von Schnabel angesprochenen „Nebenwirkung" unterworfen, oder wie Hartmann es formuliert: „Beachtenswert ist aber, dass die Tiefe einer Teildisziplin darunter leiden kann, wenn man die unbedingte Praxisrelevanz zum Ziel hat." (Zeitzeugenbefragung C. Hartmann vom 11.04.2006).

Bemerkenswert ist an dieser Stelle der Entwicklung der Wissenschaftsdisziplin sicherlich auch, dass sie aufgrund ihrer Historie, und ihres an der DHfK gewachsenen Theoriegebäudes, eher in die Nähe einer allgemeinen Theorie und Methodik des Trainings und nicht etwa in die Nähe der Biomechanik gerückt wird, wie das beispielsweise in einigen Standorten der alten Bundesländer oder in Österreich zu diesem Zeitpunkt der Fall war.

Für die Ausbauphase bis 1990 kann also an der DHfK von einer beständigen Trennung der Fachgebiete Biomechanik und Bewegungslehre und von einer integrativen Entwicklung von allgemeiner Trainingslehre und Bewegungslehre/Sportmotorik unter Beachtung der grundsätzlich leistungssportlich-praxisrelevanten Ausrichtung gesprochen werden. Der schon in der Aufbauphase bestehende „interne Wettbewerb" (Zeitzeugenbefragung C. Hartmann vom 11.04.2006) zwischen der stringent dem quantitativen Ansatz folgenden Biomechanik und seiner Vertreter an der DHfK wie Hochmuth und Marhold und andererseits der qualitativ-quantitative Ansatz der Bewegungslehre, welcher von Schnabel und seinen Mitarbeitern verfolgt wurde, verhinderte eine längerfristige Kooperation beider Wissenschaftsdisziplinen.

Das ehemals selbstständige Fachgebiet der Bewegungslehre/Sportmotorik blieb aber, im Gegensatz zur Biomechanik, bis zur Abwicklung der

DHfK im Wissenschaftsbereich Allgemeine Trainingslehre bzw. der ATMT integriert.

Dass die Bewegungslehre in diesem Prozess ihre Selbstständigkeit verloren hat, wurde vor allem auf den Umstand zurückgeführt, dass sie in der damaligen Einschätzung der zuständigen Gremien wie SKS und Hochschulleitung für die schnelle und praxisnahe Lösung von Problemen im (Nachwuchs-)Leistungssport nicht mehr so relevant war, wie zuvor für die Sportlehrerausbildung, da sie keinen entscheidenden Teil der Leistungs(-sport)entwicklung darstellte (vgl. Zeitzeugenbefragung N. Rogalski vom 10.01.2007).

Dieser Schritt bedeutete aber keinesfalls eine Diskreditierung der wissenschaftlichen Arbeit von Meinel, Schnabel oder des Instituts, sondern ist in der Folge der genannten (hochschul-)politischen Entscheidungen und der, damit verbundenen, neuen Schwerpunktsetzung an der DHfK zu werten.

Dass die, gerade in Leipzig gewachsenen, Inhalte der Bewegungslehre auch Einfluss auf das Ausbildungsprofil in der ATMT erhalten sollten, somit bewahrt und sogar schwerpunktmäßig ausgebaut werden konnten, ist vor allem auf den Umstand zurückzuführen, dass G. Schnabel als Vertreter des Fachgebietes und Sukzessor von Kurt Meinel in der Leitung des Institutes für Bewegungslehre, auch die Leitung der ATMT übertragen wurde.

Ganz konkret finden sich die motorische Koordination, koordinative Fähigkeiten sowie die motorische Ontogenese in den Studieninhalten der Ausbauphase an der DHfK wieder (vgl. Studienpläne DHfK 1974 - 1990). Jedes dieser Themen wird aber in einen mehr praxisnahen, leistungssportbezogenen Kontext gesetzt, wie beispielsweise auch in der näheren Charakterisierung der Ausbildungsschwerpunkte wie „Leistungsfaktor Technik und motorische Koordination" oder auch „Leistungssportliches Training unter dem Aspekt der altersgerechten Entwicklungsbesonderheiten" abzulesen ist (Studienplan DHfK 1974, S. 14).

Aus einem dieser Schwerpunkte entwickelte sich die Fachgruppe „Technisch-koordinatives Training" oder auch „Technik/Koordination". Hier sollte sich für diese Entwicklungsetappe der Lehr- und Forschungsschwerpunkt des ehemals selbstständigen Fachgebietes an der DHfK ergeben.

Doch auch die Arbeit dieser Fachgruppe sah sich dem Zwiespalt zwischen interessanten, eher grundlagenorientierten Forschungsaspekten der Bewegungslehre/Sportmotorik kontra geforderter praxisnaher (Nachwuchs-)Leistungssportforschung ausgesetzt. Gewählte Forschungsschwerpunkte mussten vor dem Staatssekretariat für Körperkultur und Sport (SKS), dem die DHfK direkt unterstellt war, verteidigt werden. Das SKS war für die Schwerpunktsetzung in Lehre und Forschung an der DHfK, der ATMT, und somit auch der Fachgruppe Technik/Koordination, verantwortlich. In dieser Struktur liegt ein grundsätzlicher Unterschied zu den übrigen Hochschulen der DDR, welche direkt dem Ministerium für Hoch- und Fachschulwesen unterstellt waren. Die daraus entstehenden Folgen sollen in einem weiteren Kapitel besprochen werden.

Von einer relativ freien, interessengebundenen Forschung ist an der DHfK in dieser Entwicklungsphase nur in dem fakultativen Studentenzirkel unter der Leitung von Dolf-Dietram Blume zu sprechen. Dieser von 1970 bis 1985 wirkende Studentenzirkel, welchem durchschnittlich 30 Studenten angehörten (Schnabel 2006, S. 273), gehörte ebenfalls zur Fachgruppe Technik/Koordination. Den Forschungsschwerpunkt, zu welchem zahlreiche Diplomarbeiten und auch einige Dissertationen entstanden, bildeten die „Koordinativen Fähigkeiten" (vgl. Grübler& Hartmann 1985, Hofmann 1975, Kircheis 1977, Rauchmaul 1984, Zimmer 1984, Zimmermann 1981). Zu diesem Forschungsschwerpunkt entstand auch eine langjährige Kooperation mit einem ähnlichen Nachwuchsprojekt in Greifswald, unter der Leitung von Peter Hirtz, wo sich auch im Zuge der III. Hochschulreform 1970/71 ein Forschungszirkel „Koordinative Fähigkeiten" gegründet hatte, in Fachkreisen besser bekannt als „Bernstein - Zirkel".

Der Entwicklungsprozess um die III. Hochschulreform in der DDR und die damit verbundenen Strukturveränderungen in der Sportwissenschaft, brachten für die Entwicklung der Wissenschaftsdisziplin der Bewegungslehre/Sportmotorik an der DHfK noch einige weitere Nebenwirkungen mit sich. Einmal, die von nun an verringerten personellen Ressourcen gegenüber dem zuvor bestehenden eigenständigen Institut für Bewegungslehre. Zwar wurde die ATMT gefördert und personell aufgestockt, doch verringerte sich die Anzahl der Mitarbeiter, die im Feld der Bewegungslehre/Sportmotorik wirken konnten. Einigen Wissenschaftlern wurden gänzlich andere Aufgaben zugewiesen, für andere das Aufgabenspektrum erweitert und auf die aktuelle Ausrichtung der DHfK zugeschnitten.

Zudem, wirkten die nun eingeführten und verschärft durchgesetzten Geheimhaltungsstufen, denen gewisse Forschungsprojekte zugeordnet wurden, und die eine Folge der Ausrichtung der DHfK auf den (Nachwuchs-) Leistungssport waren, hemmend auf die Variabilität und Weite von Lehre und Forschung im Fachgebiet. De facto konnten nicht von allen an der DHfK beschäftigten wissenschaftlichen Mitarbeitern auch alle Ergebnisse und Veröffentlichungen der an der Hochschule durchgeführten Forschungsprojekte eingesehen werden. Ebenso waren ein Großteil der an der DHfK stattfindenden Forschungsvorhaben, die sicherlich nicht vorrangig Themengebiete der Bewegungslehre/Sportmotorik betrafen, diese aber auch nicht ausschlossen, „von außen", beispielsweise von Vertretern des Fachgebietes anderer Universitäten, nicht einzusehen. Von einem wissenschaftlichen Austausch, wie es etwa die Studentenzirkel Leipzig und Greifswald vorgenommen haben, kann in einem größeren Rahmen nicht die Rede sein.

Dasselbe gilt für die Beziehung der DHfK zu ihrer ehemals ausgegliederten Forschungsstelle, aus welcher mit dem Forschungsinstitut für Körperkultur und Sport (FKS) die zentrale Forschungsstelle für den Spitzensport erwachsen war. Es bestand in vielen Fällen keine Kenntnis über die Forschungsergebnisse und -vorhaben am FKS, was die Aktualität der Lehre an der DHfK nachteilig beeinflusste.

Auch war es in dieser Ausbauphase des Fachgebietes an der DHfK sehr schwierig, auf die, sich für die Wissenschaftsdisziplin mehrenden relevanten Publikationen aus dem westlichen Ausland, zurückzugreifen. Wenn überhaupt, waren diese Beiträge nur als Unikat in der Bibliothek der DHfK erhältlich, eine Einsicht oder Ausleihe aufgrund dessen immer an einen bestimmten Aufwand und Formalitäten geknüpft und nicht in jedem Fall möglich (vgl. Zeitzeugenbefragung C. Hartmann vom 11.04.2006). Engpässe dieser Art konnten, wenn überhaupt, nur in geringem Maße durch Privatbibliotheken und eventuelle halblegale, persönliche Kontakte ins westliche Ausland behoben werden.

In einer gesamtheitlichen Einschätzung ist deshalb von einer relativen Isolierung der Wissenschaftsdisziplin und auch der Wissenschaftler an der DHFK zu sprechen. Die starke Eingrenzung der Teilnahme an internationalen Kongressen bzw. Auslandskontakten überhaupt, welche im Kapitel 7.4.4 näher behandelt werden wird, unterstützt diese Aussage zusätzlich. Eine solche Isolierung, welche immer vor dem Hintergrund der klaren Zielvorgaben für Lehre und Forschung an der DHfK nach der 3. Hochschulreform, sowie den gesellschaftlichen Rahmenbedingungen inklusive der Nutzung leistungssportlicher Erfolge als politisches Instrument, zu werten ist, hatte einen begrenzenden Einfluss auf die Heterogenität von Lehre und Forschung, in der nun ohnehin nicht mehr selbständigen Wissenschaftsdisziplin, bzw. unterstützte dogmatische Tendenzen in der Wissensvermittlung.

Die im weiteren Verlauf des Kapitels aufgezeigte verbesserte internationale Zusammenarbeit und Annäherung, welche in der DDR vor allem in der zweiten Hälfte der 1980er Jahre von den entsprechenden Instituten der Universitäten der DDR mitgetragen wurde und von der die DHfK „offiziell" weitestgehend ausgeschlossen war, blieb aber auch an der zentralen Lehr- und Forschungsstelle der Sportwissenschaft nicht ohne Folgen. Die DHfK stellte in der Kompetenz ihrer Wissenschaftler immer noch einen Schwerpunktstandort in der Forschungslandschaft auf dem Gebiet der Bewegungslehre/Sportmotorik dar, auch wenn dem Fachgebiet dort die „offizielle" Selbstständigkeit fehlte. Dementsprechend sollte auch auf die inhaltlichen Entwicklungen im Fachgebiet reagiert werden.

Auch wenn Bestrebungen zur Wiedergewinnung der Selbstständigkeit der Bewegungslehre/Sportmotorik als Wissenschaftsdisziplin nicht durch offizielle Beschlüsse nachzuvollziehen ist, so wurde sie doch in internen Planungen bereits thematisiert (vgl. Zeitzeugenbefragung, G. Schnabel vom 03.06.2008, C. Hartmann vom 11.04.2006).

7.4.1.2 Die Entwicklung des Fachgebietes an den Universitäten der DDR während der Ausbauphase

Die Entwicklung der Bewegungslehre/Sportmotorik an den Universitäten und pädagogischen Hochschulen der DDR wurde von der 3. Hochschulreform nicht in dem Maße beeinflusst, wie es an der DHfK der Fall gewesen ist. Dieser Umstand ist vor allem darauf zurückzuführen, dass die Universitäten und pädagogischen Hochschulen direkt dem Ministerium für Hoch- und Fachschulwesen unterstellt waren und nicht der so genannten Sportleitung der DDR (siehe Kapitel 7.4.1). Demzufolge, waren die Universitäten, von wenigen Ausnahmen abgesehen (Jena - Geräteturnen (bis ca. 1975) und Rennschlitten-Bobsport (ab 1970), Berlin - Rudersport) nicht direkt an der Leistungssportforschung beteiligt, was das wohl einschneidendste Unterscheidungsmerkmal zur DHfK darstellte. Die Aufgabe der Sportwissenschaft an den Universitäten bestand in der Ausbildung von Schulsportlehrern.

Diese vornehmlich sportpädagogische Ausrichtung, welche auch auf eine breitensportliche Ausbildung von Kindern und Jugendlichen zielte und die damit verbundenen Ausbildungsschwerpunkte beinhalteten Unterschiede zu der in Lehre und Forschung der Sportwissenschaft der DDR vorgegebenen Grundausrichtung auf den Nachwuchsleistungssport/Leistungssport. Diese relative Unabhängigkeit von diesen übergeordneten Zielen, durch die Fokussierung auf den Schulsport, konnte nur durch den Einsatz des Ministeriums für Hoch- und Fachschulwesen (MHF) erreicht werden und musste, während der Ausbauphase, auch kontinuierlich verteidigt werden (Zeitzeugenbefragung G. Schnabel vom 29.03.2007). Das MHF bestimmte demnach die Inhalte der verbindlichen

Studienpläne für die Ausbildung der Schulsportlehrer in der DDR. Die fachlichen Diskussionen zu Lehre und Forschung und damit verbundene Anregungen und Hinweise zur Gestaltung der Studienpläne, sowie zur Ausarbeitung einheitlicher Studienmaterialien fanden weiterhin in der schon unter Punkt 7.2.5.2 gekennzeichneten Fachkommission unter der Leitung von R. Pöhlmann statt[34]. Damit kennzeichnet sich ein weiterer Unterschied zu den Strukturen an der DHfK, wo die Studienplanentwürfe mit dem wissenschaftlichen Rat des SKS in Berlin abgestimmt werden mussten. Eine solch strikte Verbindlichkeit, wie für die DHfK, stellten die Ausbildungsrichtlinien für die Universitäten nicht dar.

Es ist also festzustellen, dass das Fachgebiet der Bewegungslehre/Sportmotorik, aufgrund der Entwicklungen im Zuge der 3. Hochschulreform der DDR, an den Universitäten nicht solchen entscheidenden Veränderungsprozessen ausgesetzt war wie an der DHfK.

Die Wissenschaftsdisziplin war und blieb anerkannter Teil der Sportlehrerausbildung mit eigenen Vorlesungen und Seminaren. Eingeordnet wurde das Fachgebiet gemeinsam mit der Biomechanik in den Wissenschaftsbereich der „Naturwissenschaftlichen Grundlagen des Sports"; die an der DHfK aufgrund der neuen Ausrichtung dominanter werdende Trainingslehre erlangte hingegen nicht dieselbe hervorgehobene Bedeutung wie an der Sporthochschule in Leipzig.

Gemäß der inhaltlichen Weiterentwicklungen, auf die in einem weiteren Kapitel eingegangen werden soll, erfolgte an den einzelnen Instituten ca. 1973 die Umbenennung der Wissenschaftsdisziplin in „Motorik", Mitte der 1980er Jahre in „Sportmotorik".

Deutlich ausgebaut werden konnte das Potenzial an Nachwuchswissenschaftlern an den Universitäten im Fachgebiet, was auch eine Forderung der 3. Hochschulreform zu einem „wissenschaftlich-produktivem" Studium gewesen war. Ziel dieser Maßnahmen war es, die Studierenden vermehrt in die Forschung der Wissenschaftsdisziplin mit einzubeziehen. Realisiert wurde dies beispielsweise durch die schon angesprochenen Studentenzirkel in Leipzig und Greifswald, welche ähnlich auch an anderen Universitäten entstanden. Wissenschaftliche Kooperationen, gemeinsame Studentenkonferenzen und die daraus erwachsene erhöhte

[34] Die Vorgaben zur Erstellung des Lehrplans orientierten sich u. a „an dem im Studienjahr vorgegebenen Stundenvolumen; an den gegenwärtigen oder abzusehenden Erfordernissen der (Schul-)praxis; anteilig auch am Wissensfundus der Disziplin; an der Klientelaltersspanne (allg. bildende POS 5 - 10) (Problem EOS/Gymnasium); an ideologischen Vorgaben zur ideologischen Auseinandersetzung" (Zeitzeugenbefragung Pöhlmann vom 22.03.2007).

Anzahl an Nachwuchswissenschaftlern, für welche in den 1980er Jahren dann auch zentrale wissenschaftliche Konferenzen des wissenschaftlichen Nachwuchses der Sportmotoriker stattfanden, waren die positiven Folgen dieser Prozesse (vgl. Zeitzeugenbefragung Hirtz vom 09.08.2006, Zeitzeugenbefragung Pöhlmann vom 22.03.2007). Unterstützend wirkte in diesen Prozessen natürlich auch, die, auf die staatliche Förderung zurückzuführende, wirtschaftliche Absicherung, die den interessierten Studenten auf einem möglichen Weg vom wissenschaftlichen Assistenten zum Promovierenden zustand.

7.4.2 Forschungstätigkeiten an den Universitäten im Fachgebiet

Die steigende Anzahl von Forschungsprojekten war mit der zentral angeordneten Förderung des wissenschaftlichen Nachwuchses eng verknüpft. Dabei ist aber nicht von einer konzeptionell bewusst ausgerichteten Forschung zur menschlichen Motorik zu sprechen, vielmehr waren die einzelnen Schwerpunkte stark von der Interessenlage und dem Engagement, des am jeweiligen Standort führenden wissenschaftlichen Personals im Fachgebiet abhängig. Ähnliches gilt für die Finanzierung solcher Forschungsvorhaben. Selbige waren aufgrund der primären Ausrichtung der Universitäten und pädagogischen Hochschulen auf die Schulsportlehrerausbildung ausschließlich auf Mittel der eigenen Hochschule angewiesen, da die Forschung an sich nicht zu ihren Aufgaben gehörte. Hier sind zum Beispiel die seit 1970 vorgenommenen, relativ umfangreichen Forschungen der Universität Greifswald zur Bewegungskoordination und motorischen Entwicklung unter Hirtz, Untersuchungen zu motorischen Lernprozessen von Rostock (Zwickau) oder auch die Arbeiten von Rieling und Leirich aus Halle zu Bewegungsvorstellungen und Bewegungsstruktur zu nennen (vgl. Hirtz 1979, 1981, 1994, Leirich 1969, 1973, Rostock 1985)

Besonders hervorzuheben sind außerdem die Forschungstätigkeiten in der Wissenschaftsdisziplin von Pöhlmann und Kirchner an der Universität Jena. Jena entwickelte sich dadurch, neben Greifswald, zum Forschungsstandort in der Ausbauphase der Entwicklung der Bewegungslehre/Sportmotorik. Von Beobachtungsstudien und kinematographischen Analysen wurde dort sukzessive zu kinemetrischen und dynamographischen Testverfahren zu EMG und EEG übergegangen (vgl. Zeitzeugenbefragung Pöhlmann vom 22.03.2007). Außerdem wurde in Jena ein sehr offener, interdisziplinärer Ansatz verfolgt. Beispielsweise waren die Sportstudenten seit 1971 in Fachpraktika dazu angehalten, motorische Aufgaben als Eigenversuche zu Gleichgewicht oder auch Koordination durchzuführen. Dabei arbeiteten die Disziplinen der Motorik,

Biomechanik, Trainingslehre und Sportmedizin fachübergreifend zusammen. In den 1980er Jahren wurde dann mit der inhaltlichen Hinwendung zum Handlungskonzept der „experimentelle Zugang zur Bewegung und zu den internen Kontrollprozessen auch grundlagenorientiert vorangetrieben" (Zeitzeugenbefragung G. Kirchner vom 01.02.2007).

Einen Unterschied zu diesen grundlagenorientierten, mehrheitlich hochschulinternen Forschungsansätzen, bildeten Forschungsprojekte des Leistungssportes, wie beispielsweise die anwendungsorientierten interdisziplinären Forschungen in den Disziplinen Gerätturnen (bis ca. 1975) und Rennschlitten-Bobsport (ab 1970) in Jena, oder zum Rudersport in Berlin, welche einen direkten Bezug zur Leistungssportentwicklung hatten und sportmotorische Fragen integrativ mit einbezogen oder die vom MHF in Auftrag gegebenen Forschungen zur Schnelligkeitsentwicklung im Schulsport der Universität Halle. Solche Projekte stellten aber die Ausnahme dar, ihre Finanzierung und Ausstattung war abhängig von den zentral bewilligten Fördermitteln.

7.4.3 Wissenschaftlicher Austausch in der Wissenschaftsdisziplin

Innerhalb der DDR blieb die Fachkommission „Bewegungslehre/Biomechanik" bzw. dann seit 1986 die „Fachkommission Sportmotorik" auch in der Ausbauphase das entscheidende Gremium zum fachlichen Austausch. Aufgaben und Struktur dieser Fachkommission wurde bereits unter Punkt 7.2.5.2 beschrieben. In der Ausbauphase kam es nun in der Folge der modernen Wissenschaftsstandards um Integration und Differenzierung zu einer weiteren Profilschärfung der Arbeit der Fachkommission, und somit auch der Wissenschaftsdisziplin. In der inhaltlichen Entwicklung zu einer psychomotorischen Handlungstheorie hatte sich gezeigt, dass auf diesem Weg die ursprüngliche Verbindung mit der Biomechanik aufgelöst werden, und neue interdisziplinäre Ansätze gesucht werden, mussten.

Dies geschah unter der konzeptionellen Leitung von Rilo Pöhlmann aus Jena und unter Zustimmung der „führenden Motoriker der Sportwissenschaft als auch der angrenzenden Wissenschaftsdisziplinen" (Zeitzeugenbefragung R. Pöhlmann vom 22.03.2007) und mit Unterstützung des MHF. In den 1980er Jahren bestand die „Fachkommission Sportmotorik" aus Fachvertretern aller Universitäten, pädagogischen Hochschulen und der DHfK, Vertretern aus Physiotherapie und Rehabilitation der Berliner Charitè, der Bewegungsphysiologie und der Pathologie und war somit multidisziplinär besetzt. Dieser Prozess ist als eine weitere interdisziplinäre Öffnung der Wissenschaftsdisziplin zu werten. Die Fachkommission tagte sechs mal im Jahr für jeweils zwei Tage, dazu kamen vermehrt wissenschaftliche Veranstaltungen und Konferenzen, in denen oft Arbeitskreise zu sportmotorischen Themenkomplexen gebildet wurden, so dass von einem aktiven wissenschaftlichen Austausch während der Ausbauphase gesprochen werden kann.

Eingeschränkt wurde dieser nationale Austausch ausschließlich durch den schon beschriebenen Umstand, dass Forschungsprojekte, welche an der DHfK, vor allem aber am FKS durchgeführt wurden, oft Geheimhaltungsstufen unterlegen haben und dort gewonnene Erkenntnisse oder neue Ansätze somit nicht unmittelbar in die allgemeine fachliche Diskussion der Wissenschaftsdisziplin einfließen konnten.

7.4.4 Das Fachgebiet in der Ausbauphase – von der Isolation zur Annäherung

Sowohl die internationalen als auch die deutsch-deutschen Beziehungen auf dem Gebiet der Bewegungslehre/Sportmotorik entwickelten sich während der Ausbauphase der Wissenschaftsdisziplin kontinuierlich. Beginnend mit dem sich auf sportwissenschaftlichem Sektor im Vorfeld der Olympischen Spiele von München 1972 auf einem Höhepunkt befindlichen Kalten Krieg, bis zur deutsch-deutschen Annäherung in Folge des Kulturabkommens[35] und der damit verbundenen internationalen sportmotorischen Konferenz 1988 in Trassenheide, bis zur Übernahme des westdeutschen Systems im Rahmen der deutsch-deutschen Wiedervereinigung.

In diesem Entwicklungsprozess sind einige Differenzierungen vorzunehmen. An der DHfK wurde die internationale wissenschaftliche Zusammenarbeit in Folge der Beschlüsse der 3. Hochschulreform und der damit verbundenen Ausrichtung der Hochschule auf den (Nachwuchs-) Leistungssport nun noch mehr kontrolliert als das zuvor der Fall war. Mit dem westlichen Ausland bestand für die Wissenschaftler der DHfK keine offizielle Möglichkeit der Zusammenarbeit oder des Austausches.

> „Ein Auftreten auf internationalen wissenschaftlichen Veranstaltungen wurde durch die Sportführung der DDR bzw. die Hochschulleitung bis 1988 nicht nur aus finanziellen Gründen unterbunden – mit wenigen Ausnahmen ausschließlich in Länder des Warschauer Paktes."
>
> *(Schnabel 2006, S. 275)*

---

[35] In dem am 06.05.1986 geschlossenen Kulturabkommen zwischen der BRD und der DDR wurden nach 12-jährigen Verhandlungen auf politischer Ebene Formen der Zusammenarbeit und des Austausches in den Gesellschaftsbereichen Kultur, Kunst, Bildung und Wissenschaft beschlossen.

Dass an der DHfK entstandene Beiträge in den alten Bundesländern veröffentlicht wurden, beschränkt sich auf bemerkenswerte Ausnahmen, wie zum Beispiel die Arbeiten von Schnabel (1968) und Winter (1968), welche jeweils 1968 in der DDR und 1977 im Nachdruck in der BRD erschienen waren (vgl. Rieder 1977). Solcherlei Zusammenarbeiten blieben aber die Ausnahme und waren höchstens ausschlaggebend für spätere intensivere Zusammenarbeiten und Kontakte wie zum Beispiel zwischen G. Schnabel zu H. Rieder seit 1988. Für vordergründig leistungssportlich orientierte Beiträge wäre dies aufgrund des, auch im Leistungssport- und Wissenschaftssektor, herrschenden Kalten Krieges nicht möglich gewesen.

Trotzdem waren auch die Bewegungswissenschaftler der DHfK nicht vollständig international isoliert. Von der wissenschaftlichen Entwicklungshilfe, welche mit G. Schnabel (in Indien) und R. Winter (in Ägypten) zwei namhafte Vertreter der Bewegungslehre in mehrfachen längeren Auslandsaufenthalten leisteten, die auch in diesen Ländern zu einer Verbreitung der Ansätze und Theorien der Bewegungslehre und Sportmotorik führten, abgesehen, bestand ein regelmäßiger wissenschaftlicher Austausch mit Ländern des Ostblocks, insbesondere der Sowjetunion, Polen und der CSSR. Dieser Austausch, der vor allem aus gelegentlichen Studienaufenthalten und der beidseitigen Inanspruchnahme der einschlägigen Literatur bestand, wurde allgemein positiv bewertet (vgl. Zeitzeugenbefragung G. Schnabel vom 06.04.2006, Zeitzeugenbefragung C. Hartmann vom 11.04.2006, Zeitzeugenbefragung R. Winter vom 14.09.2006).

Die Auswertungen internationaler Fachliteratur stellten auch für die Wissenschaftler an den übrigen Universitäten und pädagogischen Hochschulen die regelmäßigsten Berührungspunkte mit dem Ausland dar. Im Zuge des inhaltlichen Ausbaus der Wissenschaftsdisziplin wurden in dieser Phase besonders die Arbeiten von Anajew, Anochin, Bernstein, Donskoi, Farfel, Ljach, Matwejew, Nabatnikoba, Tschaidse und Zaciorskij oder auch Celikovskij, Starosta und Mekota rezipiert (vgl. Kernaussagen Zeitzeugenbefragung DDR-Wissenschaftler).

Grundsätzlich ist an dieser Stelle anzumerken, dass auch für die Ausbauphase gilt: die Arbeiten und Wissenschaftler der DDR waren in Wissenschaftsfragen, welche direkt der (pädagogisch orientierten) Bewegungslehre/Sportmotorik zuzuordnen sind, im internationalen Kontext als führend anzusehen, d. h. im Austausch mit den anderen osteuropäischen Ländern wurde eher von Erkenntnissen aus den Basiswissenschaften profitiert, direkt in der eigentlichen Wissenschaftsdisziplin aber verstärkt vermittelt und angeregt.

Auch aufgrund dessen ist die „wissenschaftliche Ausbeute" von Studienaufenthalten in anderen osteuropäischen Ländern, bzgl. des eigentlichen Fachgebietes, eher als gering einzuschätzen.

Der Charakter der Kontakte zum westlichen Ausland, und insbesondere zu den Wissenschaftlern aus der Bundesrepublik Deutschland, unterlag in dieser Entwicklungsphase starken Veränderungen. Auch wenn die Vorgänge nicht ohne Weiteres zu verallgemeinern, sondern immer stark personenabhängig zu werten sind, so ist doch für die 1970er und frühen 1980er Jahre noch von dem Nichtvorhandensein eines deutsch-deutschen Austausches in der Wissenschaftsdisziplin zu sprechen. Das Verhältnis zur Sportwissenschaft bzw. zur Bewegungslehre/Sportmotorik der BRD lässt sich wie folgt zusammenfassen:

- Es bestand nahezu kein persönlicher Kontakt zwischen den Wissenschaftlern beider deutscher Staaten
- Auf der Forschungsebene bestand keine direkte Konkurrenz, die Leistungsfähigkeit der jeweiligen Sportwissenschaft sollte am jeweiligen Abschneiden der Sportler bei Weltmeisterschaften oder Olympischen Spielen abgelesen werden, nicht an den Forschungsleistungen an sich
- Aufgrund politischer Restriktionen, und dem in den 1980er Jahren zunehmenden Devisenmangel, konnte westdeutsche Fachliteratur nur sehr beschränkt eingesehen bzw. angeschafft werden. Nichtsdestotrotz wurden die westdeutschen Ansätze verfolgt so gut es ging. Selbige hatten aber bis in die 1980er Jahre, aufgrund des später begonnenen Auf- und Ausbaus der dortigen Sportwissenschaft, in der Mehrheit keine Orientierungsfunktion.

In den 1980er Jahren verbesserten sich die Kontakte zwischen beiden deutschen Staaten auf dem Wissenschaftssektor. Politische Restriktionen zur Teilnahme an internationalen Konferenzen, bzw. persönlichem Kontakt zu westdeutschen Wissenschaftlern, wurden aufgeweicht. Diese Tendenzen wurden dann schlussendlich durch das so genannte Kulturabkommen zwischen der DDR und der BRD bestätigt, in welchem auch Kooperationen auf sportwissenschaftlichem Gebiet vereinbart wurden.

Aber auch hier muss differenziert werden. So war die Teilnahme von Wissenschaftlern des „Leistungssportstützpunktes" DHfK an internationalen Veranstaltungen immer noch sehr schwierig bis unmöglich und auch Vertretern anderer Standorte konnten nicht willkürlich an solchen Veranstaltungen teilnehmen. Zudem war die Teilnahme an Veranstaltungen im westlichen Ausland stark von persönlichen Faktoren, wie zum Beispiel Verwandtschaftsverhältnissen im anderen deutschen Staat oder der Parteizugehörigkeit in der DDR, welche über den Status „Reisekader" entschieden, bzw. von grundsätzlichen Finanzierungsmöglichkeiten, abhängig. Eine internationale wissenschaftliche Organisation, die vorrangig der Bewegungslehre/Sportmotorik hätte zugeordnet werden können und möglicherweise als Austauschplattform fungiert hätte, existierte noch nicht.

Trotzdem entwickelten sich, auch in der Breite, deutsch-deutsch Kontakte in der Wissenschaftsdisziplin, vor allem zu den führenden Wissenschaftlern der 2. Generation der BRD, welche auch schon durch ihre wissenschaftlichen Arbeiten im Fachgebiet auf sich aufmerksam gemacht hatten.

Als die, für den zu keiner Zeit ideologisch belasteten Austausch, bedeutendsten Wissenschaftler werden genannt: Willimczik, Rieder, Roth, Daugs, Leist, Hotz (Schweiz), Bös, Mechling und Starischka (vgl. Kernaussagen Zeitzeugenbefragung DDR-Wissenschaftler). Diese Kontakte wurden vor allem über die gezielte Rezeption und Verarbeitung der wissenschaftlichen Veröffentlichungen, sowie private Brief- und Büchersendungen, gepflegt. So sind beispielsweise Formen des fachlichen Austausches zu den koordinativen Fähigkeiten zwischen der Universität Greifswald und verschiedenen westdeutschen Fachvertretern (z. B. Roth, Bös/Mechling, Rieder, Hotz) zum Problemfeld der koordinativen Fähigkeiten (Zeitzeugenbefragung P. Hirtz vom 09.08.2006) zu nennen.

Eine Erweiterung der sportmotorischen Inhalte der Universität Jena um Ansätze der US-amerikanischen Wissenschaft[36] sind sowohl auf zahlreiche Korrespondenzen als auch den Literaturaustausch zwischen R. Pöhlmann und verschiedenen US-amerikanischen Vertretern wie zum Beispiel „Fleishmann, Adams, Bilodean, Singer, Stelmach, Magill und Schmidt" zurückzuführen (Zeitzeugenbefragung R. Pöhlmann vom 22.03.2007). Diese, für die Wissenschaftsdisziplin in der DDR wohl einmaligen Kontakte, mündeten sogar in einem sechsmonatigen Studienaufenthalt von Pöhlmann in den USA.

Als richtungweisender Höhepunkt der sukzessiven internationalen Öffnung der DDR-Wissenschaft auf dem Sektor der Bewegungslehre/Sportmotorik kann sicher die internationale Konferenz „Aktuelle sportmotorische Forschung im Lichte der Lehren N. A. Bernsteins", welche vom 2. bis November 1988 in Trassenheide (DDR) abgehalten wurde, gelten. Der Schwerpunkt der Konferenz sollte in der wissenschaftlichen Auseinandersetzung mit den Arbeiten des bedeutenden sowjetischen Bewegungswissenschaftlers N. A. Bernstein, als auch „in dem Versuch, dessen

36 Besonders Einflüsse der Psychomotorik.

Vorleistungen konstruktiv zu negieren und neuere Trends der Bewegungs- und Motorikforschung zu kennzeichnen" liegen (Erler 1989, S. 213).

So bestimmte nicht vornehmlich der historische Rückblick die Inhalte der Konferenz, sondern vielmehr „die teilweise Vorausnahme des zukünftig Erforderlichen" (Buggel, 1989, S. 5), was vor allem auch in den Beiträgen der zahlreich auftretenden Nachwuchswissenschaftler der DDR deutlich wurde. Neben der unbestritten herausragenden inhaltlichen Relevanz dieser Veranstaltung für die Wissenschaftsdisziplin fungierte die Konferenz durchaus auch als Plattform des internationalen und vor allem deutsch-deutschen Austausches im Fachgebiet.

Die Vorbereitung dieser Konferenz, an welcher mehr als 100 Wissenschaftler aus der DDR, sowie Gäste aus sechs verschiedenen Ländern, unter anderem auch aus der BRD und der Schweiz, teilnahmen, lag bei der Fachkommission „Sportmotorik" und der Forschungsgruppe „N. A. Bernstein" der Sektion Sportwissenschaft der Universität Greifswald. Die wissenschaftlich-inhaltliche Leitung hatten R. Pöhlmann und P. Hirtz übernommen. Ein deutliches Zeichen für die bereits beschriebenen Unterschiede zwischen der zentralen sportwissenschaftlichen Lehr- und Forschungsstätte und den Universitäten und anderen Hochschulen der DDR liegt darin, dass die DHfK und ihre Wissenschaftler, welche zu den führenden im Fachgebiet gehörten, für die Vorbereitung und Leitung dieser internationalen Konkurrenz kaum berücksichtigt wurden.

Grundsätzlich barg diese Konferenz aber vielfältige Anzeichen für eine verstärkte internationale Zusammenarbeit und Offenheit im Fachgebiet. Schon in der Vorbereitung der Konferenz waren Referate und Inhalte mit Vertretern aus der BRD abgesprochen worden. Mit R. Daugs, K.-H. Leist, P. Weinberg und St. Starischka gehörten renommierte Bewegungsforscher des zweiten deutschen Staates, neben Wissenschaftlern aus der UDSSR, Polen, der CSSR oder Bulgarien, zu den Referenten. Natürlich bot die Konferenz den einzelnen Wissenschaftlern auch die Möglichkeit, persönliche Kontakte zu Wissenschaftlern anderer Ländern zu knüpfen bzw. zu vertiefen.

So werden im Resümee der Veranstaltung, neben dem interdisziplinären Ansatz der Veranstaltung [neben den eigentlichen Fachvertretern nahmen noch „15 Sportpsychologen, neun Physiologen bzw. Sportmediziner, sechs Biomechaniker sowie 16 Trainings-, Unterrichts- sowie Rehabilitationsmethodiker an der Konferenz teil" (Erler 1989, S. 213)], vor allem ihr offener, internationaler Charakter hervorgehoben (vgl. Buggel 1989, S. 5; Erler 1989, S. 213ff.).

Zusammenfassend sind also in der Wissenschaftsdisziplin der Bewegungslehre/Sportmotorik zum Ende ihrer Ausbauphase in der DDR deutliche Anzeichen sowohl eines gesteigerten internationalen als auch deutsch-deutschen Austausches festzustellen. Diese Entwicklung liegt sicher im Trend gesamtgesellschaftlicher und politischer Entwicklungsprozesse, weniger aber ist hier eine grundsätzliche Entwicklung der Sportwissenschaft der DDR auszumachen, welche mit ihrer partiellen Leistungssportausrichtung immer noch gewissen Geheimhaltungsstufen unterlegen war und sich demzufolge in einer relativen Isolation befunden hat.

7.4.5 Inhaltliche Entwicklungslinien zwischen 1970 und 1990 in der DDR

Das inhaltliche Plateau, von dem aus sich die Wissenschaftsdisziplin in der Ausbauphase in der DDR weiterentwickelte, stellten die an der DHFK entstandenen Weiterentwicklungen des Theoriekonzeptes von Kurt Meinel, durch Günter Schnabel und seine Mitarbeiter dar, welche sich deutlich in der Neuauflage des Lehrbuches „Bewegungslehre. Versuch einer Theorie der sportlichen Bewegung unter pädagogischem Aspekt“ von 1976 widerspiegeln und in Kapitel 7.2.6.3 näher gekennzeichnet sind.

Das hier dargestellte Theoriekonstrukt sollte in der nun folgenden Entwicklungsphase nochmal maßgeblich erweitert werden. Geschehen ist dies vor allem durch die in Kapitel 7.4. bereits skizzierten eigenen Forschungen bzw. den nationalen und internationalen fachlichen Austausch. Dabei sind die gekennzeichneten Möglichkeiten der einzelnen sportwissenschaftlichen Einrichtungen zu berücksichtigen, so dass von einer Schwerpunktverschiebung von der DHfK an ausgewählte universitäre Standorte wie vor allem Jena und Greifswald bzgl. der inhaltlichen Erweiterung der Bewegungslehre/Sportmotorik zu sprechen ist.

Grundsätzlich ist aber, auch an der DHfK, von einem inhaltlichen Ausbau schon bestehender Konzepte zu sprechen, was vor allem auch auf die persönliche Bindung einiger in der ATMT beschäftigter Wissenschaftler zurückzuführen ist, wie z. B. G. Schnabel, R. Winter, D.-D. Blume, bzw. durch schon genannte Forschungsprojekte von Nachwuchswissenschaftlern, vorrangig zum Problemfeld der „Koordination“ bzw. der „koordinativen Fähigkeiten“ (vgl. Kapitel 7.4.4.1). Außerdem wurde vor allem durch die Arbeiten von Herzberg (1970, 1972) und Blume (1982) das Arbeitsfeld der „motorischen Tests“ weiterentwickelt (vgl. Schnabel 2006, S. 272). Indirekt kam es durch diese Weiterentwicklungen mit praktischem Bezug auch immer zur Präzisierung und zum

Ausbau des Theoriekonzeptes des seit 1960 in immer neuen Auflagen erscheinenden Lehrbuchklassikers „Bewegungslehre".

Der inhaltliche Ausbau dieser Jahre, der die schon in der Arbeit auf die 1976´er Auflage begonnenen Linie der interdisziplinären Öffnung der Wissenschaftsdisziplin und der naturwissenschaftlichen, quantitativen Absicherung einzelner Ansätze fortsetzte, findet sein Ergebnis in der Neubearbeitung von 1987. Schon der nun erweiterte Titel, „Bewegungslehre-Sportmotorik" lässt auf eine Integration neuer wissenschaftlicher Strömungen und Trends in der Wissenschaftsdisziplin schließen. Ganz konkret werden schon im Vorwort die Einflüsse nationaler und internationaler Arbeitsergebnisse der „Psychologie/Sportpsychologie, der Physiologie/Arbeits- und Sportphysiologie und der Biomechanik, in bestimmtem Maße auch von der Soziologie/Sportsoziologie" (Schnabel in Meinel/Schnabel 1987, S. 13) genannt. Inhaltlich wird insbesondere im Themenfeld der Bewegungskoordination weiter differenziert und sowohl den „Koordinative(n) Fähigkeiten" (Meinel/Schnabel, S. 242ff.) als auch den „Allgemeinen Bewegungsmerkmale(n) als Ausdruck der Bewegungskoordination" (Meinel/Schnabel 1987, S. 90ff), durch die separate Betrachtung, neues Gewicht verliehen.

Gerade im Kapitel II zur Bewegungskoordination (Meinel/Schnabel 1987, S. 50ff) wird deutlich, dass die „Bewegungslehre-Sportmotorik" stark von den theoretischen Erkenntnissen der genannten Basiswissenschaften profitieren und diese in der Lösung eigener, spezifischer Problemstellungen weiter ausbauen konnte. So wird vor allem das aus der Psychologie stammenden Handlungskonzept als Ausgangspunk genommen und seine Anwendbarkeit auf sportliche Tätigkeiten geprüft bzw. ausgearbeitet. Zentrale Fragen betreffen die Handlungsregulation sowie ihre innere und äußere Steuerung durch sensorische Informationsaufnahme, -verarbeitung und Rückinformation. Aber auch in den folgenden Kapiteln „Motorisches Lernen im Sport" (S. 172ff.), sowie „Motorische Entwicklung von der Geburt bis ins hohe Alter" (S. 275ff) wird der verstärkte interdisziplinäre Ansatz in den inhaltlichen Erweiterungen deutlich (vgl. Meinel/Schnabel 1987).

Neu aufgenommen worden sind die zusätzlichen Kapitel zum sportmotorischen Test (S. 398ff). Es wird deutlich, dass dem Aufbau und vor allem auch der Darstellung eines eigenen, disziplinspezifischen Methoden- und Testinstrumentariums, gemäß der Ausrichtung „Wissenschaft als Einheit von Theorie und Methode" (Meinel/Schnabel, 1987, S. 17), in der Zukunft gesteigerte Aufmerksamkeit gelten sollte.

Die inhaltlichen Entwicklungslinien an den übrigen Universitäten waren einerseits eng mit dem Theoriekonstrukt von Meinel und Schnabel verknüpft, schon weil es das bestimmende Konzept der Aufbauphase war, an allen Einrichtungen gelehrt wurde und somit auch die Terminologien bestimmte, andererseits bildeten sich in der Ausbauphase interessen- und personenabhängige Schwerpunkte an einzelnen Standorten, welche durchaus eigene Ansätze und Neuerungen beinhalteten.

Als grundlegende Tendenz dieser Phase ist die interdisziplinäre Öffnung der Wissenschaftsdisziplin zu nennen. Insbesondere Ansätze der Psychologie und Neurophysiologie hatten großen Einfluss auf die inhaltliche Entwicklung des Fachgebietes. Dazu ist aber anzumerken, dass es sich hierbei zumeist um Inspirationen bei speziellen Forschungsproblemen handelte. Oft stellten diese Grenzgebiete der etablierten Wissenschaft dar, die sich bereits ihrerseits der Behandlung des Bewegungsproblems geöffnet hatten, was zur positiven Folge hatte, dass daraus keine dogmatischen Vorgaben aus den Basiswissenschaften entstanden (vgl. Kernaussagen der Zeitzeugenbefragung der DDR-Wissenschaftler).

Besonders an der Universität Jena entstanden enge Verknüpfungen mit der Psychologie. So wurde früh wissenschaftlicher Nachwuchs aus dem Wissenschaftsbereich der Sozialpsychologie rekrutiert bzw. später interessierten Sportstudenten im Rahmen ihrer wissenschaftlichen Qualifizierung selbst ein Zusatzstudium in der Sozialpsychologie angeboten (vgl. Zeitzeugenbefragung G. Kirchner vom 01.02.2007). Mit R. Pöhlmann hatte der leitende Wissenschaftler der Sportmotorik in Jena selbst ein reguläres Psychologiestudium abgeschlossen, auch durch Auslandsaufenthalte fanden die Arbeiten der Sowjetpsychologie und ihrer Vertreter wie z. B. Rubinstein, Leontev und Galperin Einfluss. Seit 1982/83 wurde der gesamte Wissenschaftsbereich als „Sportmotorik/Sportpsychologie geführt.

Aber auch an den anderen Standorten der DDR wurden vermehrt Anregungen der Arbeitspsychologie (vor allem Hacker 1978, 1986) und der Neurophysiologie (vor allem Pickenhain 1959, 1979) aufgenommen. Vor allem aber auch die bereits genannten sowjetischen Wissenschaftler, allen voran Anochin (vgl. 1967), Tschaidse (vgl.1965) und Bernstein (vgl. 1947 (1958, 1996), 1975, 1988) hatten maßgeblichen Einfluss. Besonders die Arbeiten des Bewegungsforschers Nikolai Alexandrowitsch Bernstein sollten für die Entwicklungsphase der Bewegungslehre/Sportmotorik von größter Wichtigkeit sein (vgl. Kernaussagen Zeitzeugenbefragung DDR-Wissenschaftler). Ohne Vollständigkeit anzustreben, sei hier nur auf die von Bernstein entwickelten Theorien zur Bewegungskoordination/Bewegungsregulation, Erscheinungsformen der Bewegungstätigkeit und der menschlichen Motorik hingewiesen, denen zahlreiche interdisziplinäre Forschungen zur Arbeitsmotorik, Sportmotorik und

Motorik in künstlerischen Handlungen zu Grunde liegen (vgl. Pöhlmann 1989; Schnabel 1996).

Besonders die 1947 in der Sowjetunion erschienenen Monographie „O postrojenii dvizenij" („Über den Aufbau der Bewegungen") wird von Pöhlmann als „epochale Wissenschaftsleistung" bezeichnet (Pöhlmann 1989, S. 8) und gilt allgemein als für die Wissenschaftsdisziplin Bewegungslehre/Sportmotorik von höchster Wichtigkeit.

Bereits 1958 war es an der DHfK zu einer ersten Rezeption dieses Werkes gekommen. Das Institut für Bewegungslehre hatte eine Arbeitsübersetzung in Auftrag gegeben, welche deutlich seinen Einfluss in den Weiterentwicklungen des Meinelschen Theoriekonstruktes gefunden hat (vgl. Meinel/Schnabel 1976; 1987; 1998). 1996 ist es dann nochmals zu einer Neuübersetzung und Veröffentlichung des für Sport und Sportwissenschaft wichtigsten Teil des Werkes, nämlich des 8. Kapitels („Die Entwicklung der Bewegungsfertigkeiten") gekommen (vgl. Bernstein 1996).

Dass es nicht unmittelbar 1958 zu einer ganz offiziellen Veröffentlichung bzw. zu einer sofortigen flächendeckenden Wahrnehmung gekommen ist, ist vor allem mit dem weiteren wissenschaftlichen Schicksal von Bernstein in der UDSSR (vgl. Pöhlmann 1989, S. 6ff.), und der großen staatlichen Nähe von DDR und UDSSR, auch auf dem Wissenschaftssektor, zu begründen. Der russische Bewegungsforscher war in der Folge seiner Veröffentlichung, in der er in seinen Untersuchungen zu Bewegungsregulation und motorischen Lernprozessen unter anderem der „Reflextheorie" des berühmten russischen Physiologen Iwan Petrowitsch Pawlow in ihrer Absolutheit widersprochen hatte, und zur Konzeption einer „Willkürmotorik des Menschen mit ihrer bewussten Zieldeterminiertheit" übergegangen war (Zeitzeugenbefragung G. Kirchner vom 01.02.2007), diffamiert und verurteilt worden. Zudem wurden ihm jegliche Möglichkeiten der experimentellen Arbeit genommen. Nach seinem Tod 1966 wurden seine Arbeiten, auch in der Sowjetunion, von verschiedenen Wissenschaftlern gewürdigt, weitergeführt und auch international verbreitet. In der DDR ist daraufhin an der Universität Greifswald der sogenannte „Bernsteinzirkel" entstanden, zudem wurde mit der Herausgabe der „Bewegungsphysiologie", 1975 durch L. Pickenhain und G. Schnabel, auch im deutschsprachigem Raum eine Wahrnehmung der Arbeiten von Bernstein ermöglicht (vgl. Bernstein 1975; 1988, Pöhlmann 1989, S. 8f).

Ein deutliches Zeichen für die nachhaltige Wirkung, die die Arbeiten dieses Bewegungsforschers auf die inhaltliche Entwicklung des Fachgebietes in seiner Ausbauphase hatten, lässt sich auch an der bereits erwähnten internationalen Konferenz mit dem Titel. „Aktuelle sportmotorische Forschungen im Lichte der Lehren N. A. Bernsteins", die 1988 in Trassenheide stattgefunden hat, ablesen. Auch in diesem Rahmen wird wieder die Bedeutung der Arbeiten Bernsteins als wesentliche Bausteine auf dem Weg zu einer modernen handlungs- und tätigkeitsorientierten Motorik- und Bewegungsforschung benannt. So stellt Pöhlmann fest, dass die Abhandlungen „des wohl bedeutendsten Bewegungsforschers unseres Jahrhunderts" (1989, S. 6) „Über den Aufbau der Bewegungen" „die Wissenschaftsentwicklung in kreativer und revolutionärer Weise nun nahezu ein halbes Jahrhundert befruchtet oder befruchten könnte" (ebd., S. 8).

Als bleibende Erkenntnisse, welche großen Einfluss auf die Entwicklung der Sportmotorik hatten und haben, wurden von Pöhlmann zusammengefasst:

- „die Teil-Ganzes Problematik im Rahmen komplexer funktioneller Systeme sowie einer Mehr-Ziel-Mehr-Ebenen Regulation der Psychomotorik
- die Verkopplung bzw. Existenz hybrider Steuerungs- und Regelprozesse und sich verändernder Anteile von feedback- sowie feed-forward Mechanismen
- der differentielle Zugriff zu einer bewussten, unterbewussten und unbewussten Regulation einschließlich Selbstorganisation und autonomen Ordnungsparametern
- die Abklärung der Wechselverhältnisse von aktiven und reaktiven Kräften im Verlaufe ontogenetischer und aktualgenetischer Veränderungsreihen der Motorik;
- die Problematik des motorischen Feldes, d. h. die Relationen sowie Maßzonen von Quantität und Qualität, von Metrik und Topologie im Hegelschen Sinn und damit die verstärkte Nutzung von Mustern, Patterns, Etalons und Schemata für Bewegungsentwürfe sowie die Kontrolle motorischer Handlungsprogramme" (1989, S. 10)

Wenn die inhaltliche Entwicklung der Wissenschaftsdisziplin in dieser Phase mit wenigen Schlagworten beschrieben werden sollte, so ist sie mit einer Hinwendung zu einer handlungsorientierten Sportmotorik, mit einer starken Bezugnahme auf die Bewegungskoordination unter dem Ausbau der psychomotorischen und neuromotorischen Anteile der Wissenschaftsdisziplin zu kennzeichnen.

Differenziert können dazu den einzelnen Standorten der DDR folgende Schwerpunkte der inhaltlichen Entwicklung der Ausbauphase zugewiesen werden, wobei hier nur eine Auswahl aufgeführt werden kann:

- **DHfK Leipzig:** Ganzheitliche Betrachtungen zu Funktionen der menschlichen Motorik in dem Beziehungsgeflecht - Mensch-, Umwelt-, Persönlichkeitsentwicklung als Weiterentwicklung des Meinelschen Konzeptes, Begründung des handlungstheoretischen Ansatzes (Schnabel u. a.); Entwicklung und Begründung eines sportmotorischen Terminologiekonzeptes (Schnabel), koordinative Fähigkeiten (Schnabel, Blume und Forschungsgruppe), Motorische Tests (Schnabel, Herzberg, Blume), Motorische Ontogenese (Winter)
- **Universität Jena:** Ganzheitliche Betrachtungen zu Funktionen der menschlichen Motorik in dem Beziehungsgeflecht - Mensch-, Umwelt-, Persönlichkeitsentwicklung als Weiterentwicklung des Meinelschen Konzeptes, Begründung des handlungstheoretischen Ansatzes (Pöhlmann u. a.); Tätigkeitskonzepte und biopsychosoziale Lernprozesse im Sport (Pöhlmann), Motorisches Lernen und seine handlungstheoretischen Grundlagen und Bewegungsregulationen (Pöhlmann u. a.)
- **Universität Greifswald:** Entwicklung und Begründung eines sportmotorischen Terminologiekonzeptes (Hirtz), koordinative Fähigkeiten und ontogenetische Besonderheiten (Hirtz und Forschungsgruppe „N. A. Bernstein")
- **Pädagogische Hochschule Magdeburg:** koordinativ-motorisches Lernen, motorische Niveaukriterien und sportliche Technik (Blaser); Phylogenese (Blaser)
- **Pädagogische Hochschule Zwickau:** motorisches Lernen (Phasenverläufe) und Bewegungskoordination (Rostock)
- **Universität Halle:** Bewegungsvorstellungen und motorisches Lernen (Leirich)
- **Pädagogische Hochschule Potsdam:** motorische Lernprozesse und der Erwerb sportlicher Technik (Diessner)

Abschließend ist einzuschätzen, dass sich die Wissenschaftsdisziplin in der Ausbauphase von der die Aufbauphase dominierende pädagogisch orientierten Bewegungslehre Kurt Meinels zu einer in Ausrichtung und Forschungsmethoden interdisziplinär vorgehenden und integrativen handlungszentrierten Sportmotorik entwickelt hat.

Dabei ist das Verhältnis der ursprünglichen Konzepte von Meinel zu den modernen Ansätzen der 1980er Jahre als dialektisch zu beschreiben oder, wie Pöhlmann es beschreibt: „Es ging oder geht nie um Abgrenzung oder gar „Ausgrenzung" sondern um eine „Negation der Negationen".

Diese umfasst sowohl die „Aufhebung" (im Sinne der Aufbewahrung) als auch die zweite „Aufhebung" (im Sinne der Ablösung)" (Zeitzeugenbefragung R. Pöhlmann vom 22.03.2007).

In diesem Sinne wurde im Fachgebiet die inhaltliche Entwicklung vom ersten umfassenden Konzept der menschlichen Motorik im Sport durch Meinel zu einer komplexen biopsychosozialen Bewegungstheorie vollzogen.

7.4.6 Zusammenfassung im Spiegel der Zeitzeugenbetrachtung

Zusammenfassend ist die zweite Phase der Entwicklung des Fachgebietes in der DDR, durch mehrere Kernpunkte zu charakterisieren:

- Die einschneidenden hochschulstrukturellen Veränderungen um die 3. Hochschulreform, welche diese Phase einleiteten
- Die damit verbundene Schwerpunktverschiebung an der zentralen Lehr- und Forschungsstätte der Sportwissenschaft der DDR, der DHfK
- Die Etablierung einzelner universitärer Forschungs- und Entwicklungsstandorte, wie vor allem Jena und Greifswald
- Den strukturellen Ausbau der Wissenschaftsdisziplin durch eine breit gefächerte Nachwuchsförderung, intensivierten fachlichen Austausch und gestiegene Publikationstätigkeiten
- Die inhaltliche Erweiterung im Sinne einer interdisziplinär und integrativ agierenden modernen Wissenschaftsdisziplin, welche sich sowohl im Ausbau bestehender als auch im Finden und Begründen neuer Ansätze zu einer handlungszentrierten Sportmotorik entwickelt hat
- Schlussendlich die Entwicklungslinie von einer zu Beginn der Ausbauphase als Fachgebiet der Sportwissenschaft international nahezu isolierten Disziplin, bis zur verstärkten internationalen Öffnung und eines verbesserten deutsch-deutschen Austausches als Folge externer politisch-gesellschaftlicher Faktoren

In der Selbsteinschätzung der Bewegungswissenschaftler der DDR ergibt sich damit, am Vorabend der deutschen Wiedervereinigung, das Bild eines, auch im internationalen Maßstab, hochwertigen, eigenständigen Lehr- und Forschungsgebiets (vgl. Kernaussagen Zeitzeugenbefragung DDR-Wissenschaftler). Sowohl bei den Wissenschaftsvertretern aus der BRD als auch aus dem Ausland bleibt die positive Bewertung der Wissenschaftsdisziplin auch für diese Entwicklungsphase erhalten und unterstützt diese Aussage. Es wird aber bis zu den Entspannungsprozessen der zweiten Hälfte der 1980er Jahre in der subjektiven Wahrnehmung auch von einer sich steigernden ideologischen Note in den Veröffentlichungen bzw. stärkeren staatlichen Restriktionen der DDR-Wissenschaft gesprochen. Davon unbeeinflusst blieben aber die persönlichen Beziehungen der Wissenschaftler, welche im Grundtenor immer von gegenseitiger Achtung und Wertschätzung getragen wurden (vgl. Kernaussagen Zeitzeugenbefragungen Bewegungswissenschaftler gesamt). Der Umstand, dass die zentralen staatlichen Führungsgremien der Sportwissenschaft wie SKS und DTSB immer stärkeren Einfluss genommen haben, stellt auch für die Wissenschaftler der DDR den größten Kritikpunkt in der Entwicklung der eigenen Wissenschaftsdisziplin dar. Diese Fremdbestimmung des Fachgebietes, durch DTSB und SKS, wird als ausschlaggebender Punkt für entstehende Mängel in der Wissenschaftsdisziplin, wie die Vernachlässigung der Grundlagenforschung oder auch die für fast alle Wissenschaftler nahezu unmögliche Teilnahme an internationalen Kongressen oder Konferenzen angesehen.

Auch werden bestehende Probleme, wie die mangelhaften Möglichkeiten des Bezuges von westlicher Fachliteratur, als begrenzend für die Entwicklung der Wissenschaftsdisziplin angesehen (vgl. Zeitzeugenbefragung DDR-Wissenschaftler). Andererseits entsteht in der Befragung auch der Eindruck einer klaren Bekenntnis der Wissenschaftler zur sportbetonten gesellschaftlichen Gesamtausrichtung der DDR und der DDR-Sportwissenschaft. Demzufolge sind auch hohe persönliche Motivationen zu unterstellen, welche nur zum Teil den nur bedingt dem Wettkampf ausgesetzten Wissenschaftsleistungen galten oder, wie Hirtz ergänzend formuliert:

> „Natürlich war das Interesse an sportlichen Spitzenleistungen, aber auch an einem hohen Niveau des Schulsports in der DDR, ein entsprechender Motor für die Entwicklung der Sportwissenschaft und der Sportmotorik."
>
> (Zeitzeugenbefragung P. Hirtz vom 09.08.2006)

7.5 Die Entwicklung der Bewegungslehre/Sportmotorik in der BRD zwischen 1970 und 1990

In diesem Kapitel soll sowohl die institutionelle als auch die inhaltliche Entwicklung der Wissenschaftsdisziplin während der Ausbauphase in der BRD thematisiert werden. Eingeleitet wird diese Entwicklung durch die, zum Ende der 1960er Jahre einsetzende und dann rasch fortschreitende, Entwicklung und Ausbreitung der Sportwissenschaft in der BRD (vgl. Kapitel 5.1; 7.3.1), beendet wird sie durch die deutsche Wiedervereinigung 1990, in deren Folge von einer gesamtdeutschen Entwicklung zu sprechen ist. Deutlich wird, dass sich auch die Sportwissenschaft bzw. die Bewegungslehre der BRD in einem Geflecht aus externen gesellschaftlichen und (hochschul-) politischen Einflüssen entwickelt hat (vgl. 7.5.1ff.).

7.5.1 Die strukturelle Entwicklung zwischen 1970 und 1990

Die Entwicklung des Fachgebietes Bewegungslehre/Sportmotorik kann, wie auch in der DDR, in eine Aufbau- und eine Ausbauphase unterteilt werden. Wie bereits unter Punkt 7.3. näher beschrieben, setzte die Entwicklung der Wissenschaftsdisziplin in Folge der gehemmten akademischen Etablierung der Sportwissenschaft später ein als in der DDR. Zum Ende der 1960er Jahre begann sich die Sportwissenschaft und mit ihr die Bewegungslehre/Sportmotorik an den einzelnen universitären Standorten sukzessive zu etablieren. Terminologien und Theoriekonstrukte wurden bundesweit noch relativ einheitlich verwendet, was vor allem mit den allgemeinen fachlichen Orientierungen, an den Wissenschaftserkenntnissen aus der DDR und Österreich zu begründen ist.

Doch auch in der BRD ist von einer Zäsurperiode in der Entwicklung zu sprechen, deren Prozesse sich in der zweiten Hälfte der 1960er Jahre bereits angedeutet haben. Initialisiert durch verschiedene externe gesellschaftliche Einflüsse, kam es zu Beginn der 1970er Jahre zu einem deutlichen Aufschwung der Sportwissenschaft an den Standorten der BRD (vgl. Kapitel 7.5.2).

Die Bewegungslehre/Sportmotorik war dabei in dieser sehr dynamischen Phase integraler Bestandteil der sportwissenschaftlichen Entwicklung in der BRD, wie auch die Auswertung der sportwissenschaftlichen Vorlesungsverzeichnisse (vgl. Rühl 1967 - 1990) dieses Zeitabschnitts beweisen:

Tab. 5 Chronologische Entwicklung des Vorkommens des Fachgebietes an Universitäten der BRD unter der jeweiligen Bezeichnung

Vorkommen des Fachgebietes an deutschen Universitäten				
Studienjahr	1968/69	1971/72	1979/80	1989/90
Sportwissenschaft	28	28	51	60
Bewegungslehre	12	10	16	20
Sportmotorik	1	3	7	8
Bewegungslehre/ Sportmotorik	0	5	14	12
Bewegungslehre/ Biomechanik	1	2	0	0
Häufigkeit des Fachgebietes in %	50	71,4	72,5	66,7

Außerdem sind aus dieser Aufstellung noch weitere Entwicklungstendenzen der Wissenschaftsdisziplin in der Aufbauphase abzulesen. Einmal die steigende absolute Verbreitung des Lehr- und Forschungsgebietes an den westdeutschen Hochschulen. Besonders deutlich wird dies in der dynamischsten Phase der Entwicklung der Sportwissenschaft der BRD, den 1970er Jahren, in welcher die Anzahl der Hochschulstandorte, die Lehrveranstaltungen zu direkten Inhalten der Bewegungslehre/Sportmotorik anbieten, von 20 (1971/72) auf 37 (1979/80) angestiegen ist. Zudem wird die große Uneinheitlichkeit in der Bezeichnung der Wissenschaftsdisziplin während der gesamten Entwicklungsphase deutlich.

Abgesehen von dem Umstand, dass die Bezeichnung des Fachgebietes, zumindest zu Beginn der Aufbauphase, noch in Einzelfällen mit der

„Biomechanik“ verknüpft wurde, was dann ganz aufhört[37], ist darauf hinzuweisen, dass, ungeachtet inhaltlicher Weiterentwicklungen, „Bewegungslehre“ die häufigste Bezeichnung für das Fachgebiet bleibt.

Die große Streuung in der Bezeichnung des Fachgebietes spiegelt aber auch eine gesamtheitlichen Entwicklungstrend der Wissenschaftsdisziplin in der BRD wider. So sind auch für die Ausbauphase keine einheitlichen Vorgaben zu Lehre und Forschung vorhanden. Inhaltliche und institutionelle Entwicklung bleiben absolut standort- und personenabhängig, werden weder zentral gefördert noch gehemmt. Als allgemeiner Trend ist aber ein deutlicher Aufschwung in der Entwicklung des Fachgebietes auszumachen, welcher eng an die Entwicklungslinie der westdeutschen Sportwissenschaft geknüpft ist. Als für die Bewegungslehre/ Sportmotorik fördernde Faktoren sind aus den entwicklungsgenerierenden Faktoren der Sportwissenschaft (vgl. 7.3.6) besonders hervorzuheben:

- Einmal die flächendeckende Einführung von Lehrstühlen und Professuren, welche zur klaren Profilierung einzelner sportwissenschaftlicher Fachgebiete geführt hat, so auch der Bewegungslehre. Die Wissenschaftsdisziplin etablierte sich fortan an ausgewählten Standorten mit eigenen Professuren, Forschungsprojekten und Nachwuchswissenschaftlern.
- Außerdem, 1976, die Gründung der Deutschen Vereinigung für Sportwissenschaft (DVS), welche seit dem für alle Fachrichtungen als Dachorganisation fungierte. Seit 1987 war das Fachgebiet „Bewegungslehre/Sportmotorik“ auch ganz offiziell, gemeinsam mit der Biomechanik und der Trainingswissenschaft, in der interdisziplinär strukturierten Sektion „Bewegung und Training“ vertreten.

In den hier organisierten, oft interdisziplinären, Symposien, Workshops und auch internationalen Veranstaltungen hat in der Wissenschaftsdisziplin ein regelmäßiger Erfahrungsaustausch stattgefunden (vgl. Kernaussagen BRD-Wissenschaftler). Auch dem Umstand geschuldet, dass es aber nicht zur Gründung einer eigenen Sektion für das Fachgebiet gekommen ist, wie es für andere Fachrichtungen (1985 Sportgeschichte, 1988 Sportpsychologie) der Fall war, hatte die DVS bzw. die Sektion nicht die gleiche richtungweisende Funktion der zentralen inhaltlichen Steuerung von Lehr- und Forschungsinhalten für die einzelnen univer-

[37] Trotzdem wurden die Fachrichtungen Biomechanik und Bewegungslehre/ Sportmotorik auch in der Ausbauphase an vielen Standorten noch in Personalunion gelehrt.

sitären Standorte, wie es bei der zentralen Fachkommission „Sportmotorik“ in der DDR der Fall gewesen ist.

- Die Veränderung bildungspolitischer Grundhaltungen der führenden politischen Parteien und die damit verbundene Förderung der Sportwissenschaft, vor allem als Reaktion auf den bundesweiten Sportlehrermangel.

Die Folge war eine nahezu vollständige Integration der (Sport-)Lehrerausbildung in die Universitäten. Die Bewegungslehre wurde, gerade zu Beginn der Ausbauphase, vor allem noch in ihrer (sport-)pädagogischen Prägung wahrgenommen, weshalb das Fachgebiet für die Ausbildung sportpraktisch tätiger Sportpädagogen von großer Wichtigkeit war und dementsprechend als integraler Bestandteil einer sich dynamisch entwickelnden Sportwissenschaft betrachtet wurde.

- Die zunehmende Verwissenschaftlichung des Leistungssports und dessen Förderung als politisches Instrument. Wenn auch später als in der DDR, so wurden auch in der BRD internationale Erfolge im Hochleistungsport als politisches Mittel im Kalten Krieg wahrgenommen. Somit erfolgte, einsetzend mit der Vorbereitung der Olympischen Spiele im eigenen Land, eine stärkere Unterstützung des Leistungssports auf allen Gesellschaftsebenen. Die Bewegungslehre/Sportmotorik profitierte als Wissenschaftsdisziplin, welche versucht menschliche Bewegungshandlungen im Sport zu erklären, von diesen Entwicklungsprozessen sicher nicht so vordergründig, wie Sportmedizin oder Trainingswissenschaft, auf jeden Fall aber sekundär.

Grundsätzlich zu erwähnen ist auch das Phänomen der gesteigerten gesellschaftlichen Wahrnehmung sportlicher Leistung in der Gesamtbevölkerung und der daraus entstehende Bedarf, diese erklären zu können.

Auf diese Entwicklung hatten verschiedene externe Faktoren Einfluss, wie zum Beispiel erste Tendenzen einer Freizeitgesellschaft nach dem wirtschaftlichen Aufschwung der 1950er und 1960er Jahre, verschiedene öffentlichkeitswirksame Initiativen zum Thema „Sport und Gesundheit“, initiiert durch den Deutschen Sportbund, oder auch die rasante Entwicklung und Verbreitung des Mediums TV, welches sportliche Leistungen in aller Welt miterlebbar machte. Grundsätzlich war die sportliche Bewegung im Denken der Menschen wesentlich präsenter als in vorangegangenen Jahrzehnten, was für die Entwicklung einer entsprechenden Wissenschaftsdisziplin natürlich förderlich gewesen ist.

In Betrachtung dieser externen Rahmenbedingungen wird deutlich, dass die Umstände für die angesprochene dynamische Entwicklung des Fachgebietes durchaus positiv einzuschätzen sind. Es entwickelte sich eine zunehmend aktive und produktive Wissenschaftsdisziplin. Aufgrund einer fehlenden Leitlinie zur Entwicklung des Fachgebietes und der Tendenz der fortschreitenden Differenzierung und Spezialisierung innerhalb der Bewegungslehre/Sportmotorik, entwickelten sich die einzelnen Standorte der BRD sowohl institutionell-strukturell als auch inhaltlich sehr vielfältig. Die relative Einheitlichkeit von Terminologien und Theoriekonstrukten der Aufbauphase, welche sich vor allem an den Standardwerken von Buytendijk, Meinel und Fetz orientiert hatte, war einer sehr freien, pluralen, individualistischen Ausrichtung gewichen.

7.5.2 Inhaltliche Entwicklung und internationaler Austausch

Die Freiheit von Lehre und Forschung bestimmt das Bild der sich entwickelnden Wissenschaftsdisziplin in jeder Hinsicht. Im Grunde genommen, ist von „drei Freiheiten“ zu sprechen.

Einmal die internationale Freiheit. Fachliteratur aus dem Ausland konnte auch während des Kalten Krieges ohne Einschränkungen bezogen werden. Das heisst, die Wissenschaftsdisziplin hat sich, international, in der Mitte vieler verschiedener Strömungen, einer, sich im weitesten Sinne, inhaltlich ohnehin sehr dynamisch entwickelnden Wissenschaftsdisziplin befunden. Ein grundsätzliches Interesse an internationalem Austausch ist auch durch die rege Teilnahme westdeutscher Teilnehmer an der schon angesprochenen „Bernstein-Konferenz“ 1988 in der DDR, bzw. an der Ausrichtung einer eigenen Veranstaltung im Jahr darauf abzulesen. Das „Internationale Symposium für Bewegungs- und Motorikforschung“, welches vom 29.8. - 02.09.1989 in Saarbrücken abgehalten wurde, erfreute sich, wie schon die Veranstaltung im deutschen Nachbarstaat, reger internationaler Teilnahme und Aufmerksamkeit

Als stärkste internationale Einflüsse, für die inhaltliche Entwicklung der Wissenschaftsdisziplin in der BRD, werden, neben den Wissenschaftsergebnissen aus der DDR, die Arbeiten der US-Amerikaner genannt. Vor allem Singer, Cratty, Schmidt, Magill, Whiting und Stellmach werden hierbei hervorgehoben (vgl. Kernaussagen BRD-Wissenschaftler).

Es ist vor allem also von Einflüssen der Psychomotorik und einer relativen Konzentration auf das Themenfeld des „Motorischen Lernens“ zu sprechen, wobei zumindest Ersteres für diese Entwicklungsphase eine Parallele zur DDR darstellt. Unter der Bezeichnung „motor-approach“ wurden motorische Programmtheorien entwickelt, welche auch als

„open-loop" und „closed-loop" Theorien bekannt sind und vor allem mit den Namen Adams, Kelso und Rosenbaum verbunden sind. Besonders hinzuweisen ist in diesem Zusammenhang auch auf die „Schema-Theorie" von R. A. Schmidt (vgl. 1975, 1982).

Aber auch andere Wissenschaftler aus dem westlichen Europa werden genannt, so zum Beispiel Beunen (Belgien - motorische Ontogenese) oder Kemper (Niederlande - motorische Ontogenese). Zumeist entwickelten sich aus der Rezeption der Fachveröffentlichungen auch persönliche Kontakte und wissenschaftlicher Austausch.

Die inhaltlichen Entwicklungen der Wissenschaftsdisziplin, vor allem der DDR, aber auch im übrigen östlichen Ausland, wurden nach wie vor aufmerksam verfolgt und positiv bewertet. Als größtes Unterscheidungsmerkmal wurde die größere Zielgerichtetheit und Systematik in der Entwicklung des jungen Fachgebietes in der DDR wahrgenommen. Dabei werden Schnabel und Pöhlmann als die, für die eigene Entwicklung, im Fachgebiet stärksten Einflüsse genannt (vgl. Kernaussagen Zeitzeugenbefragung BRD-Wissenschaftler). Fachveröffentlichungen aus der Sowjetunion bzw. dem osteuropäischen Ausland konnten zumeist erst zeitversetzt bearbeitet werden, da auf entsprechende Übersetzungen, zumeist durch die DDR, gewartet werden musste. Die Wahrnehmung der Arbeiten der sowjetischen Wissenschaftler scheint aber bei weitem nicht so stark und flächendeckend gewesen zu sein, wie in der DDR. Bernstein, Rubinstein und Donskoi werden als wichtigste Einflüsse benannt (vgl. Zeitzeugenbefragung BRD-Wissenschaftler).

Die Entwicklung eigener inhaltlicher Wege und neuer Ansätze ist vor allem vor dem Hintergrund dieser internationalen Einflüsse zu sehen. Als positiv wird die Selbstständigkeit der Wissenschaftsdisziplin hervorgehoben (vgl. Kernaussagen Zeitzeugenbefragung BRD-Wissenschaftler). Starke Bindungen an Wissenschaftsdisziplinen mit ähnlichen Erklärungsansprüchen, wie der Biomechanik oder auch der Trainingslehre, bestanden nicht, zumindest nicht in dem Maße, als das von einer Beschränkung der eigenen Entwicklungsmöglichkeiten gesprochen werden könnte, wie das beispielsweise in der DDR seit der 3. Hochschulreform an der DHfK der Fall war. Dies ist als weiterer entscheidender Aspekt einer freiheitlichen Entwicklung zu werten.

Abschließend ist noch die relative Freiheit von Bindungen zu den Basiswissenschaften aufzuführen. Da die Bewegungslehre/Sportmotorik ein relativ junges Fachgebiet, ohne die Bindung an eine einzelne etablierte Basiswissenschaft gewesen ist, bestanden auch in dieser Hinsicht keine stärkeren, reglementierenden Einflüsse, wie sie in anderen Fachbereichen, wie zum Beispiel der Sportpsychologie (durch die Psychologie) oder der Sportsoziologie (durch die Soziologie), auftreten konnten (vgl. Kernaussagen Zeitzeugenbefragung BRD-Wissenschaftler).

Die sich entwickelnde Forschung im Fachgebiet fand dementsprechend auch weitestgehend innerhalb der Sportwissenschaft statt, nur bzgl. des in den Anfangsjahren noch wenig ausgeprägten eigenen Methodeninstrumentariums wurde sich an den Basiswissenschaften orientiert. Als eigene Untersuchungsmethoden wurden, ebenso wie in der DDR, motorische Tests zur Erfassung motorischer Niveaus entwickelt und dann vor allem in den 1980er Jahren durch bildgebende Verfahren wie die Elektromyographie sowie neurophysiologische, anthropometrische und biomechanische Untersuchungsmethoden erweitert (vgl. Zeitzeugenbefragung K. Willimczik vom 15.02.2006, Mechling 2003).

Als stärkster „externer" inhaltlicher Einfluss ist jener der (Sport-) Psychologie zu erwähnen. Zurückzuführen ist dies einmal auf die dementsprechende Vorbildung führender Bewegungswissenschaftler, wie z. B. H. Rieder, bzw. sich in bestimmten Punkten überschneidenden Gegenstandsbereichen, wie zum Beispiel das sportmotorischen Lernen oder handlungstheoretische Ansätze. In den späten 1980er Jahren ist diese verstärkte Zusammenarbeit auch an gemeinsamen wissenschaftlichen Veranstaltungen beider Wissenschaftsdisziplinen abzulesen. In diesem Zusammenhang ist unbedingt auf das 4. Internationale Symposium der Arbeitsgemeinschaft für Sportpsychologie 1988 in Heidelberg hinzuweisen, bei welchem das Motorische Lernen genauso thematisiert wurde, wie auf dem Internationalen Motorik-Symposium 1989 in Saarbrücken, welches unter der Beteiligung von Sportpsychologen abgehalten wurde (vgl. Daugs et. al. 1991).

Zu Beginn der Ausbauphase, der Entwicklung der Wissenschaftsdisziplin in der BRD, sind vor allem die Arbeiten von Göhner und Ungerer aus den frühen 1970er Jahren als erste wesentliche Schritte einer eigenen inhaltlichen Profilierung zu nennen. Ungerer baut dabei auf das Phasenmodell zum motorischen Lernprozess von Meinel, bzw. Meinel/Schnabel, auf und erweitert es um Betrachtungen zum sensomotorischen Bewegungsvollzug, wobei er zwischen „Innensicht" und „Außensicht" unterscheidet und den Begriff der „sensomotorischen Sequenz" prägt. Grundlage seines Modells sind vor allem Bewegungsanalysen (Film) (vgl. Meinel 1960; Meinel/Schnabel 1976); Ungerer 1973a, 1973b).

Göhner, welcher als bedeutendster Vertreter des Fachgebiets in dieser Entwicklungsphase angesehen werden kann, verfolgte die Entwicklung einer „integrativ-funktionalen" Bewegungslehre. Dieser ganzheitliche Ansatz umfasst das Erkennen und Erforschen von der Bewegung als Prozess oder Handlungsvollzug mit einer konkreten, zielgerichteten Bewegungsaufgabe unter Berücksichtigung ablaufrelevanter Bezugsgrundlagen wie Gegnereinfluss, Sportgerät und Umweltbedingungen. Zudem versucht er, sowohl Bewegungen als auch Bewegungsanalysen zu systematisieren und zu ordnen, sowie Aussagen zur eigentlichen Bewegungsstruktur zu treffen (vgl. Göhner 1974, 1979, 1980).

Als Wegbereiter der Wissenschaftsdisziplin in der BRD muss vor allem aber auch H. Rieder genannt werden, welcher sich als einer der ersten westdeutschen Wissenschaftler intensiv mit denen in Österreich und vor allem der DDR entstehenden Ansätzen der Bewegungslehre auseinander setzte. Die Veröffentlichungen „Bewegungslehre des Sports. Sammlung grundlegender Beiträge" (vgl. Rieder 1973, 1977) kann als frühe Bestandsanalyse angesehen werden, welche durch diese Wissensvermittlung einen entscheidenden Beitrag zu den vielfältigen fachlichen Entwicklungen der 1970er und 1980er Jahre in der BRD leistete.

Als besonders bedeutend für die inhaltliche Entwicklung der Wissenschaftsdisziplin in der BRD, müssen aber unbedingt die 1980er Jahre angesehen werden. Im Zuge der sehr freiheitlichen, pluralistischen Entwicklung des Fachgebietes, ist eine Vielzahl von Ansätzen entstanden, welche durchaus internationale Beachtung gefunden haben. Zu nennen sind hier vor allem die Wissenschaftler Bös (vgl. 1983, 1984), Daugs (vgl. 1978, 1984), Grosser (vgl. 1978, 1987) Leist (vgl. 1978), Mechling (1986), Roth (vgl. 1982, 1983, 1989), Röthig (vgl.1982), Weinberg (vgl. 1985) und Willimczik (vgl. 1979, 1983).

Wie aber auch deutlich wird, lässt sich unmöglich eine einheitliche inhaltliche Entwicklungslinie der Bewegungslehre/Sportmotorik der BRD ausweisen. Die bereits in den Fachgebietsbezeichnungen offenbar gewordenen Unterschiede setzen sich in Betrachtungsweisen, Ansätzen und Terminologien fort.

Auch wenn es im Rahmen dieser Arbeit nicht möglich sein wird, jedes Wissenschaftskonzept im Detail darzustellen, sollen folgend die maßgeblichen Betrachtungsweisen, welche die Entwicklung der Wissenschaftsdisziplin in dieser Entwicklungsphase in der BRD bestimmten, genannt werden. Roth/Willimczik unterscheiden bereits in den frühen 1980er Jahren vier Betrachtungsweisen, die die inhaltliche Entwicklung des Fachgebietes in der BRD bestimmen:

Die **morphologische Betrachtungsweise,** als die auch von Meinel favorisierte Betrachtungsweise, welche die ganzheitliche Betrachtung des äußerlich sichtbaren Bewegungsablaufes in den Vordergrund stellt, stark praktisch orientiert ist und die Selbst- und Fremdbeobachtung bzw.

Film- und Fotoaufnahmen und Bewegungsbeschreibungen zum Erkenntnisgewinn nutzt.

Die **funktionale Betrachtungsweise,** in welcher die sportliche Bewegung als Funktion betrachtet wird. Sie soll zielgerichtet sein und wird in einen Innen- und einen Außenaspekt unterteilt.

Die **empirisch-analytische Betrachtungsweise,** in welcher die körpereigenen Steuer- und Regelprozesse im Vordergrund stehen, deren Basis motorische Fähigkeiten und Fertigkeiten bilden.

Die **biomechanische Betrachtungsweise,** durch welche die sportliche Bewegung in einem physikalisch-mechanischem Kontext analysiert wird und diese vor allen in quantitativen Merkmalen ausdrückt (vgl. Roth/Willimczik 1983).

Einen anderen Ansatz, zur Strukturierung bewegungswissenschaftlicher Ansätze in der BRD, liefert Grosser, welcher eine Klassifizierung in die Betrachtung der Innensicht, die Betrachtung der Außensicht sowie die ganzheitliche Betrachtung vornimmt und diesen folgende Untersuchungsaspekte zuordnet (vgl. Grosser 1987):

Tab. 6 Kategorisierung bewegungswissenschaftlicher Ansätze nach GROSSER 1987

Außensicht	Innensicht	ganzheitlich
strukturell	funktionell-anatomisch	informationstheoretisch
biomechanisch	energetisch	handlungstheoretisch
funktionell-anatomisch	psychologisch	psychologisch

Mit der Entscheidung für eine dieser Betrachtungsweisen erfolgt, dementsprechend, auch die Entscheidung für spezifische Lehr- und Forschungsschwerpunkte bzw. Untersuchungsmethoden.

Zusammenfassend lässt sich feststellen, dass die Ausbauphase der Entwicklung der Bewegungslehre/Sportmotorik in der BRD vor allem ein Phase der Differenzierung gewesen ist. Jedem Wissenschaftler oblag es selbst, sich für eine oder mehrere Betrachtungsweisen, Ansätze oder Herangehensweisen zu entscheiden und diese zu verfolgen. Es kann nicht von der Dominanz einer bestimmten Richtung gesprochen werden, sondern eher vom Trend der weiten Streuung inhaltlicher Aspekte. Dies wurde begleitet von einer Entwicklung in die Richtung der grundlagenorientierten, theoretischen Forschung, was auch damit zu begründen ist, dass nicht solche klaren Aufträge aus der Sportpraxis bestanden, wie es beispielsweise in der DDR der Fall gewesen ist.

7.5.3 Zusammenfassung im Spiegel der Zeitzeugenbetrachtung

Die Entwicklung des Fachgebietes Bewegungslehre/Sportmotorik wurde in der BRD, auch in der Ausbauphase, maßgeblich vom Entwicklungsverlauf der Sportwissenschaft bestimmt. Zu Beginn der 1970er Jahre kam es zu einer flächendeckenden, dynamischen akademischen Etablierung der Sportwissenschaft in der BRD, deren integraler Bestandteil die Bewegungslehre/Sportmotorik war. Diese Entwicklung war maßgeblich von externen gesellschaftlichen und politischen Faktoren beeinflusst worden. Darauf folgend, entwickelten sich mit dem Aufbau von eigenen Lehr- und Forschungsstrukturen, Professuren und der Förderung von Nachwuchswissenschaftlern, institutionelle Strukturen an den einzelnen universitären Standorten. Sowohl die steigende Zahl von Fachveröffentlichungen als auch der verstärkte fachliche Austausch auf Bundesebene, durch Symposien und Konferenzen und die Vertretung in einer der Sektionen der Deutschen Vereinigung für Sportwissenschaft, lassen auf die Herausbildung einer aktiven Wissenschaftsstruktur schließen.

Auch die inhaltliche Entwicklung im Fachgebiet ist als sehr dynamisch zu beschreiben. Unter dem Einfluss amerikanischer, ostdeutscher und vereinzelt sowjetischer Einflüsse entwickelte die Wissenschaftsdisziplin ein sehr breites Spektrum inhaltlicher Ansätze und Linien. Dabei haben die Arbeiten verschiedener Bewegungswissenschaftler der BRD internationale Verbreitung und Anerkennung gefunden. Eine genaue Charakterisierung der inhaltlichen Ausrichtung der Bewegungslehre/Sportmotorik hingegen fällt, ob der sehr freien Ausrichtung, der Vielzahl von Ansätzen, und des Fehlens einer übergreifenden Systematik und Leitlinie schwer. Grundsätzlich ist, im Vergleich mit der DDR, zu bemerken, dass die inhaltliche Linie in dieser Phase stärker von grundlagenorientierten und wissenschaftstheoretischen Fragestellungen geprägt war als von Praxisorientierungen, wie es in der DDR der Fall war.

Das deutsch-deutsche Verhältnis im Fachgebiet wird, im Gegensatz zu anderen Feldern des Sports und der Sportwissenschaft, als relativ offen bezeichnet. Es erfolgte eine intensive Auseinandersetzung mit den Fachveröffentlichungen aus der DDR, persönliche Kontakte wurden, soweit es von DDR-Seite möglich war, wahrgenommen. Allgemein werden diese in der Wissenschaftsdisziplin entstehenden Verhältnisse als produktiv beschrieben, Konkurrenzzustände werden nicht wahrgenommen (vgl. Kernaussagen Zeitzeugenbefragung BRD-Wissenschaftler).

Die Wahrnehmung der Entwicklung der Wissenschaftsdisziplin in der BRD durch die Wissenschaftler der DDR wird vor allem durch die in der BRD vorherrschende Freiheit von Lehre und Forschung, welche sehr positiv gewertet wurde, bestimmt. Es werden aber durchaus auch „negative Nebenwirkungen“ dieser freiheitlichen Entwicklung wahrgenommen. Bemängelt wird vor allem die Kurzlebigkeit von Forschungsprojekten, ein verzettelnder Pluralismus sowie ein übertriebener Egozentrismus zwischen den Instituten, sowie die fehlende Praxisnähe in den Ausrichtungen des Fachgebietes (vgl. Kernaussagen Zeitzeugenbefragung DDR-Wissenschaftler). Der Eindruck des fehlenden Praxisbezugs, der in der BRD verfolgten inhaltlichen Linien, wird auch durch die Einschätzung der Wissenschaftler aus dem Ausland unterstützt (vgl. Kernaussagen Zeitzeugenbefragung Wissenschaftler aus dem Ausland).

Nichtsdestotrotz werden der Bewegungslehre/Sportmotorik der BRD, besonders für die 1980er Jahre, eine Vielzahl ernst zunehmender wichtiger Fachbeiträge bestätigt, welche durchaus die internationale Entwicklung des Fachgebietes beeinflusst haben. Dabei werden besonders die starken US-amerikanischen Einflüsse bemerkt (vgl. Kernaussagen Zeitzeugenbefragung DDR-Wissenschaftler, Wissenschaftler aus dem Ausland).

Abschließend ist zu bemerken, dass die Entwicklung der Wissenschaftsdisziplin Bewegungslehre/Sportmotorik in der BRD zwischen 1970 und 1990 als dynamisch und produktiv zu charakterisieren ist. Besonders die 1980er Jahre stehen für einen breiten inhaltlichen Ausbau im Fachgebiet. Dennoch werden auch Parallelen zu dem, von Fornoff in seiner Analyse des Systems der Sportwissenschaften der BRD vor der Wiedervereinigung beider deutscher Staaten, gezeichneten „krisenhaften“ Bild deutlich. Entwicklungstendenzen der Sportwissenschaft, welche auch für die Bewegungslehre/Sportmotorik an zuführen sind, sind vor allem:

- Das Fehlen einer einheitlichen Richtlinie zur inhaltlich-konzeptionellen und institutionellen Entwicklung der Sportwissenschaft (und Bewegungslehre/Sportmotorik), was schon an den sehr unterschiedlichen Fachgebietsbezeichnungen an den Universitäten deutlich wird
- Die entstehende Unübersichtlichkeit des Gegenstandsbereiches der Sportwissenschaft (und Bewegungslehre/Sportmotorik), welche durch einen stark beschleunigten Prozess der disziplinären Differenzierung entstanden ist (vgl. Fornoff 1995, S. 29ff)

7.6 Die Zusammenführung des Fachgebietes im Zuge der deutschen Wiedervereinigung

Mit der deutschen Wiedervereinigung 1990 erfolgte eine Vereinheitlichung aller maßgeblichen Gesellschaftsbereiche von BRD und DDR. Dabei ist nicht von einem gleichberechtigten Zusammenschluss zu sprechen, sondern von einer gesamtheitlichen Übernahme der westdeutschen Strukturen. Das gilt sowohl für die Staatsform, die Gesetzgebung als auch für das Bildungssystem (vgl. 7.1). Auch die Sportwissenschaft, und somit die Entwicklung der Bewegungslehre/Sportmotorik waren von diesen Umstrukturierungsprozessen direkt betroffen.

Es bestehen zahlreiche Beiträge, die diese Vorgänge, insbesondere die Abwicklung der, im internationalen Kontext als sehr leistungsfähig eingeschätzten, Sportwissenschaft der DDR und ihrer zentralen Lehr- und Forschungsstätte, der DHfK, historisch aufarbeiten, kommentieren und werten (vgl. Fornoff 1995; Lehmann et. al. 2006; Rogalsky 2005, 258ff; Schumann 2003, S. 123ff; u. a.). Viele dieser Beiträge sind, ob der engen persönlichen Bindung der Autoren mit den historischen Prozessen, subjektiv gefärbt.

Es ist nicht Aufgabe dieser Arbeit, zu diesen Vorgängen Stellung zu beziehen oder sie zu werten, vielmehr soll auf die wissenschaftliche Analyse von Fornoff verwiesen werden, in welcher die wissenschaftstheoretischen Grundlagen der Entscheidungen, die in diesem Prozess getroffen wurden, überprüft werden (vgl. Fornoff, 1995).

In dieser Arbeit soll sich auf die konkreten Entwicklungen in der Wissenschaftsdisziplin Bewegungslehre/Sportmotorik beschränkt werden. Sowohl die inhaltliche, als auch die institutionelle Entwicklung, in beiden deutschen Staaten wurde in vorausgegangenen Kapiteln bereits bis zum Vorabend der deutschen Vereinigung skizziert. In diesem Kapitel soll nun der Schritt der Zusammenführung dargestellt werden, wobei vor allem die schwerwiegenden Veränderungen in der Wissenschaftsstruktur der DDR thematisiert werden müssen. Trotzdem sind natürlich auch die Auswirkungen auf die Wissenschaftsdisziplin der BRD zu berücksichtigen, welche durch die Vereinigung beider Wissenschaftssysteme entstanden sind.

Die Weiterentwicklung einer gesamtdeutschen Fachdisziplin soll in der Folge bis in die frühen 1990er Jahre dargestellt werden. Es scheint nahezu unmöglich für diese, alle Bereiche des gesellschaftlichen und wissenschaftlichen Lebens betreffenden Veränderungsprozesse, einen Schlusspunkt zu markieren, einige wirken noch bis in die Gegenwart nach. Für diese Arbeit soll mit der Gründung der Sportwissenschaftlichen Fakultät in Leipzig als Nachfolgeinstitution des zentralen sportwissenschaftlichen Lehr- und Forschungszentrums der DDR, der DHfK, am 8. Dezember 1993, der Abschluss der chronologischen Darstellung gefunden werden. Stellvertretend stellt dieses Datum den vorläufigen Abschluss der institutionellen Umstrukturierungsprozesse in der Sportwissenschaft der

DDR und gleichzeitig die Stabilisierung eines gesamtdeutschen Systems dar.

Die Entwicklungsprozesse der letzten 15 Jahre sind in dieser historischen Darstellung, wenn überhaupt, nur ausblicksartig zu nennen, da die aktuellsten institutionellen, vor allem aber auch inhaltlichen, Entwicklungslinien Gegenstand einer permanenten, breiten, fachlichen und wissenschaftstheoretischen Diskussion innerhalb der Wissenschaftsdisziplin sind, welche eine objektive historische Reflektion noch unmöglich macht.

7.6.1 Die Etablierung gesamtdeutscher Strukturen

Die gesamtdeutsche Ausrichtung von Wissenschaft und Forschung nach der deutschen Wiedervereinigung wurde im Einigungsvertrag (Art. 38 (1)) festgehalten. Als Zielstellung wurde hier die „Erneuerung von Wissenschaft und Forschung“ (Einigungsvertrag (Art. 38 (1)) ausgegeben, welche durch die „Einpassung von Wissenschaft und Forschung“ (ebd.) der ehemaligen DDR in die „gemeinsame Forschungsstruktur der Bundesrepublik Deutschland“ (ebd.) vollzogen werden sollte.

Praktisch ist also, von einer gesamtdeutschen Übernahme des westdeutschen Wissenschaftssystems zu westdeutschen Bedingungen zu sprechen, ohne dass eine vorherige theoretische Überprüfung von Inhalten und Strukturen beider deutscher Wissenschaftssysteme stattgefunden hat, wie Fornoff feststellt (1995, S. 13ff).

Die Sportwissenschaft wurde von diesen Prozessen nicht ausgenommen:

> „Führende Einrichtungen der Sportwissenschaft der DDR (so etwa die Deutsche Hochschule für Körperkultur (DHfK) Leipzig, die Forschungs- und Entwicklungsstelle für Sportgeräte (FES) in Berlin, das Forschungsinstitut für Körperkultur und Sport (FKS) in Leipzig oder das Dopinglabor in Kreischa) wurden grundsätzlich umorganisiert, wesentlich verkleinert, von „ideologisch belasteten“ Abteilungen befreit oder gleich ganz geschlossen.“
>
> *(Fornoff 1995, S. 16)*

Als Folge dessen, haben zahlreiche Wissenschaftler aller sportwissenschaftlichen Fachgebiete ihre Arbeit, ihr konkretes wissenschaftliches Betätigungsfeld verloren. In der Reflektion, zahlreicher nationaler und internationaler Wortmeldungen zu diesen Vorgängen, resümiert Fornoff:

„... dass das Ausmaß der Umstrukturierung der ostdeutschen Sportwissenschaft (in institutioneller, personeller und auch inhaltlicher Hinsicht) in einem gewissen Gegensatz steht zu den Urteilen über ihre Qualität."

(Fornoff, 1995, S. 16)

Für die Entwicklung des Fachgebietes Bewegungslehre/Sportmotorik muss dementsprechend zwischen den Standorten der BRD und der nun *ehemaligen* DDR klar unterschieden werden. Die institutionellen Strukturen an den einzelnen westdeutschen Universitäten veränderten sich nicht, wenn man davon absieht, dass sich für einzelne Wissenschaftler neue Betätigungsfelder an den Standorten der DDR ergaben. Wie auch in der Zeitzeugenbefragung deutlich wird, waren die Wissenschaftler aus den alten Bundesländern aber vor allem von Aspekten der inhaltlichen Zusammenführung der Wissenschaftsdisziplin betroffen, weniger der institutionellen (vgl. Kernaussagen Zeitzeugenbefragung BRD-Wissenschaftler).

Für die institutionelle Struktur der Wissenschaftsdisziplin in der DDR hatte die Abwicklung der ostdeutschen Sportwissenschaft sehr viel stärkere Auswirkungen. Das Wissenschaftssystem der DDR war durch diese Abwicklung nicht mehr existent. Inhaltliche Richtlinien für Lehre und Forschung hatten teilweise ihre Gültigkeit verloren, besonders wenn sie stark an die gesamte Ausrichtung der DDR gekoppelt waren.

Für die Wissenschaftsdisziplin der Bewegungslehre/Sportmotorik war dieser Zusammenbruch vor allem mit dem Verlust der Arbeitskraft einiger seiner verdienstvollsten Vertreter verbunden. Besonders stark betroffen, von diesen Abwicklungsprozessen, waren die Mitarbeiter der DHfK Leipzig, da diese Hochschule vollständig aufgelöst wurde (vgl. Wonneberger 2007, S. 24f, Schumann 2003, 124ff). „Das heißt im Konkreten, eine - trotz vieler Vorbehalte - weltweit anerkannte Hochschule mit über 1000 Mitarbeitern schrittweise auf eine Struktureinheit von 90 Mitarbeitern zu reduzieren." (Kirchgässner 1994, S. 14).

So fielen diesen Umstrukturierungsprozessen sowohl die Arbeitsplätze führender Wissenschaftler der Bewegungslehre/Sportmotorik, wie z. B. G. Schnabel (Leipzig) und R. Pöhlmann (Jena), als auch die einer Vielzahl von Nachwuchswissenschaftlern zum Opfer.

Dieser großflächige Stellenabbau der ersten Jahre nach der deutschen Vereinigung, sowie die unsicheren Zukunftsaussichten innerhalb eines sich in dieser Phase ständig Veränderungsprozessen ausgesetzten Fachgebietes, hatten natürlich auch erheblichen Einfluss auf Qualität und Quantität von Lehre und Forschung. An vielen Standorten konnten begonnene Forschungsprojekte aufgrund von Personal- und Finanzierungsengpässen nicht weitergeführt werden, verbleibende Wissenschaftler wurden vor allem fachübergreifende, administrative Aufgaben in der Neustrukturierung der Institute aufgetragen, das Mengenverhältnis zwischen Lehrkörper und Studentenschaft entwickelte sich nachteilig für den Lehrbetrieb. Insgesamt wird durch diese Vorgänge eine Senkung des wissenschaftlichen Niveaus innerhalb der Wissenschaftsdisziplin an den Standorten festgestellt. Parallel dazu, wird auch ein grundsätzlicher Statusverlust der Sportwissenschaft in der nun gesamtdeutschen Wissenschaftslandschaft beobachtet, was einer Annäherung an die westdeutschen Verhältnisse gleichkommt (vgl. Kernaussagen Zeitzeugenbefragung Wissenschaftler der ehemaligen DDR).

Interdisziplinäre, praxisnahe Forschungsprojekte mit direktem Leistungssportbezug, wie sie in Jena oder auch in Leipzig durchgeführt worden waren, wurden abrupt beendet. Für den Forschungsstandort Jena bedeutete das - verbunden mit entsprechenden Personalwechseln - eine bedeutende Einschränkung ihres „empirischen und experimentellen Forschungspotentials" (Zeitzeugenbefragung G. Kirchner vom 01.02.2007), sowie eine den neuen Verhältnissen entsprechende Neuorientierung der Forschung. Grundsätzlich blieb die Bewegungslehre/Sportmotorik an den universitären Standorten aber Teil der sportwissenschaftlichen Ausbildung aller sich im Anpassungsprozess an die universitäre Lehre in der BRD herausbildenden Studiengänge und wurde als eigenständiges Fachgebiet unterrichtet.

Für das ehemalige zentrale sportwissenschaftliche Lehr- und Forschungszentrum der DDR, die DHfK, bedeutete die Abwicklung, sowie die Vorbereitung und Umsetzung ihrer Integration in das Universitätsgefüge der Universität Leipzig, die erneute Änderung ihrer Gesamtausrichtung. Als die zum Ende des Umstrukturierungsprozesses am 08. Dezember 1993 gegründete sportwissenschaftliche Fakultät, hatte sie die gleichen Aufgaben wie alle anderen sportwissenschaftlichen Struktureinheiten an den deutschen Universitäten, was auch die Schulsportlehrerausbildung wieder in ihr Profil integrierte. Andererseits verfügte die, ehemals eigenständige, Hochschule nun auch nur noch über die bundesweit üblichen materiellen und personellen Ressourcen.

Diese institutionelle Umstrukturierung hatte eine, für das Fachgebiet der Bewegungslehre/Sportmotorik an der DHfK, entscheidende „Nebenwirkung", nämlich die Auflösung des Wissenschaftsbereiches ATMT. Damit verbunden waren die formelle Lösung von Trainingslehre und Bewegungslehre/Sportmotorik und die Wiedergewinnung der Eigenständigkeit der Wissenschaftsdisziplin am sportwissenschaftlichen

Standort Leipzig. Für das Fachgebiet der Bewegungslehre/Sportmotorik eröffnete dies in den Folgejahren die Möglichkeit der Entwicklung, Schärfung und Bewahrung eines eigenen wissenschaftlichen Profils. Diese Möglichkeit wurde, wenn auch mit stark begrenzten personellen Möglichkeiten, unter der Leitung von C. Hartmann wahrgenommen.

Dieser Entwicklungsschritt entsprach einem gesamtdeutschen Entwicklungstrend, der auch maßgeblich von den Wissenschaftlern der ehemaligen DDR unterstützt wurde[38]. Denn auch in der Deutschen Vereinigung für Sportwissenschaft, erfolgte nach den entsprechenden fachlichen Diskussionen, unter starker Befürwortung der ostdeutschen Vertreter, 1992 die Verselbstständigung aller drei bewegungswissenschaftlichen Teildisziplinen und somit die eigenständige Etablierung einer „Sektion Sportmotorik" (Leitung R. Daugs), was nicht nur terminologisch dem ostdeutschen Wissenschaftsverständnis entsprach[39]. Dass dieser Schritt aber keinesfalls eine Absage an die interdisziplinäre Denk- und Arbeitsweise darstellen sollte, beweist der von den Vertretern der Bewegungslehre/Sportmotorik unterstützte Beschluss, regelmäßige gemeinsame Symposien der drei Teildisziplinen durchzuführen (vgl. Zeitzeugenbefragung P. Hirtz vom 09.08.2006).

Die Deutsche Vereinigung für Sportwissenschaft stellte von Anbeginn die entscheidende fachliche Austauschplattform, auf welcher schon bereits während der deutschen Trennung entstandene Kontakte vertieft und eine wissenschaftstheoretische Diskussion um Gegenstandsbereich, Aufgaben und Entwicklungsmöglichkeiten der Wissenschaftsdisziplin angestoßen wurde. Beispielhaft hervorgehoben sei hier die von Daugs als „Vereinigungssymposium" (Daugs 1998, S. 11) bezeichnete gesamtdeutsche Veranstaltung zum Thema „Sportliche Bewegung und Motorik unter Belastung", welche bereits im Januar 1991 in Saarbrücken durchgeführt wurde. Grundsätzlich muss das positive Wirken von R. Daugs im Vereinigungsprozess der Wissenschaftsdisziplin hervorgehoben werden. Als Sprecher, der in der BRD existierenden, Sektion „Bewegung und

38 Die Debatte um Überschneidungen und Abgrenzungen der bewegungswissenschaftlichen Wissenschaftsdisziplinen Bewegungslehre/Sportmotorik, Trainingslehre und Biomechanik hatte die wissenschaftstheoretische Diskussion in beiden deutschen Staaten schon vor der Vereinigung der Wissenschaftssysteme bestimmt und wird bis in die Gegenwart fortgesetzt (vgl. Daugs, 1978 S. 69ff; Gabler/Göhner et. al. 2005).

39 Von 1987 - 1992 war die Bewegungslehre/Sportmotorik in einer außerdem noch die Biomechanik und die Trainingswissenschaft vertretenden Sektion unter der Bezeichnung „Bewegung und Training" organisiert gewesen.

Training" der DVS war er maßgeblich an der Neustrukturierung der Sektion „Sportmotorik" beteiligt, und ebenso um regelmäßige gesamtdeutsche wissenschaftliche Veranstaltungen im Fachgebiet bemüht. Deutlich wird sein Bestreben um ein gleichberechtigtes Zusammenwachsen von Ost und West, auch auf inhaltlicher Ebene, im Vorwort zur 9. Auflage der Bewegungslehre/Sportmotorik 1998 (vgl. Daugs in Meinel/Schnabel 1998, S. 10ff.).

Die persönliche Zusammenarbeit der führenden Wissenschaftler der BRD und der ehemaligen DDR wird von beiden Seiten als respektvoll und durchaus produktiv beschrieben (vgl. Kernaussagen Zeitzeugenbefragung BRD und DDR Wissenschaftler).

Auch auf internationaler Ebene ist, für die Jahre nach 1990, mit der europäischen Öffnung, von einem Zusammenwachsen in der Wissenschaftsdisziplin zu sprechen. Strukturell ist hier vor allem die Gründung der International Association of Sport Kinetics vom 28.04.1990 in Gorzow (Polen) zu nennen. Diese internationale Vereinigung ist in ihrer Entwicklung sicher eher eine breitere bewegungswissenschaftliche als eine streng sportmotorische Ausrichtung zuzuschreiben, dennoch stellte sie das erste internationale Gremium dar, welches Inhalte der Bewegungslehre/Sportmotorik in das Zentrum ihrer Bestrebungen stellt (vgl. www.sportkinetics.org, Zugriff am 12.02.2007). In den Folgejahren wurden regelmäßige wissenschaftliche Konferenzen zu Problemfeldern der Wissenschaftsdisziplin, mit deutscher Beteiligung, abgehalten. Den deutschen Vertretern der Bewegungslehre/Sportmotorik, G. Schnabel (1991) und H. Rieder (1993), wurde die Ehrenmitgliedschaft verliehen, P. Hirtz und P. Blaser wirkten lange in der Leitung der Organisation mit.

7.6.2 Die ersten inhaltlichen Entwicklungstendenzen nach dem deutschen Zusammenschluss

Das Zusammenwachsen auf inhaltlicher Ebene verlief weniger problematisch, als die bereits beschriebenen institutionellen Umstrukturierungsprozesse. Der Vereinigungsprozess war, durch die gemeinsamen wissenschaftlichen Veranstaltungen in Trassenheide 1988 und Saarbrücken 1989, inhaltlich vorbereitet worden und wurde durch die gemeinsame Arbeit in der Sektion „Bewegung und Training", später „Sportmotorik", fortgesetzt. Durch die Aussagen, aller am Vereinigungsprozess beteiligten Wissenschaftler des Fachgebietes, wird deutlich, dass in der Wissenschaftsdisziplin Bewegungslehre/Sportmotorik, im Gegensatz zur strukturellen, nicht von einer inhaltlichen Abwicklung zu sprechen ist. Die fachlichen Auseinandersetzungen der Wissenschaftler, ehemals zweier deutscher Staaten, waren in dieser Phase der Bestandsaufnahme und Neuorientierung von gegenseitigem Respekt und konstruktiver Zusammenarbeit geprägt. Die über lange Jahre durch politische Restriktionen gehemmten Möglichkeiten des fachlichen Austausches wurden nun vermehrt wahrgenommen (vgl. Kernaussagen Zeitzeugenbefragung BRD-Wissenschaftler; DDR-Wissenschaftler). Für die Weiterentwicklung und Ergänzung, sowie Prüfung, bestehender Ansätze war diese nun bestehende Möglichkeit sehr wertvoll. Zudem profitierten besonders die Wissenschaftler aus den neuen Bundesländern davon, dass westliche Fachbeiträge nun unproblematisch zu bekommen waren, was dazu führte, dass insbesondere amerikanische Konzepte als wertvolle Ergänzung genutzt wurden. Auch fanden neue technische Möglichkeiten ihre Nutzung in der Untersuchungsmethodik der Wissenschaftsdisziplin. Andererseits entfiel durch die Neustrukturierung die Einbindung in Forschungsprojekte des Leistungssports nahezu vollständig.

Grundsätzlich bedeutete die gesamtheitliche Orientierung am Wissenschaftssystem der BRD für die Wissenschaftler aus den neuen Bundesländern vor allem eine Lösung der stringenten Vorgabe des dialektischen Materialismus als grundlegende Wissenschaftsphilosophie, nicht jedoch eine Negation der auf dieser Basis entstandenen Ergebnisse und Theoriekonstrukte. Für die Wissenschaftler aus der BRD ergab sich die Möglichkeit der direkten Auseinandersetzung mit der, in der DDR bestimmenden Linie, der tätigkeitskonzeptionellen Handlungstheorie, sowie der Zusammenarbeit mit ihren Vertretern.

Das zentrale inhaltliche Problem der ersten Jahre stellte die Positionierung der Bewegungslehre/Sportmotorik, in dem Beziehungsgeflecht mit der Biomechanik und der Trainingswissenschaft, dar, wobei die Sektionsaufspaltung in der Deutschen Vereinigung für Sportwissenschaft als vorläufiges Ergebnis dieser Problemstellung zu werten ist. Dabei ist anzumerken, dass, auch wenn im Zuge dieser Aufspaltung regelmäßige gemeinsame Symposien vereinbart wurden, nicht von einer gesamtdeutschen gemeinsamen interdisziplinären Ausrichtung dieser drei bewegungswissenschaftlichen Teildisziplinen zu sprechen ist. Quantität und Qualität des fachlichen Austausches zwischen den Wissenschaftsdisziplinen blieben standort- und personenabhängig.

Ebenso wenig entsteht in diesen ersten Jahren der Neustrukturierung ein gesamtdeutsches Wissenschaftskonzept für die Bewegungslehre/Sportmotorik. Der damalige Leiter der DVS-Sektion, R. Daugs, reflektiert auf diese Möglichkeit folgendermaßen, um dann später festzustellen, dass sie in diesem konkreten Sinne nicht wahrgenommen worden ist: „Gerade die deutschen Sportmotoriker haben seit dem Fall der Mauer die historisch wohl einmalige Gelegenheit, die beiden großen Forschungslinien, die vorrangig sowjetisch tätigkeitskonzeptionelle Handlungstheorie einerseits und die vorrangig angelsächsischen, behavioral und experimentell orientierten Ansätze andererseits, zusammenführen" (Daugs 1998, S. 11).

„Vielmehr ist von der Tendenz der vorschnellen, zum Teil unkritischen Aufgabe der handlungstheoretischen Ansätze zu Gunsten der angloamerikanischen Forschungslinie zu sprechen" (vgl. Daugs, ebd.). Diese Tendenz ist vor dem Hintergrund einer sich mit der zumindest die neuen Bundesländer betreffenden neuen Lehr- und Forschungsfreiheit, nach dem Beispiel der BRD, zu werten. Es ist zu mutmaßen, dass von diesem Prozess grundsätzlicher gesellschaftlicher Veränderungen, in welchen Altes, oft ohne Prüfung, durch Neues ersetzt wurde, punktuell auch inhaltliche Wissenschaftsentwicklungen betroffen waren.

Nichtsdestotrotz ist noch einmal darauf hinzuweisen, dass sich vor allem die Arbeiten der für das Fachgebiet über Jahrzehnte entscheidendsten Arbeitskreise Greifswald, Jena und Leipzig in ihrer langfristig eingeschlagenen Richtung weiterentwickelten und das gesamtdeutsche inhaltliche Profil der Bewegungslehre/Sportmotorik weiterhin mitbestimmten, ohne dabei neue Ansätze auszugrenzen.

Deutlich wird dies beispielsweise am weiteren aktiven Fortbestand des Bernstein-Zirkels in Greifswald, in dessen Rahmen, auch in den Nachwendejahren, zahlreiche Forschungen zu sportmotorischen Problemstellungen durchgeführt wurden. Zudem wurde das Symposium der DVS-Sektion „Sportmotorik" zu dem Thema „Motorische Entwicklung und Sport" 1993 in Trassenheide mitorganisiert, sowie die 2. internationale Bernstein-Konferenz, mit dem Titel „Bewegungskoordination und sportliche Leistung integrativ betrachtet", 1996 in Zinnowitz ausgerichtet (vgl. http://www.uni-greifswald.de/~sport/bernsteinzirkel/chronik.htm, Zugriff am 15.02.2008).

Für den Standort Leipzig ist vor allem die Durchführung des international viel beachteten Meinel-Symposiums, im Dezember 1998 in Leipzig, zu nennen. Anlässlich des 100. Geburtstages des verdienstvollen Wissenschaftlers wurden im Rahmen dieser Veranstaltung, durch namhafte nationale und internationale Fachgebietsvertreter, die Arbeiten von Kurt Meinel gewürdigt, ihre aktuelle Relevanz betont und ebenso vielfältige aktuelle wissenschaftliche Entwicklungen in der Wissenschaftsdisziplin thematisiert (vgl. Krug/Hartmann (Hrsg.) 1999).

Weiterhin, sind als entscheidende Ergebnisse der Fortführung dieser Forschungslinien die Publikationen „Sportmotorik. Grundlagen, Anwendungen und Grenzgebiete" (P. Hirtz, G. Kirchner & R. Pöhlmann (Hrsg.)

1994), sowie eine überarbeitete Neuauflage der „Bewegungslehre-Sportmotorik“ (Meinel/Schnabel, 1998) zu nennen.

Die erst genannte Arbeit untersucht ein breites Spektrum der menschlichen Motorik im Sport und fasst dabei die in der ehemaligen DDR entstandenen Erkenntnisse der Handlungs- und Tätigkeitskonzeption zusammen. Der sich bewegende Mensch wird als biopsychosoziale Einheit erfasst, die Erklärungsansätze sind durch multidisziplinäres Herangehensweisen mit allgemeinwissenschaftlichem Anspruch geprägt.

Auch in der konsequenten Weiterentwicklung der „Bewegungslehre-Sportmotorik“ von Meinel/Schnabel (vgl. 1998) bleiben die Autoren der handlungstheoretischen Tradition treu. Die Ausrichtung des Lehrbuchklassikers zielt aber, nach wie vor, auf eine Aufbereitung der theoretischen Erkenntnisse für die Sportpraxis im Sinne der sportpädagogischen Anleitung des praktisch tätigen Sportpädagogen. Die thematischen Schwerpunkte der Bewegungslehre/Sportmotorik bleiben, unter Berücksichtigung aktueller Erkenntnisse und Forschungsergebnisse, gleich.

Abschließend ist festzustellen, dass sich der Trend der stark pluralistisch und individualistischen Entwicklung der Wissenschaftsdisziplin, der sich in der BRD bereits in der Ausbauphase des Fachgebietes abzeichnete, nach 1990, auch gesamtdeutsch fortsetzte. Diese Entwicklung machte es, bereits in den ersten Jahren der gesamtdeutschen Entwicklung, schwierig, einen allgemein gültigen Gegenstandsbereich für das Fachgebiet zu charakterisieren bzw. macht es notwendig, in verschiedene Betrachtung- und Herangehensweisen zu unterscheiden. Einen sehr wichtigen Beitrag zu der Systematisierung, dieser, sich immer weiter differenzierenden Ansätze, stellt die Veröffentlichung von Roth und Willimczik (vgl. 1999) dar. In der „Bewegungswissenschaft“, stellen die Autoren fest, dass in der deutschen Fachliteratur, aber auch im universitären Lehrbetrieb, fälschlicherweise der Eindruck eines einheitlichen Lehr- und Forschungsgebietes erweckt wird (vgl. Roth/Willimczik 1999, S. 12) und wollen mit ihrer Publikation einen „neutralen und umfassenden Überblick über die vielfältigen Betrachtungsweisen der Bewegungswissenschaft des Sports geben“ (ebenda, S. 12). Dazu werden neun, in Deutschland verbreitete, Grundkonzeptionen bzw. Herangehensweisen gleichberechtigt aufgeführt und charakterisiert, sowie ihre Schwerpunktverteilung bzgl. des Innenaspekts (Sportmotorik) bzw. des Außenaspekts (Bewegungslehre) menschlicher Bewegungen im Sport aufgezeigt.

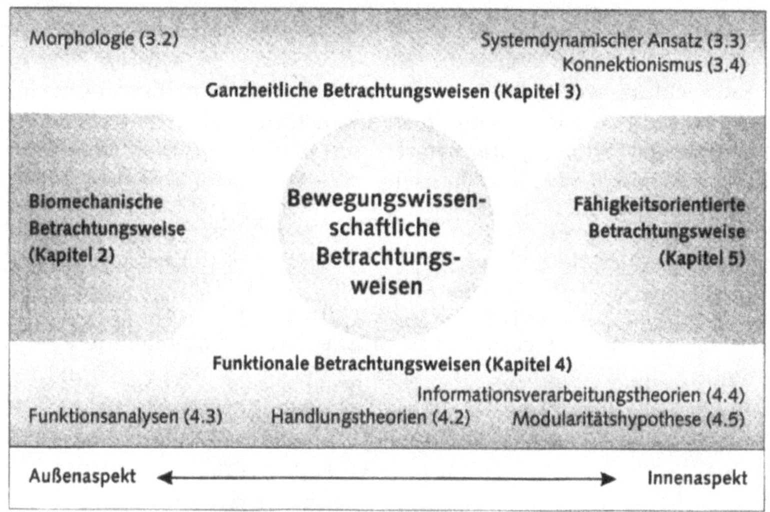

Betrachtungsweisen in der Bewegungswissenschaft,
Modell nach Roth/Willimczik 1999, S. 13

Angemerkt wird von Roth/Willimczik, dass dies nur eine Auswahl bewährter Betrachtungsweisen darstellt, ohne den Anspruch auf Vollständigkeit zu erheben. Zudem stellen sie eine zunehmende Differenzierung im Entwicklungsprozess der bewegungswissenschaftlichen Betrachtungsweisen und parallel dazu erste Reintegrationstendenzen verschiedener theoretischer Konzeptionen heraus (vgl. ebenda S. 15). Was bleibt, ist die Erkenntnis, dass das Fachgebiet bereits in der ersten Hälfte der 1990er Jahre in einer inhaltlichen Aufspaltung begriffen war, welche ein Bild der Wissenschaftsdisziplin nur durch den Blick auf das Gesamt der ihr immanenten Betrachtungsweisen entstehen lässt und eine detaillierte theoretische Problembetrachtung erst dann möglich wird, wenn gewisse Vorentscheidungen bzgl. des Blickwinkels, welcher sich in „Theorieebene", „Problemebene", „Untersuchungsebene" und „Praxisebene" unterteilen kann (vgl. Roth/Willimczik, S. 15ff), getroffen werden.

Ein real entstehendes Problem, was auch schon von Roth/Willimczik angesprochen wird, ergibt sich aus dieser Entwicklung für den Sportstudenten, denn die Vielfältigkeit der bestehenden Ansätze wird in den seltensten Fällen auf die Studenten projiziert, was die Grundlage der eigenen Meinungsbildung begrenzt.

7.6.3 Zusammenfassung im Spiegel der Zeitzeugenbetrachtung

Der Entwicklungsverlauf der Wissenschaftsdisziplin Bewegungslehre/Sportmotorik wurde, sowohl in seiner institutionellen als auch in seiner inhaltlichen Ausprägung, stark von den gesellschaftlichen Umstrukturierungsprozessen der deutschen Wiedervereinigung beeinflusst.

In institutioneller Hinsicht ist von einer Abwicklung der Sportwissenschaft der DDR zu sprechen, was einer radikalen strukturellen Umordnung, zum Teil einer Auflösung, gleichkommt. Auch wenn die deutsche Vereinigung der Wissenschaftssysteme grundsätzlich einheitlich begrüßt wird, wird doch die vorschnelle, überstürzte Art und mangelnde wissenschaftliche Fundierung der Abwicklung der ostdeutschen Strukturen von den betroffenen Wissenschaftlern stark kritisiert. Diese Einschätzung deckt sich mit der Analyse von Fornoff, der feststellt, dass

> „eine solche Begutachtung bei der Vereinigung der beiden Wissenschaftssysteme kaum stattgefunden hat und stattdessen die Erneuerung der Wissenschaft lediglich in einer Übertragung des bundesdeutschen Wissenschaftssystems auf das Gebiet der ehemaligen DDR besteht. Dabei bleibt unberücksichtigt, dass auch das westdeutsche Wissenschaftssystem bekanntermaßen grundlegende Mängel aufweist, die damit ebenfalls auf die neuen Bundesländer übertragen werden."
>
> *(Fornoff, 1997, S. 310)*

Auch der Lehre und Forschung der Bewegungslehre/Sportmotorik wird, in Folge dieser Prozesse, ein erheblicher Qualitätsverlust attestiert (vgl. Kernaussagen Zeitzeugenbefragung DDR-Wissenschaftler), die totale Aufgabe der bestehende Strukturen, auch in der Reflektion ausländischer Wissenschaftler, als Verlust für die Wissenschaft bezeichnet (vgl. Kernaussagen Zeitzeugenbefragung Wissenschaftler aus dem Ausland).

Nichtsdestotrotz wird die neue wissenschaftliche Freiheit, welche sich vor allem auch im Wegfall von politischer Steuerung und Kontrolle der Wissenschaft bemerkbar machte, von allen Seiten begrüßt (vgl. Zeitzeugenbefragung Wissenschaftler aller Befragungsgruppen), neue Möglichkeiten der fachlichen Horizonterweiterung wahrgenommen, eine entstehende Heterogenität und Pluralität im Fachgebiet, gerade von nachrückenden Wissenschaftlergenerationen, unterstützt.

Bezüglich der inhaltlichen Ausrichtung einer gesamtdeutschen Wissenschaftsdisziplin, ist, gerade in den Jahren unmittelbar nach der politischen Wende, von einer weit stärkeren Einflussnahme der ostdeutschen Wissenschaftler zu sprechen, als das auf struktureller Ebene der Fall war bzw. sein konnte. Dies liegt vor allem in den hohen gesamtdeutschen und internationalen Wertschätzung der Bewegungswissenschaftler der ehemaligen DDR, und auch, in den sich zum Teil bereits in den 1980er Jahren entstandenen, fachlichen Kontakten beider deutscher Staaten in der Wissenschaftsdisziplin begründet. In der Zeitzeugenbefragung entsteht grundsätzlich der Eindruck, dass der gegenseitige Kontakt vor und während der deutschen Wiedervereinigung, auf der Wissenschaftsebene, von konstruktiver Zusammenarbeit und gegenseitigem Respekt geprägt war (vgl. Kernaussagen Zeitzeugenbefragung BRD-Wissenschaftler, DDR-Wissenschaftler). Das diese positive Form der Zusammenarbeit, aber auch an Personalien, und in diesem Fall an die vornehmlich in der Ausbauphase des Fachgebiets in beiden deutschen Statten in Erscheinung tretenden Spitzenkräfte geknüpft war, beweist die Kritik an der Zusammenarbeit mit nachfolgenden Generationen, besonders von Seiten der Wissenschaftler der ehemaligen DDR (vgl. Zeitzeugenbefragung DDR-Wissenschaftler).

Inhaltlich sind vor allem die Diskussionen um einen gemeinsamen Gegenstandsbereich, welche ihr Ergebnis in der Gründung einer eigenständigen Sektion „Sportmotorik" in der Deutschen Vereinigung für Sportwissenschaft fanden, hervorzuheben. Grundsätzlich ist, für die ersten Jahre nach der deutschen Wiedervereinigung, auch nicht von einer Phase neuer Ansätze und Forschungen im Fachgebiet zu sprechen, vielmehr von einer Phase der Bestandsaufnahme und individuellen Neuorientierung. Das Ergebnis dieser Prozesse sollte die gesamtdeutsche Orientierung am westdeutschen Trend der pluralen und individualistischen Entwicklung der Wissenschaftsdisziplin sein, welcher ganz konkret in der Aufspaltung in viele verschiedener Herangehens- und Betrachtungsweisen deutlich wird.

Im Nachgang zu dieser Entwicklung gibt es verschiedene Kritikpunkte, welche durch die Wissenschaftler der ehemaligen DDR einheitlich erhoben werden:

- Einmal, dass sich in der Wissenschaftsentwicklung der Bewegungslehre/Sportmotorik nach dem Zusammenschluss beider deutschen Wissenschaftssysteme eine negative Form der Forschungspluralität entwickelt hat, welche vor allem auf die individuelle Profilierung zielt. In Folge dessen sind keine übergreifenden Ziele, ist keine Systematik und auch keine konstruktive gesamtdeutsche Zusammenarbeit mehr zu erkennen (vgl. Kernaussagen Zeitzeugenbefragung DDR-Wissenschaftler)
- Zum Zweiten, dass in der Ausrichtung der Arbeiten und Forschungen der Praxisbezug immer mehr verloren geht und sich das Fachgebiet damit immer weiter von seiner ursprünglichen Zielstellung,

nämlich der praktischen Befähigung des Sportpädagogen, entfernt. Interessant an dieser Wahrnehmung ist, dass diese Einschätzung durch die Wissenschaftler aus dem Ausland bestätigt wird und somit nicht auf die Bindung an traditionelle Forschungslinien der DDR zurückzuführen ist (vgl. Kernaussagen Zeitzeugenbefragung DDR-Wissenschaftler, Wissenschaftler aus dem Ausland)

8 Einflussfaktoren auf die historische Entwicklung der Bewegungslehre/Sportmotorik

In der historischen Untersuchung der Entwicklung der Bewegungslehre/Sportmotorik hat sich gezeigt, dass sich eine gewisse Anzahl von Einflussfaktoren aufführen lassen, die die Entwicklung des Fachgebietes mitbestimm(t)en. Wie schon in der Zielstellung dieser Arbeit formuliert, soll eine zusammenfassende Aufstellung dieser Einflussfaktoren ein Beitrag dazu sein die historischen Darstellung zu verdichten. Zudem, sollen die, unter Punkt 7 bereits detaillierter dargestellten Einflüsse, durch ihre, in diesem Kapitel vorgenommene, separate Aufstellung, helfen den gesamten wissenschaftsgeschichtlichen Entwicklungsprozess der Wissenschaftsdisziplin besser einordnen zu können und zudem unterstützend auf die Beantwortung der Frage nach dem „Warum" zu wirken.

Als Einflussfaktoren werden äußere Umstände, Prozesse, Entwicklungen und Ereignisse angenommen, welche auf bestimmte Aspekte der Entwicklung der Bewegungslehre/Sportmotorik gewirkt und maßgeblichen Einfluss ausgeübt haben.

Dabei wird zwischen Einflussfaktoren auf die institutionelle Entwicklung einerseits, sowie Einflussfaktoren auf die Entwicklung von Wissenschaftsideen und Inhalten andererseits, unterschieden. Es folgt eine Aufstellung aller maßgeblichen Einflussfaktoren auf die Entwicklung der Wissenschaftsdisziplin, die während der Untersuchung ausgemacht werden konnten.

Für die institutionelle Entwicklung der Bewegungslehre/Sportmotorik konnten folgende maßgebliche Einflussfaktoren herausgearbeitet werden:

1. *Die Hochschul- und Wissenschaftsstruktur betreffenden Faktoren im Untersuchungsgebiet*

- Die Art der Hochschul- und Wissenschaftsstruktur als institutioneller Rahmen der Lehre und Forschung
- Wissenschaftsetats und Finanzierungsmöglichkeiten von Forschungsvorhaben
- Qualität und Quantität deutsch-deutscher (Wissenschafts-) Beziehungen während der deutschen Teilung

2. *Gesellschaftlich-politische Faktoren*

- Die politische und gesellschaftliche Struktur im jeweiligen Untersuchungsgebiet
- Die sozio-ökonomischen Verhältnisse im Untersuchungsgebiet
- Die Entwicklung des Leistungssports als politisches Instrument zur Gewinnung von staatlicher Anerkennung und Prestige
- Gesellschaftlich-soziologische Phänomene wie z. B. die Entwicklung zur Freizeitgesellschaft, Sport als Mittel der Gesunderhaltung, die Entstehung des Körperkultes etc.
- Singuläre gesellschaftliche und politische Ereignisse wie z. B. der Bau der Berliner Mauer (Grenzschließung) 1961, die Olympischen Spiele 1972 oder die deutsche Wiedervereinigung 1990)
- Qualität und Quantität deutsch-deutscher (Wissenschafts-) Beziehungen während der deutschen Teilung

3. *Faktoren der „wissenschaftsinternen" Entwicklung der Wissenschaftsdisziplin*

- Das Beziehungsgeflecht zu anderen sportwissenschaftlichen Teildisziplinen (wie z. B. Trainingslehre, Biomechanik, Sportpsychologie und Sportsoziologie)
- Die Beziehung und der Einfluss der/zu den etablierten Wissenschaften, wie z. B. Biowissenschaften und Psychologie
- Die internationalen Einflüsse auf die Ideen-, Forschungs- und Strukturentwicklung des Fachgebietes
- Die Einflussnahme von Einzelpersonen auf die Entwicklung des Fachgebietes

Für die inhaltliche Entwicklung der Bewegungslehre/Sportmotorik konnten folgende maßgebliche Einflussfaktoren herausgearbeitet werden:

1. *Die Hochschul- und Wissenschaftsstruktur betreffenden Faktoren im Untersuchungsgebiet*

- Struktur und Möglichkeiten des nationalen wissenschaftlichen Austausches und der Zusammenarbeit

2. *Gesellschaftlich-politische Faktoren*

- Gesellschaftlich-soziologische Phänomene wie z. B. die Entwicklung zur Freizeitgesellschaft, Sport als Mittel der Gesunderhaltung, die Entstehung des Körperkultes etc.
- Singuläre gesellschaftliche und politische Ereignisse wie z. B. der Bau der Berliner Mauer (Grenzschließung) 1961, die Olympischen Spiele 1972 oder die deutsche Wiedervereinigung 1990

3. *Faktoren der „wissenschaftsinternen" Entwicklung der Wissenschaftsdisziplin*

- Das Beziehungsgeflecht zu anderen sportwissenschaftlichen Teildisziplinen (wie z. B. Trainingslehre, Biomechanik, Sportpsychologie und Sportsoziologie)
- Die Beziehung und der Einfluss der/zu den etablierten Wissenschaften, wie z. B. Biowissenschaften und Psychologie
- Die internationalen Einflüsse auf die Ideen-, Forschungs- und Strukturentwicklung des Fachgebietes
- Personelle Interaktionen zwischen Wissenschaftlern (Kontakte, Freundschaften, Befindlichkeiten, Animositäten)
- Historische Forschungslinien
- Allgemeinwissenschaftliche Moden und Trends
- Das wissenschaftliche Selbstbild der Wissenschaftsdisziplin (Forschungsphilosophie, Ansprüche, Motivationen, Ziele)
- Persönliche fachliche Interessen der einzelnen Wissenschaftler
- Die grundlegende „Wissenschaftsideologie" des jeweiligen Untersuchungsgebietes

In dieser bloßen Aufstellung muss natürlich etwas genauer differenziert werden.

Eine detaillierte Analyse und Gewichtung, in Form einen direkten Zuordnung und Diskussion, aller maßgeblichen Einflussfaktoren zu jeder entsprechenden wissenschaftlichen Fragestellungen und jedem historischen Schwerpunkt, im Entwicklungsverlauf beider deutscher Staaten, sowie nach der deutschen Wiedervereinigung, kann diese Arbeit allerdings nicht leisten. Insofern singuläre, entwicklungsbestimmende Wirkungen vorgelegen haben, wurden diese aber in der geschichtswissenschaftlichen Gesamtdarstellung wiedergegeben.

An dieser Stelle sollen einige Grundtendenzen aufgeführt werden. Offensichtlich wird angenommen, dass eine bestimmte Anzahl von Einflussfaktoren sowohl auf die institutionelle als auch auf die inhaltliche Entwicklung gewirkt hat. Dazu ist anzumerken, dass sich dem Einfluss etablierter Wissenschaftsdisziplinen (z. B. Psychologie oder Biowissenschaften), oder auch internationaler Wissenschaftstrends, eine weit größere Wirkung auf die inhaltliche denn auf die institutionelle Entwicklung zuschreiben lässt, wie auch in der historischen Darstellung deutlich wird. Andererseits wird angenommen, dass der Einfluss, aufgeführter singulärer gesellschaftlicher Ereignisse, stärker auf die institutionelle als auf die inhaltliche Entwicklung gewirkt hat.

Außerdem ist es möglich, eine Gewichtung der Einflussfaktoren sowohl auf die institutionelle, als auch auf die inhaltliche, Entwicklung der Bewegungslehre/Sportmotorik vorzunehmen. Dabei bleibt, wie schon begründet, die Zuordnung und entsprechende Gewichtung bzgl. jeder separaten historischen Fragestellung, im Rahmen dieser Arbeit, aus. Vielmehr sollen die dominantesten Einflussfaktoren auf den gesamtheitlichen Entwicklungsprozess, in der Folge, näher erläutert werden. Dabei wird sich, auch um eine gewisse Vergleichbarkeit gewährleisten zu können, auf die Einflussfaktoren beschränkt, die während der deutschen Teilung in beiden deutschen Staaten am stärksten gewirkt haben.

8.1 Dominante Einflüsse auf die institutionelle Entwicklung

Für die institutionelle Entwicklung der Bewegungslehre/Sportmotorik in der BRD als auch in der DDR treten in der Betrachtung der gesamten Entwicklung vor allem folgende Einflussfaktoren besonders stark auf hervor:

Einmal die Art der Hochschul- und Wissenschaftsstruktur als institutioneller Rahmen der Lehre und Forschung, welche besonders in der DDR in engem Zusammenhang mit der politischen und gesellschaftlichen Struktur, bzw. der Entwicklung des Leistungssports als politischem Instrument zur Gewinnung von staatlicher Anerkennung und Prestige, zu betrachten ist. Zum Zweiten hatten in beiden deutschen Staaten singuläre gesellschaftliche und politische Ereignisse wie z. B. der Bau der Berliner Mauer (Grenzschließung) 1961, die Olympischen Spiele 1972 oder die deutsche Wiedervereinigung 1990 starken Einfluss auf die Entwicklung des Fachgebietes.

Die Art der Hochschul- und Wissenschaftsstruktur als institutioneller Rahmen der Lehre und Forschung war, wie schon in der historischen Darstellung deutlich wurde, fortlaufend prägend für die Entwicklung des Fachgebietes in beiden deutschen Staaten.

Die DDR entwickelte sich, nach ihrer Gründung, zu einem sozialistischen Staat, in welchem die Hochschul- und Wissenschaftsstruktur wie auch viele andere Gesellschaftszweige zentralistisch aufgebaut und gesteuert wurden (vgl. 7.1).

Vor diesem Hintergrund, entwickelte sich in der DDR ein zentralistisches Wissenschaftssystem, welches sich durch eine klare Struktur- und Hierarchienbildung auszeichnete. Mit der frühen Anerkennung der Sportwissenschaft als eigenständiges Fachgebiet, durch (sport-)politische Gremien und der Gründung einer eigenen „Sporthochschule", waren der Wissenschaftsdisziplin vielfältige Entwicklungsmöglichkeiten gegeben. Vor diesem Hintergrund entwickelte sich auch die Bewegungslehre/Sportmotorik, bereits in den 1950er und 1960er Jahren, zu einem eigenständigen Fachgebiet (vgl. Kapitel 7.1; 7.2).

Die Bewegungslehre wurde, sowohl an der DHfK als auch an den anderen Hochschulen und Universitäten, nach zentralen Vorgaben als eigenständiges Lehr- und Forschungsgebiet etabliert. Aufgrund zentraler Vorgaben des Staatssekretariats für Körperkultur und Sport, bzw. dem Ministerium für Hoch- und Fachschulwesen, entstand ein Fachgebiet, welches landesweit in nahezu identischen Strukturen organisiert (die DHfK bildete ob ihrer exponierten Stellung eine Ausnahme) und auch inhaltlich aufeinander abgestimmt war. Regelmäßiger fachlicher Austausch war, durch landesweit wirkende Fachkommissionen, organisiert, so dass auch die inhaltliche Ausrichtung in Theoriekonzepten und Terminologien größtenteils als einheitlich zu bezeichnen ist. Ebenso war die Förderung von Nachwuchswissenschaftlern und die Vergabe und Durchführung von Forschungsprojekten zentral geregelt.

Dieser zentrale Aufbau des Hochschul- und Wissenschaftssytems wirkte sich, gerade in den ersten beiden Jahrzehnten des Untersuchungszeitraumes, durchaus förderlich für die Sportwissenschaft und vor allem auch für die Bewegungslehre aus.

Die verstärkte Förderung und Nutzung des Leistungssports, bzw. leistungssportlicher Erfolge bei internationalen Wettkämpfen, als politisches Mittel in den 1960er und 1970er Jahren bewirkte eine, nach zentralen Vorgaben durchgeführte, Bündelung der wichtigsten Ressourcen der Sportwissenschaft der DDR zur leistungssportlichen Forschung. Diese Entwicklung wurde durch entsprechende hochschulpolitische Beschlüsse unterstützt (vgl. 7.2.2; 7.4).

Mit der landesweit angeordneten 3. Hochschulreform kam es, aufgrund eben solcher zentraler Vorgaben, zu groben Umstrukturierungsprozessen in der Struktur des Fachgebiets (vgl. 7.4.1), welche dessen Entwicklung teilweise einschränkten. Die vorgenommenen Veränderungen entstanden nicht aus einer sich aus der Entwicklung der Wissenschaftsdisziplin ergebenden Notwendigkeit, sondern vielmehr aus einer übergreifenden Reform der Hochschul- und Wissenschaftsstruktur in der DDR, welche in generalisierten „Prinzipien zur weiteren Entwicklung der Lehre und Forschung an den Hochschulen der DDR" beschlossen und umgesetzt wurde (vgl. ebenda). Die ganz konkreten Folgen für die institutionelle Entwicklung, die auch die Strukturen des Fachgebietes bis zur deutschen Wiedervereinigung festlegten, sind in der Arbeit nachzulesen (vgl. 7.4.1.1; 7.4.1.2).

In der BRD wurde der Aufbau einer eigenständigen Wissenschaftsdisziplin „Bewegungslehre/Sportmotorik" in der Aufbauphase vor allem durch die mangelnde akademische Etablierung der Sportwissenschaft gehemmt, befand sich also auch in direkter Abhängigkeit von der Hochschulstruktur des Landes. Mit der, Ende der 1960er Jahre, sehr dynamisch einsetzenden Anerkennung und Verbreitung der Sportwissenschaft an den westdeutschen Universitäten und Hochschulen, entwickelte sich auch die Bewegungslehre/Sportmotorik zu einem eigenständigen Fachgebiet. So sehr aber gerade externe Faktoren wie die Veränderung bildungspolitischer Grundhaltungen, oder die Verwissenschaftlichung des Leistungssports, ausschlaggebend für diese beschleunigte Entwicklung waren, so wenig wurde dieser Prozess, anders als in der DDR, (hochschul-)politisch gesteuert und an zentrale Vorgaben gebunden, sondern war zumeist Standort- und Personenabhängig, was eine Charakteristik des Hochschulsystems der BRD und vor allem der sich entwickelnden bundesdeutschen Sportwissenschaft darstellte. Dementsprechend, entwickelte sich an den westdeutschen Standorten eine gewisse Breite in der institutionellen Strukturierung des Fachgebietes, wie bereits in der Bezeichnung auszumachen ist (vgl. 7.5.1). Der wissenschaftliche Austausch, die Förderung von Nachwuchswissenschaftlern bzw. die Durchführung von Forschungsprojekten waren alle an das Engagement einzelner Fachvertreter geknüpft und nicht durch die Hochschulstruktur an Vorgaben gebunden.

Mit der deutschen Wiedervereinigung kam es zu einer gesamtdeutschen Übernahme der Hochschulstrukturen der BRD (vgl. 7.6.1). Die institutionelle Entwicklung der Bewegungslehre/Sportmotorik wurde davon insbesondere an den Standorten der DDR in starkem Maße beeinflusst. Es kam zu einer Abwicklung des bestehenden Systems, sowie zu einem Neuaufbau und einer Neuausrichtung unter völlig veränderten Bedingungen bzw. Voraussetzungen. Für die Standorte der BRD ist dahingehen, in institutioneller Hinsicht, nicht von großen Veränderungen zu sprechen (vgl. 7.6.1). Deutlich wird, in der genaueren Betrachtung dieser Vorgänge, aber einmal mehr, welch starken Einfluss diese radikale Veränderung der Hochschul- bzw. Wissenschaftsstruktur für die institutionelle Entwicklung der Bewegungslehre/Sportmotorik (in der DDR) hatte.

Ähnlich stark haben nur noch singuläre gesellschaftliche und politische Ereignisse auf die institutionelle Strukturbildung in der Wissenschaftsdisziplin gewirkt.

Diese Einflüsse sind, mehr oder weniger, direkt ausschlaggebend auf die bereits angesprochene Entwicklung der Art der Hochschul- und Wissenschaftsstruktur, in beiden deutschen Staaten, gewesen und daher als übergeordnete Einflussfaktoren zu betrachten. Grundsätzlich liegt hier also eine Ursache-Folge-Beziehung vor, wie sie auch schon in der historischen Darstellung deutlich geworden ist. Die Trennung der engen Verbindung in der Darstellung Einflussfaktoren erfolgt nur der Übersichtlichkeit halber.

Grundsätzlich ist anzumerken, dass die Einflussfaktoren auf die institutionelle Entwicklung in beiden deutschen Staaten, und hier besonders die singulären gesellschaftlichen und politischen Ereignisse, eher an Knotenpunkten der Entwicklungsgeschichte und die Einflussfaktoren auf die inhaltliche Entwicklung, im Gegensatz dazu, stärker kontinuierlich prozessbegleitend gewirkt haben.

Als erstes einschneidendes politisch-gesellschaftliches Ereignis, welches in der Folge entscheidenden Einfluss auf die Bildungssysteme beider deutscher Staaten haben sollte, ist die Grenzschließung 1961 anzusehen. Mit der damit vollzogenen vollständigen Abriegelung der deutsch-deutschen Grenze durch die DDR, wurde die Unmöglichkeit einer kurz- bzw. mittelfristigen deutschen Wiedervereinigung offenbar. Vor diesem Hintergrund kam es in den nächsten Jahrzehnten, in den Wissenschaftssystemen beider deutscher Staaten, zur Festigung der bereits begonnenen, voneinander absolut unabhängigen, Strukturbildungen. Dies trifft auch für die Sportwissenschaft zu, welche, wie andere Gesellschaftszweige, auch durch ihre indirekten Ergebnisse, nämlich die internationalen Erfolge des Leistungssports, ein Teil eines sich aufbauenden deutsch-deutschen Wettbewerbs wurde. Die Bewegungslehre/Sportmotorik wurde, in keinem der beiden deutschen Staaten, als direktes Instrument dieses Wettbewerbs genutzt, war aber von den dadurch entstehenden Strukturveränderungen besonders in der DDR direkt betroffen (vgl. 7.4).

Als Höhepunkt dieser innerdeutschen Konkurrenzsituation, auf leistungsssportlicher bzw. sportwissenschaftlicher Ebene, und als weiteres singuläres gesellschaftliches Ereignis mit starkem Einfluss auf die institutionelle Strukturbildung der Wissenschaftsdisziplin in beiden deutschen Staaten, sind die Olympischen Spiele 1972 in München anzusehen. Die Durchführung, dieses bedeutendsten, internationalen sportlichen Vergleichswettkampfes, in der BRD, zu einem Zeitpunkt, an dem sich die Fronten im Kalten Krieg verhärteten, sorgte schon Jahre zuvor für sich parallel entwickelnde Umstrukturierungen in den Systemen der Sportwissenschaft von BRD und DDR. So werden die Olympischen Spiele 1972 in München, bzw. die Vorbereitung darauf, heutzutage als maßgeblicher externer Faktor für die Ende der 1960er Jahre einsetzende akademische Etablierung der Sportwissenschaft angesehen, von welchem auch die Wissenschaftsdisziplin der Bewegungslehre/Sportmotorik profitierte (7.3.1; 7.3.4; 7.5)

In der DDR war die politische Relevanz leistungssportlicher Erfolge bei internationalen Wettkämpfen schon früher erkannt und dementsprechend genutzt worden. Die Olympischen Spiele im deutschen Nachbarstaat 1972 stellten einen Höhepunkt im (sportlichen) Kampf um internationales Prestige, bzw. im Vergleich mit der BRD dar. Die angestrebte gleichberechtigte Teilnahme an Olympischen Spielen und internationalen Wettkämpfen, und damit die Anerkennung des DDR-Sports und des NOK der DDR, stellte einen wichtigen Schritt zur staatlichen Anerkennung und Souveränität dar.

Bereits 1968, wurden durch die zentrale 3. Hochschulreform der DDR starke Veränderungen in der Struktur der Sportwissenschaft angeordnet. Ein maßgebliches Ziel dabei, war, in Vorbereitung auf die Olympischen Spiele 1972, die Forderungen der Leistungssportspraxis abdecken zu können. Die Bewegungslehre/Sportmotorik hat durch diese Umstrukturierungsprozesse, vor allem an ihrem Gründungsstandort, der DHfK Leipzig, ihre Selbstständigkeit verloren. Als Wissenschaftsdisziplin, der kein direkter Beitrag zur Leistungssportpraxis zugeschrieben wurde, wurden materielle und personelle Ressourcen stark reduziert. In der Folge verschob sich das Zentrum der Forschung im Fachgebiet verstärkt auf ausgewählte Universitätsstandorte, die in dieser Hinsicht davon profitierten, anderen zentralen Gremien zu unterstehen und nicht direkt mit der Leistungssportentwicklung verknüpft zu sein (vgl. 7.4). Insgesamt ist von einer gravierenden institutionellen Strukturveränderung in der Wissenschaftsdisziplin zu sprechen.

Mit der deutschen Wiedervereinigung 1990, erfolgte eine radikale Umstrukturierung aller Gesellschaftsbereiche der DDR, so auch der Sportwissenschaft, welche komplett abgewickelt wurde.

Der Einfluss dieses gesellschaftlichen Großereignisses wirkte also vor allem an den Wissenschaftsstandorten der DDR, die universitären Standorte der BRD waren weit weniger betroffen.

Die flächendeckende Übernahme des westdeutschen Wissenschaftssystems brachte auch für die Wissenschaftsdisziplin der Bewegungslehre/Sportmotorik an den Standorten der DDR radikale Strukturveränderungen mit sich.
Die sportwissenschaftliche Fachgebiete wurden neu strukturiert und ausgerichtet, zudem kam es zu erheblichen personellen Veränderungen (vgl. 7.6).

Aber auch übergeordnete Systeme des wissenschaftlichen Austausches, bzw. der inhaltlichen Steuerung der Wissenschaftsdisziplin, wie z. B. die Fachkommission „Sportmotorik", wurden aufgelöst und dann später mit den entsprechenden westdeutschen Institutionen zusammengeführt, bzw. in diese integriert (vgl. ebenda). Ebenso mussten begonnene Forschungsprojekte, die Nachwuchsförderung, sowie Publikationstätigkeiten, in der Wissenschaftsdisziplin völlig neu organisiert und am neuen System ausgerichtet werden. Es wird deutlich, dass das gesellschaftliche Großereignis der deutschen Wiedervereinigung von 1990 einen sehr starken Einfluss auf die institutionelle Struktur der Wissenschaftsdisziplin (an den DDR- Standorten) hatte. Für die DHfK ist von einer kompletten Abwicklung einer bestehenden Institution, für die Universitäten von einer radikalen Umstrukturierung nach westdeutschem Vorbild zu sprechen.

8.2 Dominante Einflüsse auf die inhaltliche Entwicklung

Auch für die inhaltliche Entwicklung der Bewegungslehre/Sportmotorik, sowohl in der BRD, als auch in der DDR, treten in der Betrachtung vor allem zwei Einflussfaktoren besonders stark hervor:

Einmal die grundlegende „Wissenschaftsideologie des jeweiligen Landes, wobei sich in diesem Fall der dialektische Materialismus als Wissenschaftsphilosophie, verbunden mit dem zentralistischen, an klaren Praxisvorgaben orientierten, Wissenschaftssystem als inhaltliche Richtlinie der Wissenschaftsentwicklung in der DDR und das Ideal der „Humboldtschen Forschungsfreiheit", bzw. die gesetzlich verankerte Lehr- und Forschungsfreiheit der BRD (vgl. Art. 5 Abs. 3 GG) andererseits gegenüberstehen.

Zum Zweiten stellt sich die inhaltliche Entwicklung der Wissenschaftsdisziplin in beiden deutschen Staaten als ein, vor allem von den Profilen der führenden Wissenschaftler, geprägtes Konstrukt dar. Die persönlichen fachlichen Interessen der beteiligten Wissenschaftler spielten eine entscheidende Rolle in der inhaltlichen Entwicklung der Bewegungslehre der Bewegungslehre/Sportmotorik.

Die Basis jeder Wissenschaftsentwicklung in der BRD, stellt die, als bürgerliches Grundrecht geschützte, Wissenschaftsfreiheit dar, welche sowohl die Lehr- als auch die Forschungsfreiheit einschließt. Für diese Arbeit und im Vergleich mit der DDR wichtigster Punkt ist hierbei, die daraus entstehende Freiheit von jeglicher staatlicher Einmischung. D. h. jede Universität, und vor allem jeder Wissenschaftler, hat theoretisch völlige wissenschaftliche Entfaltungsfreiheit[40].

Für die inhaltliche Entwicklung der Wissenschaftsdisziplin Bewegungslehre/Sportmotorik bedeutete dies, eine, vor allem in der Ausbauphase, sehr breite Aufstellung. Wurde sich in den 1950er und 1960er Jahren vor allem noch an den Wissenschaftsergebnissen aus der DDR bzw. Österreich orientiert, und damit auch maßgebliche Vorgaben zu Gegenstand, Aufgaben, Begrenzungen und Zielsetzungen übernommen, so wurden in der Ausbauphase die Freiheit von Lehre und Forschung voll ausschöpfend, sehr viel mehr eigene Wege beschritten.

Dies bedeutete, einerseits, eine Vielzahl von Untersuchungsansätzen und eine sehr breite Annäherung an das Problemfeld der menschlichen Bewegungen im Sport, andererseits, auch das Fehlen einer einheitlichen Richtlinie zur inhaltlich- konzeptionellen Entwicklung bzw. eine entstehende Unübersichtlichkeit in der Wissenschaftsdisziplin[41] (vgl. 7.5.2; 7.5.3).

Direkt an diesem Punkt setzt für die BRD auch der zweite entscheidende Einflussfaktor auf die inhaltliche Entwicklung an, nämlich die persönlichen fachlichen Interessen der beteiligten Wissenschaftler. Jedem Bewegungswissenschaftler stand es, mehr oder weniger, frei, seinen wissenschaftlichen Gegenstandsbereich zu umreißen, selbigen zu begrenzen bzw. Ziele der eigenen Forschungstätigkeit zu bestimmen. Dass diese Interessen, auch der führenden Wissenschaftler, sehr vielfältig waren, lässt sich an der Heterogenität von Ansätzen und Betrachtungsweisen ablesen (vgl. 7.5.3; 7.6.2). Besonders in der Ausbauphase wird dieser Umstand besonders deutlich. Zu begründen ist er sicher auch mit dem Umstand, dass die führenden Bewegungswissenschaftler dieser Zeit unterschiedliche wissenschaftliche Vorbildungen hatten. Ob der mangelnden akademischen Etablierung der Sportwissenschaft in der BRD, wäh-

---

40 Dass diese Forschungsfreiheit ganz aktuell durch die Finanznot der Universitäten beträchtlich eingeschränkt wird und sich daraus eine zunehmende Notwendigkeit der ganz konkreten wirtschaftlichen Nutzung wissenschaftlicher Erkenntnisse ergibt, soll in dieser Arbeit nicht diskutiert werden, auch weil dieser Einfluss im Hauptuntersuchungszeitraum als noch nicht so dominant einzuschätzen ist.

41 Für dieses Phänomenen ist natürlich nicht nur die fehlende staatliche Steuerung verantwortlich zu machen, sondern auch allgemeinwissenschaftliche Trends der stark beschleunigten disziplinären Differenzierung, die fehlende Einflussnahme einer übergeordneten wissenschaftsinternen Instanz bzw. der Umstand, dass es sich um eine vergleichsweise junge Wissenschaftsdisziplin handelt.

rend der Aufbauphase, waren es vor allem Quereinsteiger, Psychologen, Pädagogen und Naturwissenschaftler, die sich dem sportwissenschaftlichen Feld der Erforschung menschlicher Bewegungen im Sport verschrieben hatten. Die unterschiedliche wissenschaftliche Herkunft bedingt die Vielfalt an Herangehensweisen, Forschungsmethoden etc. mit.

In der DDR traten die beiden dominantesten Einflussfaktoren auf die inhaltliche Entwicklung der Wissenschaftsdisziplin in der Stärke ihrer Ausprägung chronologisch in umgekehrter Reihenfolge auf. In der Aufbauphase, vor allem in den 1950er und 1960er Jahren, waren es vor allem die persönlichen Interessen, bzw. die wissenschaftliche Vorbildung einzelner Wissenschaftler, allen voran Kurt Meinel, welche das Fachgebiet der Bewegungslehre/Sportmotorik inhaltlich entstehen ließen (vgl. 7.2.3). In dieser frühesten Phase war die inhaltliche Entwicklung noch weniger reglementiert, bzw. im Rahmen der Sportwissenschaft staatlichen Zielvorgaben untergeordnet, und konnte so relativ freiheitlich aufgebaut werden.

Der dialektische Materialismus, welcher bereits beim Meinel 1960 die wissenschaftsphilosophische Grundlage bildete, wurde hierbei als erkenntnistheoretische Basis genutzt, oder war, wie R. Pöhlmann es beschreibt:

> „eine relativ offene Grundorientierung im Sinne einer Anleitung/ Hypothese zum einzelwissenschaftlichen Ausprobieren, d. h. der Veri- oder Falsifizierung."
>
> *(Zeitzeugenbefragung R. Pöhlmann vom 22.03.2007)*

Grundsätzlich sollte der dialektische Materialismus, gepaart mit dem zentralistisch aufgebauten und staatlich kontrollierten Wissenschaftssystem, die Wissenschaftsentwicklung der DDR entscheidend bestimmen und den ideologischen Rahmen für die Entwicklung der Wissenschaft bilden.

Im Verlaufe der Entwicklung, sollten in diese grundlegende Wissenschaftsphilosophie aber immer mehr „Forderungen" des historischen Materialismus und einer politischen Ökonomisierung eingreifen, die die Freiheit von Lehre und Forschung immer mehr einschränkten bzw. an staatliche Vorgaben knüpften.

Dazu wurde, in ansteigendem Maße, der praktische Bedarf in Schul- oder Leistungssport als Ausgangspunkt genommen. Die inhaltliche Entwicklung der Sportwissenschaft, und mit ihr der Bewegungslehre/ Sportmotorik, wurde, wie bereits in der Arbeit genauer dargestellt, zentral gesteuert. Lehre und Forschung in der Wissenschaftsdisziplin waren zumeist mit einem hohen Maß an Praxisrelevanz und einem gewissen

Nützlichkeitsgrad der Wissenschaft verbunden. In diesem Zusammenhang, ist, im Zuge der 3. Hochschulreform, das Schlagwort der „Produktivkraft Wissenschaft" entstanden, was die Zielsetzung dieser Entwicklung treffend überschreibt. Es existierten klare Entwicklungslinien mit ganz realen Zielen, was die Breite in Lehre und Forschung natürlich etwas einschränkte. Die Möglichkeiten der individuellen Entwicklung eines einzelnen Wissenschaftlers waren inhaltlich also nicht so „unbegrenzt" wie in der BRD. Der Rahmen der inhaltlichen Entwicklung war enger geworden, die Entwicklung der Wissenschaftsdisziplin wurde in verstärktem Maße kanalisiert. Trotzdem wurden die persönlichen Einflüsse der einzelnen Bewegungswissenschaftler durch diese allgemeine Ausrichtung nicht neutralisiert, sondern blieben ein wichtiger Einflussfaktor, wie auch in der Kennzeichnung der inhaltlichen Entwicklungslinien abzulesen ist (vgl. 7.2.3; 7.2.6; 7.4.5).

9 Schlussbemerkungen

Durch die Darstellung der historischen Entwicklung der wissenschaftlichen Auseinandersetzung des Menschen mit seinen Bewegungen, und der letzten Etappe dieser Entwicklung, nämlich der Entstehung einer neuen, eigenständigen Wissenschaftsdisziplin, welche sich ausschließlich mit den menschlichen Bewegungen (im Sport) beschäftigt, wird einmal mehr deutlich, welch zentrale Stellung Bewegungen, und auch ganz speziell sportliche Bewegungen, im Leben jedes Individuums einnehmen und gleichsam nahezu jeden Gesellschaftsbereich tangieren.

Ganz aktuell wird dies, auch durch die immer größer werdende Breite an Anwendungsfeldern der Wissenschaftsdisziplin, deutlich (z. B. Therapie- und Gesundheitssport, Behindertensport, subjektives Bewegungserleben etc.).

Bewegung ist Leben, ist Entwicklung. Was aber macht die entstandene akademische Wissenschaftsdisziplin der Bewegungslehre/Sportmotorik aus?

Im Mittelpunkt aller Betrachtungen der Bewegungslehre/Sportmotorik steht der sich bewegende Mensch. Ziel ist, ganz allgemein, die Erfassung ganzheitlicher Bewegungsphänomene und Motorik-Bewegungsentwicklungen, sowie die Erforschung der „Hintergründe“ der menschlichen Bewegung, und die Anwendung dieser Erkenntnisse auf den Sport. Damit hat die Wissenschaftsdisziplin, auch ob der Breite der Anwendungsfelder für/in der menschlichen Motorik, Grundlagencharakter für alle Disziplinen der Sportwissenschaft.

Darüber hinaus, muss unbedingt darauf hingewiesen, welche Potentiale die Motorikforschung für die Untersuchung aller menschlichen Bewegungsebenen birgt. In dieser Arbeit wurde bereits deutlich, dass sich, mit der Entwicklung der Wissenschaftsdisziplin, eine beträchtliche Breite an Untersuchungs- und Anwendungsfeldern ergeben haben, welche alle einen direkten Bezug zu den menschlichen Bewegungen im Sport haben. Da die sportliche Bewegung, bei den meisten Menschen, aber nur einen kleineren Teil ihrer Tageszeit ausfüllt, lässt sich nur erahnen wie stark Nachfrage und Notwendigkeit bezüglich der Untersuchung von Arbeits- und Alltagsbewegungen sind. Eine allgemeine menschliche Bewegungs- oder Motorikwissenschaft, wie sie Meinel bereits 1960 vorschwebte (vgl. Meinel 1960), könnte dabei durchaus von dem bereits bestehenden Wissenpotential der Bewegungslehre/Sportmotorik profitieren, bzw. mit der Wissenschaftsdisziplin kooperieren.

Weiterhin, bietet die Bewegungslehre/Sportmotorik aufgrund ihrer Komplexität vielfältige multi- und interdisziplinäre Möglichkeiten und ermöglicht, wenn nicht sogar erfordert, den direkten Praxisbezug in der Untersuchung aller sportlichen und motorischen Leistungsebenen. Es soll konkretes Theoriewissen für die Praxis erarbeitet, und eben dieses Wissen so vermittelt werden, dass die Befähigung geschaffen wird, es auch in der Praxis anzuwenden.

Aufgrund dieses komplexen Charakters und auch ob des Umstandes, dass die Wissenschaftsdisziplin Bewegungslehre/Sportmotorik einer direkten Mutterwissenschaft entbehrt, wird sie von führenden Wissenschaftlern des Fachgebietes als Kern der Sportwissenschaft, bzw. der genuine Teil der Sportwissenschaft, bezeichnet (vgl. Kernaussagen Zeitzeugenbefragung Bewegungswissenschaftler aller Befragtengruppen).

Mit welchen aktuellen Problemen sieht sich die Wissenschaftsdisziplin konfrontiert, welche aktuellen Entwicklungstendenzen sind auszumachen?

Wie schon festgestellt worden ist, lassen sich auch die aktuellsten Entwicklungen im Fachgebiet schwer auf einen einheitlichen Nenner bringen. Genauso wenig scheint es möglich, Prognosen für die Zukunft zu treffen.

Die noch junge Wissenschaftsdisziplin entwickelte im Untersuchungszeitraum eine große Breite in Herangehensweisen, Anwendungsfeldern und Untersuchungsmethoden für die menschliche Motorik und zeigt sich hinsichtlich Gegenstand, Begrenzungen, Aufgaben und Zielsetzungen noch nicht gefestigt.

Der Trend der interdisziplinären, pluralistischen Ausrichtung der Wissenschaftsdisziplin, bestimmt die Bewegungslehre/Sportmotorik auch aus ganz aktueller Sicht. Zum Teil wird dieser Trend bereits als Problem begriffen und auch so diskutiert (vgl. Gabler, Göhner & Schiebl 2005 (Hrsg.); Mechling 2003; 2005, Roth/Willimczik 1999).

Die historische Entwicklung, von der Einheitlichkeit zur Aufspaltung in Herangehensweisen und Ansätzen ist sicherlich ein neuen Forschungsmethoden, den Differenzierungstendenzen in den Anwendungsfeldern und vielen anderen Faktoren geschuldeter, allgemeinwissenschaftlicher Trend. Diese Entwicklung beinhaltet vielen Chancen aber auch Gefahren.

Ein sehr breiter, weit gefächerter Forschungsansatz, wie er momentan durch die vielen verschiedenen Herangehensweisen in der Bewegungslehre/Sportmotorik gegeben ist, ermöglicht die komplexe Erforschung des Untersuchungsgegenstandes der menschlichen Bewegungen im

Sport. Die Forschungsfreiheit, die Freiheit des wissenschaftlichen Denkens und Arbeitens, welche als „Seele" der Wissenschaft dieser Vielfalt von Ansätzen zu Grunde liegt, sollte auch unbedingt bewahrt bleiben.

Um aber dem Menschen, und in diesem Fall dem Sport treibenden Menschen, dienen zu können, muss die Wissenschaftsdisziplin gewisse Konzentrationen, nicht Einschränkungen, zulassen.

Konzentrationen, die zulassen, dass die Bewegungslehre/Sportmotorik die ihr allgemein zugeschriebene Funktion als Integrationsinstanz ausüben kann und das entstandene Wissen, über körperinterne Steuerungs- und Funktionsprozesse, sowie über sichtbare Bewegungsvollzüge in sich vereint und für die Sportpraxis nutzbar macht. Von dem Idealbild des Sportpädagogen, der alle Einfluss- und Bestimmungsgrößen der sportlichen Leistung kennt, und auf diese einwirken kann, ist nicht abzuweichen. Vielmehr, muss es die Aufgabe der Bewegungslehre/Sportmotorik sein, die Annäherung an dieses Idealbild maßgeblich zu unterstützen.

Dass dieses große Ziel nur dann erreicht werden kann, wenn es zu einer Verständigung über den gemeinsamen Gegenstandsbereich, gemeinsame Aufgaben und Zielsetzungen kommt, die in einer konstruktiven Zusammenarbeit fruchten, wird deutlich.

Ähnliches gilt für die Interdisziplinarität - abgesicherte Erkenntnisse der Basiswissenschaften nutzen der Weiterentwicklung der Wissenschaftsdisziplin vor allem, wenn sie auf einer gemeinsamen Theorieebene zusammengebracht und so im Sinne einer allgemeinen Zielstellung nutzbar gemacht werden (vgl. Leirich 2000, S. 85ff, Willimczik 1994, S. 31ff.). Eine fachwissenschaftliche Schwerpunktsetzung, und Bearbeitung, scheint in notwendiger Integration und Differenzierung, gemessen an den Bedürfnissen der Sportpraxis, notwendig.

Diese erstrebte, einheitliche Verständigungsebene, die Kenntnis um den bisherigen Entwicklungsweg der Bewegungslehre/Sportmotorik in Deutschland, und der sich daraus ergebenden Stärken und Schwächen der Wissenschaftsdisziplin, hierzulande, scheint auch die Grundvoraussetzung dafür, eine internationale Öffnung der Wissenschaftsdisziplin sinnvoll und konstruktiv vorantreiben zu können.

Grundsätzlich sollte, wie es auch schon an vielen Standorten der Sportwissenschaft durch Einzelpersonen geschehen ist, die Chance des internationalen Austausches noch stärker als solche begriffen und vorangetrieben werden, um die Untersuchungen zu den menschlichen Bewegungen im Sport weiter ergänzen und vervollständigen zu können. Der Ansatz dazu, kann, in seiner institutionellen, als auch inhaltlichen Breite, durchaus über die bisherige, für die Wissenschaftsdisziplin sehr wichtige, Arbeit der International Association of Sport Kinetics hinausgehen.

Um die zeitgeschichtliche Entwicklung der Bewegungslehre/Sportmotorik richtig verstehen und werten zu können, muss die Frage gestellt werden: In welchen Koordinaten hat sich die Wissenschaftsdisziplin entwickelt, was waren die maßgeblichen Einflussfaktoren dieser Entwicklung?

- Dass diese Kernwissenschaft der Sportwissenschaft, in ihrer Entwicklung, nicht nur von eigendynamischen Prozessen der inhaltlichen Wissenschaftsentwicklung, sondern auch von einer Vielzahl externer gesellschaftlicher, politischer und hochschulpolitischer Einflussfaktoren bestimmt wurde, wurde in der historischen Darstellung deutlich. Deshalb ist die Geschichte der Bewegungslehre/Sportmotorik auch ein Stück Gesellschaftsgeschichte, ein Stück Strukturgeschichte.

Gerade durch den Umstand, dass es sich um eine Wissenschaftsdisziplin der Sportwissenschaft handelt, wird auch in dieser Arbeit einmal mehr deutlich (ohne dass dies im Fokus dieser Untersuchung gestanden hätte), welch gewaltigen gesellschaftlichen und politischen Stellenwert der Sport, in der zweiten Hälfte des 20. Jahrhunderts, in Europa, innehatte und wie sehr Sport und Sportwissenschaft Teil der deutsch-deutschen Beziehungen waren. Es scheint unmöglich, ein Thema des Sports, oder der Sportwissenschaft, losgelöst von den größeren gesellschaftlichen und politischen Prozessen dieser Zeit betrachten zu können.

Ähnliches gilt für das Feld von Universität, Wissenschaft und Bildung. Auch wenn in unterschiedlicher Ausprägung und verschiedenen Einflussfaktoren geschuldet, wird deutlich, dass eine autonome Wissenschaftsentwicklung, im Untersuchungszeitraum und Untersuchungsgebiet, nicht möglich gewesen ist. Zu stark scheinen die Bindungen an Staat, Politik, gesellschaftliche Trends und Erfordernisse

- Ein anderer, ganz wesentlicher, die Entwicklung der Wissenschaftsdisziplin beeinflussender, Faktor, der gleich zu Beginn der Untersuchung deutlich wurde, ist der personelle Faktor. Abgesehen von der, bereits unter Kapitel 8.2, beschriebenen Einflüsse von Einzelpersonen auf die inhaltliche Entwicklung der Wissenschaftsdisziplin, ist auch ihr Anteil am Entstehen einer Geschichte der Bewegungslehre/Sportmotorik zu beachten.

Das Verbinden der zeitgeschichtlichen Betrachtung einer Wissenschaftsgeschichte, einer, in diesem speziellen Fall, mehrmals von starken Umstrukturierungsprozessen betroffenen Gesellschafts- oder Strukturgeschichte und den subjektiv geprägten Aussagen von direkt an den historischen Vorgängen beteiligten Zeitzeugen, ist nicht einfach. Geblieben ist, der Versuch, dem historischen Untersuchungen zugrunde liegenden, „Rankeschen Objektivitätsideal" so nah wie möglich zu kommen.

- Ist vor diesem Hintergrund die Frage nach einem „Besser oder Schlechter", welche im Rahmen dieser Untersuchung, vor dem Hintergrund der Parallelentwicklung beider deutscher Staaten, des Öfteren gestellt wurde, überhaupt zu beantworten?

Auch, wenn sicherlich objektive Vergleichsparameter wie die Quantität von Fachpublikationen o. ä. untersucht werden könnten, und trotz der deckungsgleichen chronologischen Aufstellung der Entwicklungsverläufe, ist diese Frage, ob des Mangels an objektiven, vertretbaren Vergleichsparametern, die Aussagen zur ganzheitlichen Wissenschaftsentwicklung in dem jeweiligen deutschen Staat zulassen, zu verneinen.

Sehr schnell nach ihrer Teilung entwickelten sich zwei deutsche Staaten, deren gesamte Ausrichtung sich genauso voneinander unterschieden hat, wie die institutionelle und inhaltliche Struktur ihrer Wissenschaftssysteme. Die Rahmenbedingungen für die Entwicklung der Wissenschaftsdisziplin Bewegungslehre/Sportmotorik haben sich dementsprechend, zu jedem Zeitpunkt der Entwicklung, so stark voneinander unterschieden, dass es einen wertenden Vergleich unmöglich macht.

- Nichtsdestotrotz sind einige generalisierende Aussagen zu treffen: Einmal, ähnelt sich die Grobstruktur in der Chronologie der Entwicklungsverläufe der Wissenschaftsdisziplin stark. In beiden deutschen Staaten ist von einer Aufbau- und einer Ausbauphase zu sprechen. Das Bemerkenswerte daran ist, dass die Zäsurperiode, welche die Aufbauphase beendetund gleichsam die Ausbauphase einläutet, in beiden deutschen Staatenauf die Jahre zwischen 1968 und 1972 fällt. Dabei wurden die strukturellen Veränderungen innerhalb der Wissenschaftsdisziplin, welche in dieserPhase eintraten, in BRD und DDR, zum Teil von sehr unterschiedlichen externen Faktoren beeinflusst, wie in der Arbeit deutlich wird.

Als hervorzuhebender historischer Prozess, der in dieser Phase die Entwicklung von Sport - Sportwissenschaft - Bewegungslehre/Sportmotorik in *beiden* deutschen Staaten gelenkt hat, ist sicherlich die Vorbereitung und Durchführung der Olympischen Spiele 1972 in München zu nennen. Der Umstand, dass die bedeutungsvollsten internationalen Sportwettkämpfe zu einem Zeitpunkt, an dem der Kalte Krieg einen ersten Höhepunkt und die deutsch-deutschen Beziehungen einen Tiefpunkt erreicht hatten, sowie leistungssportliche Erfolge bei großen internationalen Wettkämpfen als eines der wirksamsten Mittel des Prestigegewinnes einer Gesellschaftsordnung angesehen wurden, in der BRD vorbereitet und durchgeführt wurden, ist sicher als ein entscheidender Faktor in dieser Entwicklungsphase zu werten.

Dass die Entwicklung der Bewegungslehre/Sportmotorik in der DDR, vor allem in der Aufbauphase, sehr viel dynamischer und produktiver verlaufen ist und während des gesamten Entwicklungsverlaufes systematischerstrukturiert und stärker an der Sportpraxis orientiert war, als in der BRD, ist genauso ein historischer Fakt, wie der Umstand, dass die Entwicklung der Wissenschaftsdisziplin, zu ihrer Hochzeit, in der BRD in den 1980er Jahren von einer freiheitlicheren Ausrichtung und einer größeren Breite an Ansätzen und Herangehensweisen geprägt war.

Alle diese Entwicklungsbesonderheiten sind aber, wie schon angesprochen, nicht wissenschaftsintern, sondern vor allem durch Staats- und Gesellschaftsstruktur, bzw. die sich auf dieser Grundlage herausbildendenWissenschaftssysteme, zu begründen.

Was die Absage an ein verallgemeinerndes „Besser oder Schlechter" ebenfalls unterstützt, ist der Umstand, dass auch in den historischen Prozessen keine direkten Konkurrenz- und Vergleichssituationen entstanden sind bzw. von den beteiligten Wissenschaftlern gefördert wurden. Vielmehr wurden Möglichkeiten der Zusammenarbeit und Kooperation wahrgenommen, so sie sich im Spannungsverhältnis beider deutscher Staaten ergeben haben. Als Ergebnis dessen, ist auch die konstruktive Zusammenarbeit und der Austausch der Wissenschaftler in den unmittelbaren Wendejahren zu werten.

Abschließend bleibt zu hoffen, dass die Komplexität, dieser zentralen sportwissenschaftlichen Disziplin, als Chance genutzt wird und sich nicht in negativen Formen der Forschungspluralität und Individualismus verliert. Die Erarbeitung konkreten Theoriewissens scheint nur dann sinnvoll, wenn auch die Möglichkeit der praktischen Anwendung und Vermittlung besteht.

Die vielfältige Entwicklung der menschlichen Bewegung, und ihrer Anwendungsfelder (im Sport), als auch der Entwicklungsverlauf der Wissenschaftsdisziplin Sportwissenschaft, haben die Wichtigkeit der Grundlagendisziplin Bewegungslehre/Sportmotorik aufgezeigt. Ihr Wert liegt in der Ausbildung guter Trainer und Sportpädagogen, in der praktischen Entwicklung und Förderung biologischer, psychologischer und sozialer Kompetenzen, die den Menschen befähigen, die, im Sport und im Leben, gestellten Aufgaben zu erfüllen.

Diese Werte sind unschätzbar und sollten unbedingt bewahrt bleiben! Diese Bewahrung liegt sowohl in der Verantwortlichkeit jedes einzelnen Wissenschaftlers, als auch der Gemeinschaft aller Fachvertreter.

10 Anlagen

Anlage 1

Beispielhaftes Gerüst von Leitfadenfragen der Zeitzeugenbefragung[42]

1. Beschreiben Sie bitte Ihre ersten Berührungspunkte mit der Lehre der Bewegungslehre/Sportmotorik.
2. Ab wann, und wodurch, fanden Inhalte der Bewegungslehre und Sportmotorik bei Ihnen Berücksichtigung in der Ausbildung des Sportstudenten?
3. In welche Strukturen (Organisation/Lehre/Forschung) war die Bewegungslehre/Sportmotorik, zu Beginn ihrer wissenschaftlichen Laufbahn, in Ihrem direkten Umfeld organisiert, wie entwickelte sie sich dann weiter?
4. Wie stellte sich die Abgrenzung zur Biomechanik und zur Trainingslehre dar? Welche Entwicklungstendenzen würden Sie da bis zum heutigen Zeitpunkt anführen wollen?
5. Existierte bei Ihnen ein verbindlicher Lehrplan für das Fachgebiet? Falls ja, woran orientierte er sich?
6. Woher wurde das benötigte Fachpersonal rekrutiert (wissenschaftliche Herkunft)? Seit wann und durch welche Maßnahmen konnte eigener wissenschaftlicher Nachwuchs ausgebildet werden?
7. Existierten in der Gründungsphase gemeinsame Terminologien und Theoriekonstrukte für dieses Fachgebiet? Später?
8. Was wurde in der Bewegungslehre, von Ihnen, anfangs als Grundlagenliteratur verwendet?
9. Wie gestaltete sich die Forschung in der Bewegungslehre? Mit welchen Mitteln wurde geforscht?
10. Ist Ihrer Meinung nach von einem Einfluss der etablierten Wissenschaften auf die Entwicklung von Theoriekonstrukten, und auf die Homo- oder auch Heterogenität, der Bewegungslehre zu sprechen? Wenn ja, welche Wissenschaften oder Tendenzen würden Sie da nennen?

---

42 Orientiert sich an der Befragung der Wissenschaftler der ehemaligen DDR.

11. War ein regelmäßiger Erfahrungsaustausch zwischen den Universitäten organisiert? Wenn ja, in welcher Form haben Sie diesen erlebt?
12. Bestand ein wissenschaftlicher Austausch mit anderen Ländern aus dem Ostblock? Sind Forscher, die auch Einfluss auf die (ost-) deutsche Entwicklung hatten, zu nennen?
13. Bestand wissenschaftlicher Austausch/Konkurrenz mit der BRD oder dem westlichen Ausland? Sind Forscher, die auch Einfluss auf die (ost-) deutsche Entwicklung hatten, zu nennen?
14. Wie wurde die Entwicklung in der ehemaligen BRD von Ihnen wahrgenommen, wie wurde sie gewertet?
15. Worauf führen Sie den Umstand zurück, dass die Entwicklung der Sportwissenschaft in der DDR, gerade in den Anfangsjahren, vergleichsweise schneller und unkomplizierter verlief?
16. Welche gesellschaftlichen oder politischen Ereignisse hatten Ihrer Meinung nach Einfluss auf die Entwicklung der Sportwissenschaft oder ganz konkret der Bewegungslehre in der DDR?
17. Beschreiben Sie bitte den Zustand der Bewegungslehre/Sport motorik vor der politischen und gesellschaftlichen Umordnung 1989/1990 sowie seine Entwicklung in diesen Jahren in ihrem direkten Umfeld.
18. Wie bewerten Sie die Entwicklung seit 1990, den Zusammenschluss der beiden deutschen Wissenschaftssysteme? Wie würden Sie Ihre ganz persönliche Erfahrung, auf dem Gebiet der Bewegungslehre, dazu charakterisieren?
19. Welche aktuellen Tendenzen oder Probleme in der Bewegungslehre/Sportmotorik halten Sie für besonders erwähnenswert?
20. Worin sehen Sie den konkreten Wert des Fachgebietes, was reizt Sie persönlich daran?
21. Was sind für Sie die Hauptaufgaben der Lehre und Forschung der Bewegungslehre und Sportmotorik?

Anlage 2

Grundstruktur der Darstellung der Untersuchungsergebnisse
Rahmenbedingungen:
Die wiss. Bearbeitung des Bewegungsproblems durch die Zeitalter
Gesellschaftliche Rahmenbedingungen
Entwicklungsgeschichte der Sportwissenschaft
Die Entwicklung der BW/SPOMO in der DDR zwischen 1945 und 1969
Die Entwicklung der BW/SPOMO in der BRD zwischen 1945 und 1969
Zäsurperiode 1968 - 1972
Die Entwicklung der BW/SPOMO in der DDR zwischen 1969 und 1990
Die Entwicklung der BW/SPOMO in der BRD zwischen 1969 und 1990
Dt. Wiedervereinigung 1990
Neustrukturierung der Wissenschaftsdisziplin im Prozess der dt. Wiedervereinigung
Aufbauphase
Ausbauphase
Zusammenführung

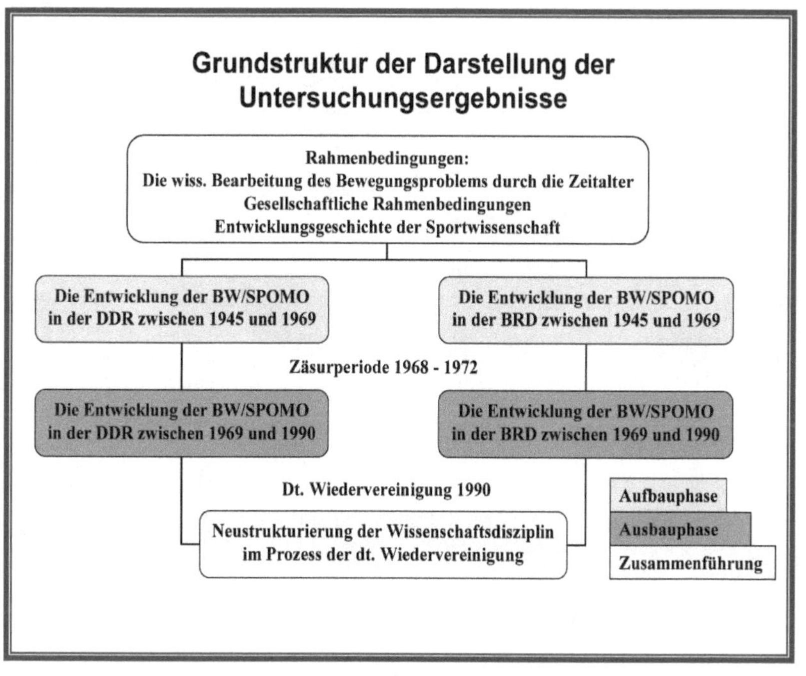

11 Literaturverzeichnis

Ader, A. (2003). Kirche und Sport in Altertum und Mittelalter. In: Schriftenreihe Schriften zur Sportwissenschaft, Band 42. Hamburg: Kovac.

Ader, A. (2004). Konfessionen und Sport in der frühen Neuzeit. In Schriftenreihe: Schriften zur Sportwissenschaft, III. Serie, Band 54, S. 121. Hamburg: Kovac.

Ananjew, B. G. (1963). Psychologie der sinnlichen Erkenntnis. Berlin: VEB Deutscher Verlag der Wissenschaften.

Anochin, P. K. (1958). Psychologie und Kybernetik. Sowjetwissenschaft - Naturwissenschaftliche Beiträge, Berlin 11 (5), 533 - 557.

Anochin, P. K. (1967). Das funktionelle System als Grundlage der physiologischen Architektur des Verhaltensaktes. Jena: Fischer.

Anweiler, G. (1992). Bildungspolitik in Deutschland 1945 - 1990. Opladen: Leske& Budrich

Archiv der Universität Leipzig. In DHfK - Verwaltungsarchiv 11 - 5.

Archiv der Universität Leipzig. In DHfK - Verwaltungsarchiv 15 - 20.

Archiv der Universität Leipzig. In DHfK - Verwaltungsarchiv 3343/2.

Archiv der Universität Leipzig. In DHfK - Verwaltungsarchiv R 38 - 5/1.

Archiv der Universität Leipzig. In DHfK - Verwaltungsarchiv 4431.

Ballreich, R. (1970). Grundlagen sportmotorischer Tests. Frankfurt/M.: Limpert.

Ballreich, R. (1983a). Analyse und Ansteuerung sportmotorischer Techniken aus biomechanischer Sicht. In H. Rieder (Hrsg.), Motorik und Bewegungsforschung. Ein Beitrag zum Lernen im Sport (S. 72 - 93). Schorndorf: Hofmann.

Baeyer, von H. (1925). Bewegungslehre und Orthopädie. Stuttgart: Enke.

Baeyer, von H. (1925). Bewegungslehre für den Praktiker. In: Die Leibesübungen, Heft 6/1925.

Baske, S. (1979). Bildungspolitik in der DDR 1963 - 1976: Dokumente. Wiesbaden: Harrassowitz.

Bednarzowa, B. (1964). Die Rolle der Arbeit bei der Gestaltung der Tanzbewegungen des Menschen in der Urzeit. Theorie und Praxis der Körperkultur, Berlin 13 Sonderheft: Über philosophische und soziologische Probleme der Körperkultur, 139 - 145.

Bernett, H. (1959). Die pädagogische Neugestaltung der bürgerlichen Leibesübungen durch die Philanthropen. Schorndorf: Hofmann.

Bernett, H. (1966). Nationalistische Leibeserziehung. Schorndorf: Hofmann

Bernett, H. (1971), Die pädagogische Neugestaltung der bürgerlichen Leibesübungen durch die Philantrophen. Schorndorf: Hofmann.

Bernett, H. (1979). Internationales Jahn-Symposium: Berlin 1978. Köln, Leiden: Brill.

Bernett, H. (1974). Untersuchungen zur Zeitgeschichte des Sports. In: Beiträge zur Lehre und Forschung der Leibeserziehung; Bd. 52. Schorndorf: Hofmann.

Bernett, H. (1977). Zum Problem der Fremdbestimmung und Instrumentalisierung des Sports. Sportwissenschaft 7, 2, 139 - 150.

Bernett, H. (1980). Entwicklung und Struktur der Sportwissenschaft. Sportwissenschaft, 4, 375 - 403.

Bernett, H. (1994). Körperkultur und Sport in der DDR. Dokumentation eines geschlossenen Systems. Schorndorf: Hofmann.

Bernštejn, N. A. (1947). O postroenii dviženij (Über den Aufbau der Bewegungen). Moskva: Medgiz.

Bernstein, N. A. (1975; 1988[2]). Bewegungsphysiologie (2. Aufl., 1988). Leipzig: Barth.

Bernstein, N. A. (1988). Bewegungsphysiologie. In: Sportmedizinische Schriftenreihe der Deutschen Hochschule für Körperkultur Leipzig; Bd. 9. Leipzig: Barth.

Bernstein, N. A. (1996). Die Entwicklung der Bewegungsfertigkeiten. Leipzig: Institut für Angewandte Trainingswissenschaft.

Bette, K.- H. (1993). Zwischen Verstehen und Beschreiben. Forschungsmethodologische Ansätze in der Sportwissenschaft. Köln: Sport und Buch Strauss.

Beunen, G. P. (1994). Physisches Leistungsvermögen und biologische Reife. In P. Hirtz & F. Nüske, Motorische Entwicklung in der Diskussion (S. 41 - 59). Sankt Augustin: Academia.

Blaser, P. & Erler, K. (1994). Die Phylogenese der Motorik - ein Geschenk der Natur? In P. Hirtz, G. Kirchner & R. Pöhlmann (Hrsg.). Sportmotorik. (S. 183 - 205). Kassel: Univ. Gesamthochschule.

Blume, D.-D. (1978a). Zu einigen wesentlichen theoretischen Grundpositionen für die Untersuchung der koordinativen Fähigkeiten. Theorie und Praxis der Körperkultur, 27 (1), 29 - 36.

Blume, D.-D. (1978b). Grundsätze und methodische Maßnahmen zur Schulung koordinativer Fähigkeiten. Theorie und Praxis der Körperkultur, 27 (2), 141 - 144.

Blume, D.-D. (1979). Zu einigen Problemen der Diagnostik koordinativer Fähigkeiten. Wissenschaftliche Zeitschrift der DHfK, 20 (1), 81 - 86.

Blume, D.-D. (1982). Der sportmotorische Test. Grundlegende theoretische Probleme und eine Monographie als Manuskript eines Studienmaterials. Unveröffentlichte Dissertation B, Deutsche Hochschule für Körperkultur Leipzig.

Blume, D.-D. (1984a). Einige Bemerkungen zur Bestimmung des Begriffs „sportmotorischer Test". Wissenschaftliche Zeitschrift der DHfK, 25 (2), 45 - 60.

Bode, R. (1922). Ausdrucksgymnastik. München: C. H. Beck.

Bode, R. (1926). Neue Wege in der Leibeserziehung. München: C. H. Beck.

Bode, R. (1930). Musik und Bewegung. Kassel: Bärenreiter.

Bode, R. (1939). Energie und Rhythmus. Goslar: Blut und Boden.

Bös, K. & Mechling, H. (1983). Dimensionen sportlicher Leistungen. Schorndorf: Hofmann.

Bös, K., Wydra, G., Mechling, H. (1984). Entwicklung und Evaluation eines sportmotorischen Koordinationstestes für Teilnehmer (innen) an stationären Heilbehandlungen. In: D. Jeschke (Hrsg.), Stellenwert der Sportmedizin in Medizin und Sportwissenschaft (S. 300 - 308). Berlin.

Bös, K. (1987). Handbuch sportmotorischer Tests. Göttingen, Zürich, Toronto: Hogrefe.

Boshof, E., Düwell, K., Kloft, H. (1997). Grundlagen des Studiums der Geschichte. Köln: Böhlau.

Borelli, A. (1927). Die Bewegung der Tiere. In: Ostwald's Klassiker der exakten Wissenschaften. Leipzig: Akademische Verlagsgesellschaft.

Braune, W. & Fischer, O. (1895). Der Gang des Menschen, I. Teil: Versuche am unbelasteten und belasteten Menschen. Abhandlungen der mathematisch-physischen Classe der Königl.-Sächsischen Gesellschaften der Wissenschaften, Bd. XXXV, 154 - 322.

Buggel, E. (1989) Vorwort. Theorie und Praxis der Körperkultur, Beiheft 2: Aktuelle sportmotorische Forschungen im Lichte der Lehren N. A. Bernsteins, 5.

Burisch, J. (1959). Über den Begriff des Rhythmus in der Körpererziehung und den rhythmischen Charakter von Bewegungsabläufen. Wissenschaftliche Zeitschrift der Martin-Luther-Universität Halle, 8 (3), 389 - 396.

Burisch, J. (1964). Kritische Bemerkungen zur Phasenstruktur und zum Bewegungsrhythmus. Wissenschaftliche Zeitschrift der Martin-Luther-Universität Halle, 13 (3), 173 - 178.

Buss, W. & Austermühle, T. (2001). Aktionsfelder des DDR-Sports in der Frühzeit: 1945 - 1965. In: Wissenschaftliche Berichte und Materialien/ Bundesinstitut für Sportwissenschaft Bonn. Köln: Sport und Buch Strauss.

Buss, W. & Becker, Ch. (Hrsg.) (2001). Aktionsfelder des DDR Sports in der Frühzeit 1945 - 1965. Köln: Sport und Buch Strauß.

Buytendijk, F. J. J. (1956, 1972[2]). Allgemeine Theorie der menschlichen Haltung und Bewegung. Springer: Berlin, Göttingen, Heidelberg.

Carl, K. (1983). Training und Trainingslehre in Deutschland. Schorndorf: Hofmann.

Court, J. (1998). Kleine Ideengeschichte der Sportwissenschaft. Sankt Augustin: Academia.

Court, J. (1999). Über den Ursprung einer Theorie der Leibeserziehung. Sportwissenschaft, 29, 2, 185 - 199.

Court, J. & Meinberg, E. (Hrsg.) (2006). Klassiker und Wegbereiter der Sportwissenschaft. Stuttgart: Kohlhammer.

Daugs, R. (1978) Bewegungslehre zwischen Biomechanik und Kybernetik. Sportwissenschaft, 8 (1), 69 - 90.

Daugs, R. 1984. Welche sichtbaren Strukturmerkmale zeichnen sportliche Bewegungen aus ? In. K. Koch (Hrsg.), Sportkunde (S. 16 - 41). Schorndorf: Hofmann

Daugs et. al. (1991). Sportmotorisches Lernen und Techniktraining. Schorndorf: Hofmann.

Daugs, R. (1998). Ein Lehrbuchklassiker wird 38. Geleitwort zur 9. Auflage und Jubiläumsausgabe der „Bewegungslehre-Sportmotorik" von Meinel/Schnabel anlässlich des 100. Geburtstag von Kurt Meinel. In: Meinel, K. & Schnabel, G. Bewegungslehre Sportmotorik. Abriß einer Theorie der sportlichen Motorik unter pädagogischem Aspekt. (9. Aufl.). Berlin: Sportverlag.

Daugs, R. (1999). Aktuelle Trends in der Forschung zum Motorischen Lernen. In J. Krug & C. Hartmann (Hrsg.), Praxisorientierte Bewegungslehre als angewandte Sportmotorik (S. 180 - 192). Sport und Wissenschaft, 8 Sankt Autustin: Academia.

Diem, C.(1957). Poesie des Sports. Stuttgart: Olympischer Sport-Verlag.

Diem, C. (1962). Körper und Geist, Leib und Seele. Essen-Bredeney: Gemeinnützige Verwaltungsgesellschaft für Wissenschaftspflege.

Diem, L. (1973). Sport für Kinder - Elemente einer Didaktik für das Alter von null bis zehn. München: Kösel.

Diem, L. (1980). Spiel und Sport im Kindergarten. München: Kösel.

Digel (1992). Der Deutsche Sportbund befragt seine Mitgliedsorganisationen. Frankfurt am Main: Dt. Sportbund

Digel, H. (1995). Sportwissenschaft heute: Eine Gegenstandsbestimmung. Darmstadt: Wiss. Buchges.

Donskoi, D. D. (1961). Biomechanik der Körperübungen. Berlin: Sportverlag.

Donskoi, D. (1975). Grundlagen der Sportbiomechanik. Berlin: Sportverlag.

Droysen, J. G. (1977). Historik: Vorlesungen über Enzyklopädie und Methodologie d. Geschichte. München, Wien: Oldenbourg.

Ebert, J. (1980). Olympia. Von den Anfängen bis zu Coubertin. Leipzig: Koehler & Amelang.

Eichel, W. (1974). Studienanleitung zum Studienkomplex historische und theoretische Grundlagen der sozialistischen Körperkultur. Leipzig: Deutsche Hochschule für Körperkultur.

Eichel, W. (1984). Illustrierte Geschichte der Körperkultur: Körperkultur in der Urgesellschaft und in der Antike. Berlin: Sportverlag.

Elzer, H.-M. (1965). Bildungsgeschichte als Kulturgeschichte. Eine Einführung in die historische Pädagogik. (Band 1, Von der Antike bis zur Renaissance). Ratingen b. Düsseldorf: Henn.

Engels, F. (1954). Anteil der Arbeit an der Menschwerdung der Affen. Berlin: Dietz

Engels, F. (1959) Dialetik der Natur. Berlin: Dietz.

Engels, F. (1971). Dialektik der Natur. In: Bücherei des Marxismus-Leninismus. Berlin: Dietz.

Erler, K.(1989). Internationale Konferenz „Aktuelle sportmotorische Forschungen im Lichte der Lehren N. A. Bernsteins. Theorie und Praxis der Körperkultur, 3/89, 213 - 215.

Farfel, W. S. (1979). Sensomotorische und physische Fähigkeiten. Zur motorischen Begabung von Kindern. Leistungssport, 9 (1), 31 - 34.

Farfel, W. S. (1983). Bewegungssteuerung im Sport. Berlin: Sportverlag.

Fetz, F. (1962). Allgemeine Methoden der Leibesübungen. In: Theorie und Praxis der Leibesübungen, Band 21. Wien, München: Österreichischer Bundesverlag.

Fetz, F. (1964): Beiträge zu einer Bewegungslehre der Leibesübungen. Wien: Österreichischer Bundesverlag.

Fetz, F. (1980; 1989³). Bewegungslehre der Leibesübungen. Bad Homburg: Limpert.

Fetz, F. & Kornexl, E. (1993). Von der Leibeserziehung zur Sportwissenschaft. Gesichtliche Entwicklung, Forschung und Lehre des Institutes für Sportwissenschaften der uNiversität Innsbruck. In: Kornexl, E. & Nachbauer, W. (Hrsg.). Bewegung. Sport. Forschung. 25 Jahre Sportwissenschaften in Innsbruck, Symposiumsbericht, Innsbruck 1993, 9 - 26.

Fikus, M. & Schürmann, V. (2004). Die Sprache der Bewegung. Sportwissenschaft als Kulturwissenschaft. Bielefeld: Transcript.

Flick, U. (2004). Qualitative Sozialforschung. Reinbeck b. Hamburg: Rowohlt.

Foerster, O. (1902). Die Psychologie und Pathologie der Coordination. Jena: Fischer.

Fornoff, P.(1995). Die Entwicklung der Sportwissenschaft in beiden deutschen Staaten im Spiegel metatheoretischer Publikationen. Diss. Universität Darmstadt.

Fornoff, P. (1997). Wissenschaftstheorie in der Sportwissenschaft; die beiden deutschen Staaten im Vergleich. Darmstadt: Wiss. Buchges.

Gäbler, H. & Göhner, U. & Schiebel, F. (2005). Zur Vernetzung von Forschung und Lehre in Biomechanik, Sportmotorik und Trainingswissenschaft. Hamburg: Feldhaus.

Garz, D. & Kraimer, M. (1991). Qualitativ-empirische Sozialforschung: Konzepte, Methoden, Analysen. Opladen: Westdt. Verlag.

Gaulhofer, K. & Streicher, M. (1930/1931). Natürliches Turnen - Gesammelte Aufsätze, Band I und II. Wien, Leipzig: Verlag für Jugend und Volk.

Gaulhofer, K. & Streicher, M. (1949). Natürliches Turnen. Wien: Verlag für Jugend und Volk.

Gebauer, G. (1996). Olympische Spiele - die andere Utopie der Moderne. Olympia zwischen Kult und Droge. Frankfurt am Main: Suhrkamp.

Göhner, U. (1974). Zur Strukturanalyse sportmotorischer Fertigkeiten. Sportwissenschaft, 4 (2), 115 - 135.

Göhner, U. (1980). Abriß einer Bewegungslehre des Sports. Sportwissenschaft, 10 (3), 223 - 239.

Göhner, U. (1982). Trendbericht Bewegungslehre. Sportunterricht, 31 (3), 85 - 92.

Göhner, U. (1979;1983). Bewegungsanalyse im Sport. Ein Bezugssystem zur Analyse sportlicher Bewegungen unter pädagogischem Aspekt. (2. Aufl. 1983) Schorndorf: Hofmann.

Göhner, U. (1992). Einführung in die Bewegungslehre des Sports. Teil 1: Die sportlichen Bewegungen. Schorndorf: Hofmann.

Göhner, U. (1998). Macht es Sinn, heute noch wie Meinel von einer pädagogischen Bewegungslehre zu sprechen? In R. Riecken u. a. (Hrsg.), Praxisorientierte Bewegungslehre als angewandte Sportmotorik (Festschrift). Leipzier Sportwissenschaftliche Beiträge XXxIX (1/2) (S. 44 - 50). Sankt Augustin: Academia.

Göhner, U. (1999). Einführung in die Bewegungslehre des Sports. Teil 2: Bewegungslehre des Sports. Schorndorf: Hofmann.

Graeser, W. (1927). Körpersinn: Gymnastik, Tanz, Sport. München: C. H. Beck.

Groll, H. (1955). Die Systematiker der Leibesübungen: Vergleichende Systemkunde d. pädagogischen Leibesübungen. Theorie und Praxis der Leibesübungen, Heft 7, 18 - 25.

Grosser, M. (1978). Ansätze zu einer Bewegungslehre im Sport. Sportwissenschaft, 8/1978/4, 370 - 392.

Grosser, M. (1987). Die sportliche Bewegung: anatom. und biomech. Grundlagen. München: BLV-Verlags-Gesellschaft.

Grübler, B. & Hartmann, C. (1985). Diagnose und spezielles Training dominanter koordinativer Fähigkeiten in der Sportart Volleyball. Unveröffentlichte Dissertation, Deutsche Hochschule für Körperkultur Leipzig.

Grupe, O. (1995) Vierzig Jahre Sportwissenschaft in Deutschland (1950 - 1990). Anmerkungen zu Geschichte und Problemen einer neuen Disziplin. In H. Digel (Hrsg.), Sportwissenschaft heute. Eine Gegenstandsbestimmung (S. 19 - 38). Darmstadt: Wissenschaftliche Buchgesellschaft.

Grupe, O. & Bausinger, H. (1997). Olympischer Sport. Rückblick und Perspektiven. Schorndorf: Hofmann.

Gutewort, W. & Pöhlmann, R. (1966). Biomechanik - Motorik. Gedanken zum Terminologieversuch von G. Schnabel. Theorie und Praxis der Körperkultur, 15 (6), 595 - 604.

GutsMuths, J. C. F. (1793). Gymnastik für die Jugend. Enthaltend eine praktische Anweisung zu Leibesübungen; ein Beytrag zur nöthigsten Verbesserung der körperlichen Erziehung. Schnepfenthal: Buchhandlung der Erziehungsanstalt.

GutsMuths, J. C. F. (1802). Spiele zur Uebung und Erholung des Körpers und Geistes für die Jugend, ihre Erzieher und alle Freunde unschuldiger Jugendfreuden. Schnepfenthal: Buchhandlung der Erziehungsanstalt.

GutsMuths, J. C. F. & Beier, W. [Hrsg.], (1957). Gymnastik für die Jugend. (Im Auftrag d. Dt. Hochschule f. Körperkultur Leipzig, Inst. f. Geschichte u. Organisation). Berlin: Sportverlag

Haag, H. (1996). Sportphilosophie - ein Handbuch. Schorndorf: Hofmann.

Hacker, W. (1978). Allgemeine Arbeits- und lngenieurpsychologie (2., durchges. u. erg. Aufl.). Berlin: Deutscher Verlag d. Wiss.

Hacker, W. (1986). Arbeitspsychologie - Psychische Regulation von Arbeitstätigkeiten. Berlin: Deutscher Verlag der Wissenschaften.

Hacker, W. (1998/2005²). Allgemeine Arbeitspsychologie. Psychische Regulation von Wissens-, Denk- und körperlicher Arbeit. Bern: Hans Huber

Hahn, M. (1972). Die Leibesübungen im mittelalterlichen Volksleben. Walluf: Sändig.

Harre, D. (1969). Trainingslehre. Einführung in die allgemeine Trainingsmethodik. Berlin: Sportverlag.

Hartgenbusch, J. G. (1926). Ueber die Messung von Wahrnehmungsbildern. Berlin: Springer.

Hartmann, C. (1997). Motorische Ontogenese. In C. Hartmann & G. Senf (Hrsg.), Sport verstehen - Sport erleben, Teil I. Sportmotorische Grundlagen. S. 174 - 303, Radebeul: Staatsministerium für Kultus.

Hartmann, C. (1999). Meinels Merkmale der Bewegungskoordination als Kategorien zur Bewegungsbeobachtung und Bewegungsbeurteilung. In J. Krug & C. Hartmann (Hrsg.), Praxisorientierte Bewegungslehre als angewandte Sportmotorik (S. 110 - 116) Sport und Wissenschaft 8 Sankt Augustin: Academia.

Hartman, C. & Minow, H.-J. (1999). Sport verstehen - Sport erleben. Teil II. Trainingsmethodische Grundlagen. Radebeul: Staatsministerium für Kultus.

Hartmann, C. & Senf, G. (1997). Sport verstehen - Sport erleben. Teil I. Sportmotorische Grundlagen. Radebeul: Staatsministerium für Kultus.

Hecker, H. (2007). Der wissenschaftliche Nachwuchs der DHfK. In: Lehmann, G., Kalb, L., Rogalski, N., Schröter, D. & Wonneberger, G. (Hrsg.). Deutsche Hochschule für Körperkultur Leipzig 1950 - 1990 (S. 205 - 210). Aachen: Meyer & Meyer.

Hermann, U. (1981). Das pädagogische Jahrhundert. Volksaufklärung und Erziehung zur Armut im 18. Jahrhundert in Deutschland (Serie Geschichte des Erziehungs- und Bildungswesens in Deutschland Band 1). Weinheim: Beltz.

Herms, E. (1997). Die olympische Bewegung der Neuzeit. Sozialpolitisches Programm und reale Entwicklung. In: O. Gruppe (Hrsg.), Olympischer Sport. Rückblick und Perspektiven, (S. 53 - 69). Schorndorf: Hofmann.

Herzberg, P. (1968a). Zum Problem der motorischen Lernfähigkeit und zu den Möglichkeiten des Diagnostizierens mit motorischen Tests. Theorie und Praxis der Körperkultur, 17 (9), 799 - 804.

Herzberg, P. (1970). Entwicklungsstand, Aufgaben und Perspektiven motorischer Tests. Theorie und Praxis der Körperkultur, 19 (1), 12 - 24.

Herzberg, P. (1972). Entwicklung einer Methode für das Diagnostizieren der motorischen Lernfähigkeit. Ein Beitrag zur Entwicklung motorischer Tests. Diss. Leipzig: DHfK.

Hirtz, P. (1976). Untersuchungen zur Entwicklung koordinativer Leistungsvoraussetzungen bei Schulkindern. Theorie und Praxis der Körperkultur, 25 (4), 283 - 289.

Hirtz, P. (1977). Struktur und Entwicklung koordinativer Leistungsvoraussetzungen bei Schulkindern. Theorie und Praxis der Körperkultur, 26 (7), 503 - 510.

Hirtz, P. (1979). Schwerpunkte der koordinativ-motorischen Vervollkommnung von Kindern und Jugendlichen. Unveröffentlichte Habilitationsschrift, Ernst-Moritz-Arndt-Universität Greifswald.

Hirtz, P. (1981). Koordinative Fähigkeiten - Kennzeichnung, Alternsgang und Beeinflussungsmöglichkeiten. Medizin und Sport, 21 (11), 348 - 351.

Hirtz, P. (1985). Koordinative Fähigkeiten im Schulsport. Vielseitig - variantenreich - ungewohnt. Berlin: Volk- und Wissen Volkseigener Verlag.

Hirtz, P. (1989). Sportmotorische Forschungen in der DDR. Theorie und Praxis der Körperkultur, Beiheft 2: Aktuelle sportmotorische Forschungen im Lichte der Lehren N. A. Bernsteins, 13 - 15

Hirtz, P. (1994). Sportmotorik. Grundlagen, Anwendungen und Grenzgebiete, (S. 25 - 31). Kassel: Univ. Gesamthochsch., Fachrichtung Psychologie.

Hirtz, P. (1994a). Motorische Handlungskompetenz als Funktion motorischer Fähigkeiten. In P. Hirtz, G. Kirchner & R. Pöhlmann (Hrsg.) Sportmotorik (S. 117 - 148). Kassel: Universität Gesamthochschule Kassel.

Hirtz, P. (1994b). Vielfalt und Reichtum der Individualentwicklung - die motorische Ontogenese. In P. Hirtz, G. Kirchner & R. Pöhlmann (Hrsg.), Sportmotorik (S. 117 - 148). Kassel: Universität-Gesamthochschule.

Hirtz, P., Kirchner, G. & Pöhlmann, R. (Hrsg.). (1994a). Sportmotorik. Grundlagen, Anwendungen und Grenzgebiete. Kassel: Univ. Gesamthochschule.

Hochmuth, G. (1967 & 1982). Biomechanik sportlicher Bewegungen. Berlin: Sportverlag.

Hochmuth, G. (2007). Biomechanik sportlicher Bewegungen. In: Lehmann, G., Kalb, L., Rogalski, N., Schröter, D. & Wonneberger, G. (Hrsg.). Deutsche Hochschule für Körperkultur Leipzig 1950 - 1990 (S. 283 - 294). Aachen: Meyer & Meyer.

Hofmann, G. (2002). Leipzig sportlich. Das Sportleben der Stadt in Vergangenheit, Gegenwart und Zukunft. Leipzig: BlickPunktBuch e. V.

Hofmann, S. (1975). Zur Diagnostik motorischer Fähigkeiten mittels sportmotorischer Tests. Lein Beitrag zur inhaltlichen Gestaltung des Auswahlprozesses für die Trainingszentren Gerätturnen. Diss. Leipzig: DHfK.

Homburger, A. (1922). Über die Entwicklung der menschlichen Motorik und ihre Beziehungen zu den Bewegungsstörungen der Schizophrenen. Zeitschrift für die gesamte Neurologie und Psychiatrie, 78 (4/5), 562 - 570.

Homburger, A. (1923). Zur Gestaltung der normalen menschlichen Motorik und ihrer Beurteilung. Zeitschrift für die gesamte Neurologie und Psychiatrie, 85 (2/3), 274 - 314.

Hotz, A. (1991). Praxis der Trainings- und Bewegungslehre. Aarau, Frankfurt/M., Salzburg: Verlag Dieserweg/Sauerländer.

Hotz, A. (1997). Qualitatives Bewegungslernen. (3. Aufl.). Bern: SLV.

Jahn, F. L. & Eiselen, E. & Beier, W. (1960). Die deutsche Turnkunst. Berlin: Sportverlag.

Janssen, J.-P. (1996). Synergetik und Systeme im Sport. Schorndorf: Hofmann

Janssen, J. P. (in Druck). Geschichte der Institutionalisierung der Sportpsychologie unter besonderer Berücksichtigung ihrer Entwicklung in Deutschland. In W. Schlicht & B. Strauß (Hrsg.), Enzyklopädie für Psychologie: Grundlagen der Sportpsychologie. Göttingen: Hogrefe.

Jureit, U. (1999). Erinnerungsmuster: zur Methodik lebensgeschichtlicher Interviews mit Überlebenden der Konzentrations- und Vernichtungslager. Hamburg: Ergebnisse Verlag.

Jokl, E. (1961). Diskussionsbeitrag zu Meinel, K. u. a. Probleme der Bewegungslehre. In Theorie und Praxis der Körperkultur 10 (11/12), S. 1087 - 1091.

Kalb, L. (2007). Die internationalen Wissenschaftsbeziehungen der DHfK. In: Lehmann, G., Kalb, L., Rogalski, N., Schröter, D. & Wonneberger, G. (Hrsg.). Deutsche Hochschule für Körperkultur Leipzig 1950 - 1990 (S. 76 - 88)). Aachen: Meyer & Meyer.

Kaneko, A. (1999). Zur Bedeutung der ästhesiologischen Morphologie von Prof. Kurt Meinel. In J. Krug & C. Hartmann (Hrsg.), Praxisorientierte Bewegungslehre als angewandte Sportmotorik (S. 151 - 158), Sport und Wissenschaft, 8 Sankt Augustin: Academia.

Kassow, H.& Röthig, P (1976). Strukturen der sportwissenschaftlichen Hochschuleinrichtungen in der Bundesrepublik Deutschland. Sporthochschule Köln 1976.

Kircheis, D. (1977). Die motorische Differenzierungsfähigkeit - eine wesentliche koordinative Leistungsvoraussetzung. Dissertation, Deutsche Hochschule für Körperkultur Leipzig.

Kirchgässner, H. (1994). Bericht des Gründungsdekans der Sportwissenschaftlichen Fakultät. Leipziger Universitätsreden. Neue Folge Heft 78, 13 - 23.

Kirchgässner, H. (2001). Sportwissenschaft an der Universität Leipzig von 1990 bis 2000. Leipziger Sportwissenschaftliche Beiträge 42, 1, 1 - 8.

Kirchgässner, H. (2003). 40 Jahre Deutsche Hochschule für Körperkultur Leipzig. Internationale wissenschaftliche Kolloquien, 18. - 19. Oktober 1990. Referate und Diskussionsbeiträge. Sankt Augustin: Academia.

Kirchner, G. (2005): Psychomotorisch-koordinative Fähigkeiten. In: Kirchner, G.; Pöhlmann, R.: Lehrbuch der Sportmotorik - Psychomotorische Grundlagen und Anwendungen. Psychomotorik in Forschung und Praxis, Band 37. Kassel: Gesamthochschul-Bibliothek, S. 107 - 125.

Kirchner, G. (2005). Sportmotorische Diagnostik. In Kirchner, G. & Pöhlmann, R. (Hrsg.), Lehrbuch der Sportmotorik: psychomotorische Grundlagen und Anwendungen. Kassel: Universität Kassel, Institut für Psychologie.

Kirchner, G. (2005). Motorische Entwicklung und Entwicklungstendenzen. In G. Kirchner & R. Pöhlmann (Hrsg.), Lehrbuch der Sportmotorik. Psychomotorische Grundlagen und Anwendungen (Psychomotorik in Forschung und Praxis, Bd. 37) (S. 27 - 87). Kassel: Universität Kassel.

Kirchner, G. (2005d). Die motorische Entwicklung im Neugeborenenalter (1. - 3. Monat). In G. Kirchner & R. Pöhlmann, Lehrbuch der Sportmotorik. Kassel: Univ., Inst. für Psychologie.

Kirchner, G. & Pöhlmann, R. (2005). Lehrbuch der Sportmotorik. Kassel: Univ., Inst. für Psychologie.

Kirchner, G. & Rostock, J. (1994a). Bewegungs- und Handlungsmerkmale - Mittel der Handlungsanalyse. In P. Hirtz, G. Kirchner & R. Pöhlmann (Hrsg.), Sportmotorik. Grundlagen, Anwendungen und Grenzgebiete (S. 97 - 116). Kassel: Univ. Gesamthochschule.

Klages, L. (1929). Der Geist als Widersacher der Seele. Leipzig: Barth.

Klages, L. (1934). Vom Wesen des Rhythmus. Kampen auf Sylt: Kampmann.

Klemm, O. (1930). Gedanken über Leibesübungen. Neue Psychologische Studien, 5 (2), 145 - 167.

Klemm, O.& Pfeiffer, F. (1938). Wege zur Ganzheitspsychologie. München: C. H. Beck.

Klinge, E. (1924). Allgemeine und unterrichtliche Bedeutung einer Bewegungslehre. In: Jahrbuch der Leibesübungen. Berlin: Weidman

Kohl, K. (1956). Zum Problem der Sensumotorik: Psychologische Analysen zielgerichteter Handlungen aus dem Gebiet des Sports. Frankfurt am Main: Kramer.

Köhler, W. (1920). Die physischen Gestalten in Ruhe und stationären Zustand: eine naturphilosophische Untersuchung. Braunschweig: Vieweg.

Koffka, K. (1927). Beiträge zur Psychologie der Gestalt. Leipzig: J. A. Barth.

Krestownikow, A. N. (1953). Physiologie der Körperübungen. Berlin: Verlag Volk und Gesundheit.

Krug, J. & Hartmann, C. (1999). Praxisorientierte Bewegungslehre als angewandte Sportmotorik. Sport und Wissenschaft (Themenheft). Beihefte zu den Leipziger Sportwissenschaftlichen Beiträgen 8. Sankt Augustin: Academia.

Krug, J. & Hartmann, C. & Schnabel, G. (2001/1). Die Meinelsche Bewegungslehre - ein Fundament der Sportmotorik. Sportwissenschaft, 31 (1), 31 - 44.

Krug, J. & Hartmann, C. & Schnabel, G. (2002/2). Entwicklungsaspekte der Bewegungslehre/Sportmotorik - Ansätze zur Weiterentwicklung des Meinelschen Fundaments der Wissenschaftsdisziplin. Sportwissenschaft, 32 (2), 131 - 146.

Krüger, F. & Klemm, O. (Hrsg.) (1933 - 1938). Neue Psychologische Studien 9, Motorik H. 1&2 (1933), H. 3 (1936), H.4 (1938). München.

Krüger, F. (1948). Lehre von dem Ganzen, Seele, Gemeinschaft und das Göttliche. In: Schweizerische Zeitschrift für Psychologie und ihre Anwendung. Beiheft 15. Bern.

Kunath, H. (1991). Integration und Differenzierung in der Sportwissenschaft. IN: Kirchgässner, H. (Hrsg.): 40 Jahre Deutsche Hochschule für Körperkultur Leipzig: internationale wissenschaftliche Kolloquien, 18. - 19. Oktober 1990; Referate und Diskussionsbeiträge. St. Augustin

Kunath, H. (2002). Integration und Differenzierung in der Sportwissenschaft. In: Schumann, K. & Garcia, R. (Hrsg.), Schriftenreihe: Sport, Leistung, Persönlichkeit. Heft 1, 25 - 36.

Lehmann, G. (1966). Phantasie und künstlerische Arbeit. Berlin und Weimar: Aufbau Verlag.

Lehmann, G. (1974). Zu Problemen der Interferenz und der Transferenz im motorischen Lernen. Wissenschaftliche Zeitschrift der DHfK, 15 (1), 123 - 130.

Lehmann, G., Kalb, L., Rogalski, N., Schröter, D. & Wonneberger, G. (Hrsg.). Deutsche Hochschule für Körperkultur Leipzig 1950 - 1990. Aachen: Meyer & Meyer.

Leirich, G. (1969). Untersuchungen über Bewegungsvorstellungen und ihre Relevanz für die Optimierung des motorischen Lernens im Gerätturnen. Unveröffentlichte Dissertation, Martin-Luther-Universität Halle.

Leirich, G. (1973). Bewegungsvorstellungen und motorischer Lernprozeß. Körpererziehung, 23 (1), 13 - 27.

Leirich, J. (2000). Paradigmenwechsel in der Sportwissenschaft. Hamburg: Czwalina.

Leist, K.-H. (1978). Transfer im Sport. Zur Analyse von Bewegungshandeln und -lernen sowie zur Konstruktion von Lernangeboten. Schorndorf: Hoffmann.

Leist, K.-H. (1993). Lernfeld Sport. Reinbek: Rowohlt.

Leuchte, S. (2005). Sportmotorik - Konzepte, Repräsentationen und Visionen/Ehrenkolloquium zur Verabschiedung von Prof. Dr. Phil. Habil. Jürgen Leirich. Hamburg: Czwalina.

Ljach, W. I. (1989). Die Bedeutung der Theorie Bernsteins bei der Untersuchung koordinativer Fähigkeiten von Kindern im Schulalter. Theorie und Praxis der Körperkultur, 38 (Beiheft 2), 33 - 36.

Ljach, W. I. (1997). N. A. Bernstein und die Forschungen zur Bewegungskoordination in Rußland. In P. Hirtz & F. Nüske (Hrsg.), Bewegungskoordination und sportliche Leistung integrativ betrachtet (S. 33 - 41). Hamburg: Czwalina.

Ljach, W. I. (1999). The development of coordinational motor abilities in school children: General tendencies in opinions of different researchers. In J. Krug & C. Hartmann (Hrsg.), Praxisorientierte Bewegungslehre als angewandte Sportmotorik (S. 289 - 292). Sport und Wissenschaft, 8. Sankt Augustin: Academia.

Loosch, E.& Böger, C. (2000): Zur Geschichte des Fachgebietes der Bewegungslehre. In Moegling, K., Integrative Bewegungslehre Teil I (S. 45 - 132). Immenhausen bei Kassel: Prolog.

Loosch, E. (1999). Allgemeine Bewegungslehre. Wiebelsheim: Limpert.

Loosch, E. (2002). Bewegung und Variabilität. In Moegling. K. (Hrsg.), Integrative Bewegungslehre, Teil III (S. 228 - 253). Immenhausen: Prolog.

Marhold, G. (1986). Biomechanik sportlicher Bewegungen (Grundlagen) - Studienanleitung. Eigendruck. Leipzig: DHfK.

Maurer, M. (2003). Neue Themen und Methoden der Geschichtswissenschaft. In: Aufriß der historischen Wissenschaften 7. Stuttgart: Reclam.

Mayring, P. (1990). Einführung in die qualitative Sozialforschung: Eine Anleitung zu qualitativem Denken. München: Beltz.

Mayring, P. (1993). Qualitative Inhaltsanalyse. Grundlagen und Techniken. Weinheim: Beltz.

Mayring, P. (2000). Qualitative Inhaltsanalyse. In: Flick u. a. (Hrsg.): Qualitative Forschung. Ein Handbuch (S. 468 - 457). Hamburg: Rowohlt.

Mechling, H. (1986). Lerntheoretische Grundlagen von Feedback-Prozeduren bei sportmotorischem Techniktraining. In R. Daugs (Red.), Medien im Sport. Die Steuerung des Technik-Trainings durch Feedback-Medien (S. 9 - 33). Berlin: Führungs- und Verwaltungsakademie d. DSB.

Mechling, H. (2003). Von koordinativen Fähigkeiten zum Strategie-Adaptions-Ansatz. In H. Mechling & J. Munzert (Hrsg.), Handbuch der Bewegungswissenschaft - Bewegungslehre (S. 347 - 369). Schorndorf: Hofmann.

Mechling, H. (2005). Zur Vereinbarkeit von Erkenntnisfortschritt, Praxisanforderungen und universitären Entwicklungen in der „Sportmotorik". In Blischke, K. & Büsch, D. & Igel, C. & Marschall, F. & Müller, H. (Hrsg.), Sportmotorik 2005, Zugriff am 25. September 2005 unter http: www.sportmotorik2005.de/pdf/abstract_mechling.pdf.

Mechling, H. & Munzert, J. (Hrsg.), (2003). Handbuch der Bewegungswissenschaft - Bewegungslehre. Schorndorf: Hofmann.

Meinel, K. et. al. (1959). Bewegungslehre. Abriss einer Theorie der sportlichen Bewegungen als Grundlage der Methodik. Anleitung für das Fernstudium. Leipzig: Deutsche Hochschule für Körperkultur.

Meinel, K. (1960). Bewegungslehre. Versuch einer Theorie der sportlichen Bewegung unter pädagogischem Aspekt. Berlin: Verlag Volk und Wissen.

Meinel, K. (1961). Die Bewegungslehre unter pädagogischem Aspekt als Synthese und Grundlage. Theorie und Praxis der Körperkultur, 10 (11/12), 1028 - 1038.

Meinel, K. & Schnabel, G. (1976). Bewegungslehre. Abriß einer Theorie der sportlichen Motorik unter pädagogischem Aspekt. Berlin: Verlag Volk und Wissen.

Meinel, K. & Schnabel, G. (1987). Bewegungslehre Sportmotorik. Abriß einer Theorie der sportlichen Motorik unter pädagogischem Aspekt. (8. Aufl.). Berlin: Volk und Wissen. (1998: 9. Aufl. Berlin: Sportverlag; 2004: 10. Aufl. München: Südwest-Verlag).

Meinel, K. & Schnabel, G. (1998). Bewegungslehre Sportmotorik. Abriß einer Theorie der sportlichen Motorik unter pädagogischem Aspekt. (9. Aufl.). Berlin: Sportverlag.

Meinel, K. & Schnabel, G. (2007). Bewegungslehre Sportmotorik. Abriß einer Theorie der sportlichen Motorik unter pädagogischem Aspekt. (11. Aufl.). Aachen: Meyer&Meyer.

Melber, J. & Steeger, T. (1936). Olympia und die olympischen Spiele. Eine Festschrift aus Anlass der ersten in Deutschland gefeierten Olympiade. Bamberg: Verlag Buchner.

Messing, M. (Hrsg.), (1996). Olympische Studien Band 2. Kassel: Agon Sportverlag.

Miller, S. G. (2004). Ancient Greek athletics. New Haven: Yale University Press

Moegling, K. (2001 & 2002). Integrative Bewegungslehre. Teil I - III. Immenhausen bei Kassel: Prolog.

Müller, J. (1914). Die Leibesübungen: Ihre Anatomie, Physiologie u. Hygiene sowie „Erste Hilfe" bei Unfällen. In Müller, J. (1914). Lehrbuch d. medizinischen. Hilfswissenschaften für Turnlehrer, Turner und Sportsleute. Leipzig: Teubner.

Müller, N. (1996). Auf der Suche nach der olympischen Idee. Facetten der Forschung von Athen bis Atlanta. Kassel: Agon Sportverlag.

Mruck, Katja & Mey, Günter (1998). Selbstreflexivität und Subjektivität im Auswertungsprozeß biographischer Materialien - zum Konzept einer „Projektwerkstatt qualitativen Arbeitens" zwischen Colloquium, Supervision und Interpretationsgemeinschaft. In Gerd Jüttemann & Hans Thomae (Hrsg.), Biographische Methoden in den Humanwissenschaften (S. 284 - 306). Weinheim: Beltz/PVU.

Niethammer, L. (1980). Lebenserfahrung und kollektives Gedächtnis: die Praxis der „oral history". Frankfurt am Main: Syndikat.

Niethammer, L. & Wierling, D. (1986). Geschichte in der Bundesrepublik Deutschland: ein Studienführer. Bonn: DAAD.

Oberkolfer, G. (1972). Zur Gründungsgeschichte des akademischen Turnunterrichts in Innsbruck. In: Fetz, F. (Hrsg.) (1972). Sport und Universität. 125 Jahre Sport an der Universität Innsbruck, 103 - 117).

Ortkemper, H. & Köhler, R. (1996). Olympische Legenden. Geschichten aus dem antiken Olympia. Frankfurt am Main; Leipzig: Insel.

Parak, M. (2004). Hochschule und Wissenschaft in zwei deutschen Diktaturen. Elitenaustausch an sächsischen Hochschulen 1933 - 1952. Köln; Weimar; Wien: Böhlau.

Petersen, T. (1984). Wege zu einer qualitativen Bewegungsforschung. Universität Heidelberg: Diss.

Pestalozzi, J. H. (1807). Schriften von Ende 1806 bis Anfang 1808. In: v. Buchenau, A. (Hrsg.) Sämtliche Werke (Bd.20). Zürich: Orell Füssli.

Pickenhain, L. (1959). Grundriß der Physiologie der höheren Nerventätigkeit. Berlin: Verlag Volk und Gesundheit.

Pickenhain, L. (1979). Physiologische Grundlagen der Bewegungsprogrammierung. Theorie und Praxis der Körperkultur, 28 (Beiheft 1), 44 - 47.

Pöhlmann, R. (1975). Gegenstand und Aufgaben einer biosozialen Sportmotorik. Theorie und Praxis der Körperkultur, 24 (11), 1010 - 1027.

Pöhlmann, R. (1977). Möglichkeiten zur Effektivierung sportmotorischer Lernprozesse. Körpererziehung, 27 (5), 197 - 204 (Teil 1); (6) 268 - 278 (Teil 2).

Pöhlmann, R. (1986). Motorisches Lernen. Psychomotorische Grundlagen der Handlungsregulation sowie Lernprozeßgestaltung im Sport. Berlin: Sportverlag.

Pöhlmann (1989) N. A. Bernstein - dialektische Negation einer epochalen Vorleistung. Theorie und Praxis der Körperkultur, Beiheft 2: Aktuelle sportmotorische Forschungen im Lichte der Lehren N. A. Bernsteins, 6 - 11

Pöhlmann, R. (1994b). Motorik ist mehr als Bewegung - die tätigkeitskonzeptionellen Grundlagen. In P. Hirtz, G. Kirchner & R. Pöhlmann, R. (Hrsg.). Sportmotorik. Grundlagen, Anwendungen und Grenzgebiete (S. 33 - 54). Kassel: Univ. Gesamthochschule.

Pöhlmann, R. (2005). Modelle der Motorik. In Kirchner, G. & Pöhlmann, R., Lehrbuch der Sportmotorik. Psychomotorische Grundlagen und Anwendungen (S. 89 - 106). Kassel: Universität Kassel.

Pöhlmann, R. & Kirchner, G. (2002). Das System psychomotorisch - koordinativer Fähigkeiten. In G. Ludwig & B. Ludwig (Hrsg.), Koordinative Fähigkeiten - koordinative Kompetenz (S. 34 - 38). Kassel: Gesamthochschul-Bibliothek.

Popplow, U. (1967). Leibesübungen und Leibeserziehung in der griechischen Antike. Beiträge zur Lehre und Forschung der Leibeserziehung. Schorndorf b. Stuttgart: Hofmann.

Puni, A. Z. (1953). Psychologische Charakteristik der Bewegungsfertigkeiten auf der Grundlage der Lehre I. P. Pawlows. In: Theorie und Praxis der Körperkultur, Heft II.

Puni, A. Z. (1958). Über die Trainingswirkung der Bewegungsvorstellung. Theorie und Praxis der Körperkultur, 7 (12), 1067 - 1075.

Rauchmaul, H. (1981). Untersuchungen zum Authentizitätsaspekt sportmotorischer Tests zur Erfassung des allgemeinen Aspektes koordinativer Fähigkeiten. Wissenschaftliche Zeitschrift der DHfK, 22 (3), 79 - 90.

Rauchmaul, H. (1984). Zur Struktur der motorischen Lernfähigkeit (Ein Beitrag zur Struktur der Leistungsfähigkeit und der Testmethodologie unter allgemeiner und volleyballspezifischer Sicht). Diss. Leipzig: DHfK.

Richartz, A. (2000). Lebenswege von Leistungssportlern. Anforderungen und Bewältigungsprozesse der Adoleszenz. Aachen: Meyer und Meyer.

Richert, H.(1967). Die Neugestaltung der höheren Schulen in Preussen im Jahre 1925. Heidelberg: Quelle und Meyer.

Riecken, R. (Hrsg.). (1998). Praxisorientierte Bewegungslehre als angewandte Sportmotorik. Festschrift zum wissenschaftlichen Symposium anlässlich des 5. Gründungstages der sportwissenschaftlichen Fakultät und des 100. Geburtstages von Prof. Kurt Meinel. Leipziger Sportwissenschaftliche Beiträge. 39 (1/2).

Rieder, H. (Hrsg.). (1977). Bewegungslehre des Sports. Sammlung grundlegender Beiträge, Band I 1973, Band II 1977. Schorndorf: Hoffmann Verlag.

Rieder, H. (1987). Koordinative Fähigkeiten. Zum Stand der Diskussion und den Lücken in der Forschung. In E. Kornexl (Hrsg.). Spektrum der Sportwissenschaften. Festschrift zum 60. Geburtstag von Friedrich Fetz (S. 75 - 101).

Rieder, H. (2005). Sportliche Glanzleistungen vergangener Jahrhunderte. Vaihingen/Enz: IPa.

Rieder, H. & Widmaier, H. & Petersen, T. (1987). Bedingungen sportwissenschaftlicher Forschung an Hochschulen in der Bundesrepublik Deutschland. Köln: Sport und Buch Strauss.

Rieder, H., Widmaier, D & Petersen, T. (1987) Bedingungen sportwissenschaftlicher Forschung an Hochschulen in der Bundesrepublik Deutschland. Köln.

Rogalski, N. (2005). Qualifiziert und ausgemustert. Wie ich die DHfK erlebte. Leipzig: Vokal.

Rogalski, N.(2007). Studienpläne-Grundlage der Ausbildung. In: Lehmann, G., Kalb, L., Rogalski, N., Schröter, D. & Wonneberger, G. (Hrsg.). Deutsche Hochschule für Körperkultur Leipzig 1950 - 1990 (S. 237 - 251). Aachen: Meyer & Meyer.

Rostock, J. (1985). Zu Zielen, Inhalten und Methoden der Ausbildung sportlicher Fertigkeiten im Sportunterricht - eine bilanzierende Studie aus der Sicht der Sportmotorik mit lehrplankonzeptionellen und sportmethodischen Folgerungen zum Skilauf. Unveröffentlichte Habilitationsschrift. Pädagogische Hochschule Zwickau.

Rostock, J. (1993). Motorisches Lernen durch funktionales Beobachten. Körpererziehung, 43 (3), 90 - 96.

Roth, K. (1982). Strukturanalyse koordinativer Fähigkeiten. Empirische Überprüfung koordinationstheoretischer Konzepte. Bad Homburg: Limpert.

Roth, K. (1983a). Motorisches Lernen. In K. Willimczik & K. Roth, Bewegungslehre (S. 141 - 239). Reinbek: Rowohlt.

Roth, K. (1989). Taktik im Sportspiel. Zum Erklärungswert der Theorie generalisierter motorischer Programme für die Regulation komplexer Bewegungshandlungen. Schorndorf: Hofmann.

Roth, J. & Willimczik, K. (1999a). Theoretische und forschungsmethodische Perspektiven zur motorischen Entwicklung in der Ontogenese. In J. Krug & C. Hartmann (Hrsg.), Praxisorientierte Bewegungslehre als angewandte Sportmotorik (S. 46 - 61). Sport und Wissenschaft, 8, Sankt Augustin: Academia.

Roth, K. & Willimczik, K. (1999). Bewegungswissenschaft. Reinbek bei Hamburg: Rowohlt Taschenbuch Verlag.

Röthig, P. & Grössing, S. (Hrsg.). (1982). Bewegungslehre. Kursbuch für die Sporttheorie in der Schule. Bad Homburg: Limpert.

Röthig, P. (1999). Sportwissenschaft - ein Start mit Hindernissen. In: Zieschang, K. (Hrsg.) Sportwissenchaft in Lebensbildern (S. 142 - 151). Hamburg: Czwalina.

Röthig, P. & Prohl, R. et al. (Hrsg.) (2003). Sportwissenschaftliches Lexikon. (7. völlig neu bearbeitete Auflage). Schorndorf: Hofmann.

Rothfels, H. (1953). Zeitgeschichte als Aufgabe. Vierteljahrshefte für Zeitgeschichte, 4.

Rudolph, W. (1975). Olympische Spiele in der Antike. Leipzig: Urania Verlag.

Rühl, J. (1967 - 1973). Das Studium der Leibesübungen. Saarbrücken: Landessportverband für das Saarland.

Rühl, J. (1973 - 1990). Das Studium der Sportwissenschaft. Wetzlar: DSLV.

Rühl, J. (1991/1992). Lehrkräfte und Lehrveranstaltungen der sportwissenschaftlichen Institute der Bundesrepublik Deutschland, Österreichs und der Schweiz. Wetzlar: DSLV.

Rühl, J. (1999/2000). Lehrkräfte und Lehrveranstaltungen der sportwissenschaftlichen Institute der Bundesrepublik Deutschland, Österreichs und der Schweiz. Wetzlar: DSLV.

Rühl, J. (1999). Lehrkräfte und Lehrveranstaltungen der sportwissenschaftlichen Institute der Bundesrepublik Deutschland, Österreichs und der Schweiz. Wetzlar: DSLV.

Rühl, J. (1990/1991). Lehrkräfte und Lehrveranstaltungen der sportwissenschaftlichen Institute der Bundesrepublik Deutschland, Österreichs und der Schweiz. Wetzlar: DSLV.

Rühl, J. (1994/1995). Lehrkräfte und Lehrveranstaltungen der sportwissenschaftlichen Institute der Bundesrepublik Deutschland, Österreichs und der Schweiz. Wetzlar: DSLV.

Rühl, J. (1991). Lehrkräfte und Lehrveranstaltungen der sportwissenschaftlichen Institute der Bundesrepublik Deutschland, Österreichs und der Schweiz. Wetzlar: DSLV.

Schmidt, F. A. (1914). Physiologie der Leibesübungen. Leipzig: Voigtländer.

Schmidt, R. A. (1975). A schema theory of discrete motor skill learning. Psychological Review, 82, 225 - 260.

Schmidt, R. A. (1982). The Schema Concept. In J. A. S. Kelso, Human Motor Behavior (p. 219 - 235). An Introduction. London.

Schmidt, R. A. & Lee, T. (2005). Motor control and learning. Champaign Ill. Human Kinetics.

Schmith, O. (1925). Die Bewegungsvorgänge in Leben und Lehre - Zur Bewegungslehre des Sports. In: Die Leibesübungen (1925), 10, 11 - 159.

Schnabel, G. (1965) Zur Terminologie der Bewegungslehre. Theorie und Praxis der Körperkultur, 9, 775 - 786

Schnabel, G. (1968). Zur Bewegungskoordination. Wissenschaftliche Zeitschrift der DHfK, 10 (1), 13 - 32.

Schnabel, G. (1973a). Die koordinativen Fähigkeiten und das Problem der Gewandtheit. Theorie und Praxis der Körperkultur, 22 (3), 263 - 269.

Schnabel, G. (1974). Koordinative Fähigkeiten im Sport - ihre Erfassung und zielgerichtete Ausbildung. Theorie und Praxis der Körperkultur, 23 (7), 627 - 632.

Schnabel, G. (Red.) et. al. (1976). Sportliche Motorik. Standpunkte zu Gegenstandsbereich, Aufgabenstellung und Einordnung. Theorie und Praxis der Körperkultur, 25 (7), 524 - 532.

Schnabel, G. (1992). Zu Zielen und Inhalten des Studienfaches Bewegungslehre. In Acta Universitatis Plackianae Olomoucensis. Gymnica, Vol. 22. Olomoue, 95 - 98.

Schnabel, G. (1998). Trainingslehre - Trainingswissenschaft: Entwicklung - Stand - Perspektiven. Spektrum der Sportwissenschaften, 10 (1), 7 - 23.

Schnabel, G. (2002). Konzept und Forschungen zu den koordinativen Fähigkeiten - unter besonderer Berücksichtigung der Leipziger Schule. Leipziger Sportwissenschaftliche Beiträge, XLIII(2), 92 - 106.

Schnabel, G., Harre, D. & Borde, A. (Hrsg.). (1994): Trainingswissenschaft. Leistung - Training - Wettkampf. Berlin: Sportverlag.

Schnabel, G. & Thiess, G. (Hrsg.) (1993). Lexikon Sportwissenschaft. Leistung - Training - Wettkampf. Band 1 und 2. Berlin: Sportverlag.

Schnabel, G. u. a. (Red.). (1976). Sportliche Motorik - Standpunkte zu Gegenstandsbereich, Aufgabenstellung und Einordnung. Theorie und Praxis der Körperkultur, 25 (7), 524 - 532.

Schnabel, G., u. a. (1995). Bewegungsregulation im Sport. Sankt Augustin: Academia-Verlag.

Schnabel, G. (2006). Prof. Dr. Kurt Meinel: Bewegungslehre (1960). In: Court&Meinberg. Klassiker und Wegbereiter der Sportwissenschaft (S. 341 - 349). Stuttgart: Kohlhammer.

Schnabel, G. (2007). Bewegungslehre. In: Lehmann, G., Kalb, L., Rogalski, N., Schröter, D. & Wonneberger, G. (Hrsg.). Deutsche Hochschule für Körperkultur Leipzig 1950 - 1990 (S. 267 - 282). Aachen: Meyer & Meyer.

Schnabel, G. (2007). Allgemeine Theorie und Methodik des Trainings. In: Lehmann, G., Kalb, L., Rogalski, N., Schröter, D. & Wonneberger, G. (Hrsg.). Deutsche Hochschule für Körperkultur Leipzig 1950 - 1990 (S. 294 - 308). Aachen: Meyer & Meyer.

Schnürpel, H. (2007). Die Zusammenarbeit der DHfK mit dem DTSB der DDR. In: Lehmann, G., Kalb, L., Rogalski, N., Schröter, D. & Wonneberger, G. (Hrsg.). Deutsche Hochschule für Körperkultur Leipzig 1950 - 1990 (S. 67 - 76). Aachen: Meyer & Meyer.

Schöbel, H. (1965). Olympia und seine Spiele. Leipzig: Edition Leipzig.

Schöbel, H. (2000). Olympia und seine Spiele. Berlin: Sportverlag.

Schröder, W. (1999). Johann Christoph Friedrich GutsMuths und die „Gymnastik für die Jugend": Entstehung, Werk, Wirkungsgeschichte. Rudolstadt; Jena: Hain Verlag.

Schumann, K. (2000). 50 Jahre DHfK. Eine Chronik. Berlin: Spottless.

Schumann, K. (2003). DHfK. Leipzig 1950 - 1990; Chronologie einer weltbekannten Sporthochschule und das abrupte Ende ihrer Geschichte. Köln: DSV.

Schumann, K. & Leubuscher, R. (Hrsg.) (2000). 50 Jahre DHfK - Wortmeldungen. Köln: Elite.

Schumann, K. & Garcia, R. (Hrsg.) (2002 - 2006). Sport. Leistung. Persönlichkeit: Schriftenreihe von „Elite" - Gesellschaft für leistungsorientierte Führung. Heft 1 - 6. Schkeuditz: GNN.

Schuster, H. (2006). Vor 50 Jahren - Gründung der Forschungsstelle an der DHfK. Beiträge zur Sportgeschichte, 22, 32 - 44. Berlin: Spotless.

Sečenov, I. M. (1908). Gesamte Werke. Band II. Moskau: ГПНТБ России

Sečenov, I. M. (1955). Ausgewählte Arbeiten. Moskau: ГПНТБ России.

Singer, R. (Hrsg.). (1981): Alterssport. Versuch einer Bestandsaufnahme. Schorndorf: Hoffmann.

Singer, R. & Bös, K. (1994). Motorische Entwicklung: Gegenstandsbereich und Entwicklungseinflüsse. In J. Baur, K. Bös & R. Singer (Hrsg.): Motorische Entwicklung. Ein Handbuch (S. 15 - 26). Schorndorf: Hoffmann

Singer, R. N. (1985). Motorisches Lernen und menschliche Leistung. Bad Homburg: Limpert.

Sitte, G. (2006). Philanthropismus. Seminarschriften der FH Merseburg.

Spitzer, G. (Hrsg.), (1993). Die Entwicklung der Leibesübungen in Deutschland: von den Philanthropisten bis zu den Burschenschaftsturnern; Symposium vom 14. bis 16. Mai 1992 in Reinhardsbrunn. Schriften der Deutschen Vereinigung für Sportwissenschaft; 51 Jahrestagung der Sektion Sportgeschichte der Deutschen Vereinigung für Sportwissenschaft. Sankt Augustin: Academia-Verlag.

Stach, R. (1984). Schulreform der Aufklärung. Zur Geschichte des Philanthropismus. Heinsberg: Agentur Dieck

Steinhöfer, D. (1984). Entwicklung der Sportwissenschaft in beiden Teilen Deutschlands. Eine exemplarische Untersuchung unter besonderer Berücksichtigung der personellen Struktur sportwissenschaftlicher Ausbildungsstätten in der Bundesrepublik Deutschland am Beispiel von promovierten Sportwissenschaftlern. Gießen: Brunnen-Verlag.

Strohmeyer, H. (1975). Das Institut für Leibeserziehung der Universität Wien 1871 - 1971. In: Strohmeyer, H. (1975): Beiträge zur Geschichte der Leibesübungen in Österreich (S. 143 - 186). Wien.

Strohmeyer, H. (1992). Die Anfänge des akademischen Sports in Österreich. In: BMfUK (Hrsg.) (1992): Universitätssymposium Leobben 21. - 23. September 1992 (S. 28 - 40). Wien.

Studienpläne für die Ausbildung der Diplomsportlehrer an der Deutschen Hochschule für Körperkultur der Jahre 1951 - 1990. Ministerrat der DDR, Staatssekretariat für Körperkultur und Sport Berlin. Bibliothek der Fakultät für Sportwissenschaft der Universität Leipzig.

Swaddling, J. (1980). The ancient Olympic Games. London: British Museum Publ.

Thaller, F. (1973). Das Institut für Leibeserziehung der Universität Graz 1873 - 1948. In: Thaller, F & Recla, J.: Festschrift zum hundertjährigen Bestehen des Institutes für Leibeserziehung der Karl-Ranzens-Universität Graz (S. 119 - 157).

Tschchaidse, L. W. (1965). Koordinierung willkürlicher Bewegungen beim Menschen im Blickwinkel allgemeiner Gesetzmäßigkeiten der Steuerung und der Steuerungssysteme. Probleme der Kybernetik, Berlin Band 8, 334 - 371.

Thieß G. & Schnabel, G. (Hrsg.), (1993). Sportwissenschaftliches Lexikon. Schorndorf: Hofmann.

Tittel, K. (2003). Beschreibende und funktionelle Anatomie des Menschen. Stuttgart: Fischer.

Ulrich, H. (1981). Die Pädagogik der Philantrophen. In Scheuerl, H. (Hrsg.): Klassiker der Pädagogik (S. 135 - 151). München: Beck.

Ungerer, D. (1967). Leistungs- und Belastungsfähigkeit im Kindes- und Jugendalter. Schorndorf: Hofmann.

Ungerer, D. (1973a). Sensomotorik. Berlin.

Ungerer, D. (1973 b). Zur Theorie des sensomotorischen Lernens. Schorndorf: Hofmann.

Ungerer, D. (1977). Zur Theorie des sensomotorischen Lernens. Schorndorf: Hofmann.

Wacholder, K. (1928). Willkürliche Haltung und Bewegung, insbesondere im Lichte elektrophysiologische Untersuchungen. Erlebnisse der Physiologie, Band 28, (S. 568 - 775). München: J. F. Bergmann.

Wachholder, K. (1930). Die Arbeitsfähigkeit des Menschen in ihrer Abhängigkeit von der Funktionsweise des Muskel- und Nervensystems. In A. Bethe & G. v. Bergmann, Handbuch der normalen und pathologischen Physiologie, Band 15 (S. 587 - 642) Berlin: Julius Springer.

Wachholder, K. (1932). Selbstgewähltes Bewegungstempo und seine Beziehung zum Eigenrhythmus und zur Ökonomie der Bewegung. Arbeitsphysiologie, Band 7 (4), 422 - 429.

Weber, W. (1992). Mechanics of the human walking apparatus. Wilhelm Weber; Eduard Weber. Transl. from the German by P. Maquet and R. Furlong. Berlin; Heidelberg; New York; London; Paris; Tokyo; Hong Kong; Barcelona; Budapest: Springer.

Weeber, K.-W. (1991). Die unheiligen Spiele. Das antike Olympia zwischen Legende und Wirklichkeit. Zürich; München: Artemis & Winkler.

Weiler, I. & Ulf, C. (1988). Der Sport bei den Völkern der Alten Welt. Eine Einführung. Darmstadt. Wiss. Buchges.

Weinberg, P. (1985). Bewegung, Handlung, Sport. Handlungsorientierte Bewegungsforschung. Köln: Pahl-Rugenstein.

Weineck, J. (2000). Optimales Training: Leistungsphysiologische Trainingslehre unter besonderer Berücksichtigung des Kinder- und Jugendtrainings. Balingen: Spitta.

Weineck, J. (2004). Optimales Training: Leistungsphysiologische Trainingslehre unter besonderer Berücksichtigung des Kinder- und Jugendtrainings. Erlangen: Perimed.

Weizsäcker, von V. (1947). Der Gestaltkreis: Theorie der Einheit von Wahrnehmen und Bewegen. Stuttgart: Thieme.

Werner, R. (1975). Olympische Spiele in der Antike. Leipzig, Jena, Berlin: Urania.

Wertheimer, M. (1923). Untersuchungen zur Lehre von der Gestalt. II. Psychologische Forschung, 3 (4), 301 - 350.

Wertheimer, M. (1925). Drei Abhandlungen zur Gestalttheorie. Erlangen: Verlag der Philosophischen Akademie.

Wildt, K., C. (1957). Leibesübungen im deutschen Mittelalter: Versuch einer kultursoziologischen Deutung. Frankfurt: Limpert.

Willimczik, K. (Hrsg.), (1979). Wissenschaftstheoretische Beiträge zur Sportwissenschaft. Schorndorf: Hofmann.

Willimczik, K. et. al. (1982). Forschungsmethoden in der Sportwissenschaft. Bad Homburg: Limpert.

Willimczik, K. (1983a). Theorien zur motorischen Entwicklung. In K. Willimczik & K. Roth (Hrsg.), Bewegungslehre. Reinbeck bei Hamburg: Rohwohldt Taschenbuch Verlag.

Willimczik, K. (1983b). Sportmotorische Entwicklung. In K. Willimczik & K. Roth (Hrsg.), Bewegungslehre (S. 240 - 353). Reinbeck bei Hamburg: Rohwohldt Taschenbuch Verlag.

Willimczik, K. (1991). Theorie der Sportwissenschaft - die Begründung einer Wissenschaft über ihren Gegenstand. In D. Kurz&K. Willimczik (Hrsg.), Bielefelder Beiträge zur Sportwissenschaft. Heft 11. Universität Bielefeld.

Willimczik, K. (1995) Die Davidsbündler - zum Gegenstand der Sportwissenschaft. In: H. Digel (Hrsg.), Sportwissenschaft heute: Eine Gegenstandsbestimmung (S. 39 - 89). Darmstadt: Wissenschaftliche Buchgesellschaft.

Willimczik, K. (2001). Sportwissenschaft interdisziplinär: ein wissenschaftstheoretischer Dialog. (1. Kapitel, 2. Kapitel, S 165ff). Hamburg: Czwalina.

Willimczik, K. (2003). Sportwissenschaft interdisziplinär. Bd. 2: Forschungsprogramme und Theoriebildung in der Sportwissenschaft. Hamburg: Czwalina.

Willimczik, K. & Roth, K. (1983). Bewegungslehre. Grundlagen. Methoden. Analysen. Reinbek: Rowohlt.

Willimczik, K. & Schildmacher, A. (2000) Moden, Trends und Paradigmenwechsel in der Sportwissenschaft. In Leirich, J., Paradigmenwechsel in der Sportwissenschaft (S. 59 - 76). Hamburg: Czwalina.

Willner, K. (1998). Vom Spiel zum Sport: eine Villinger Chronik der einzelnen Leibesübungen vom Mittelalter bis nach dem Zweiten Weltkrieg. Villingen: Todt-Druck.

Winter, R. (1968). Die Ontogenese der Motorik des Menschen als Lehr- und Forschungsbereich unter dem Aspekt der sportwissenschaftlichen Fragestellung und Zweckbestimmung. Theorie und Praxis der Körperkultur, 17 (8), 688 - 701. Nachdruck in H. Rieder (Hrsg.). (1977). Bewegungslehre des Sports. Sammlung grundlegender Beiträge II. (S. 66 - 83). Schorndorf: Hofmann.

Winter, R. (1969). Untersuchungen zur Ontogenese der allgemeinen sportlichen Gewandtheit vom 8. bis 18. Lebensjahr (1. bis 11. Schuljahr). Körpererziehung, 19 (1), 23 - 32.

Winter, R. (1984). Zum Problem der sensiblen Phasen im Kindes- und Jugendalter. Körpererziehung, 34 (8/9), 342 - 358.

Winter, R. (1994a). Zur Ontogenese der sportlichen Leistungsfähigkeit. In G. Schnabel, D. Harre & A. Borde, A. (Hrsg.), Trainingswissenschaft. Leistung - Training - Wettkampf (S. 202 - 236). Berlin: Sportverlag.

Winter, R. (2001). Zum besten motorischen Lernalter - ein Diskussionsbeitrag. Sportwissenschaft, 4, 454 - 457.

Witzel, Andreas (2000, Januar). Das problemzentrierte Interview [26 Absätze]. Forum Qualitative Sozialforschung/Forum: Qualitative Social Research [Online Journal], 1(1). Verfügbar über: http://www.qualitative-research.net/fqs-texte/1-00/1-00witzel-d.htm, Zugriff am 08.02.2006

Wohl, A. (1964a). Das zweite Signalsystern als programmierendes und sich selbst steuerndes Bewegungssystem. Theorie und Praxis der Körperkultur, 13 (Sonderheft), 83 - 119.

Wonneberger, G., Westphal, H., Oehmingen, G. & Fiebelkorn, J. u. a. (2002). Geschichte des DDR - Sports. Berlin: Spotless.

Wonneberger, G. (2007). Deutsche Hochschule für Körperkultur (DHfK) 1950 - 1990 - Überblick. In: Lehmann, G., Kalb, L., Rogalski, N., Schröter, D. & Wonneberger, G. (Hrsg.). Deutsche Hochschule für Körperkultur Leipzig 1950 - 1990 (S. 14 - 30). Aachen: Meyer & Meyer.

Zieschang, K. (1999). Sportwissenschaft in Lebensbildern. Von den Anfängen bis zur Gegenwart aus der Perspektive von Zeitzeugen. Hamburg: Czwalina.

Zimmer, H. (1984). Zur Struktur der koordinativen Leistungsfähigkeit jüngerer trainierender Erwachsener und Möglichkeiten ihrer Erfassung. Ein Beitrag zur Theorie der koordinativen Fähigkeiten. Diss. Leipzig: DHfK.

Zimmermann, K. (1981). Diagnostik und Schulung ausgewählter koordinativer Fähigkeiten im Handball. Diss. Leipzig: DHfK.

Zimmermann, K., Schnabel, G. & Blume, D.-D. (2002). Koordinative Fähigkeiten. In G. Ludwig & B. Ludwig (Hrsg.), Koordinative Fähigkeiten - koordinative Kompetenz (S. 25 - 33). Kassel: Gesamthochschule - Bibliothek.

Zeitfracht Medien GmbH
Ferdinand-Jühlke-Straße 7
99095 Erfurt, Deutschland
produktsicherheit@kolibri360.de